National 5
French

Includes support for National 3 and 4

Janette Kelso, Mico Montblanc,
Séverine Chevrier-Clarke,
Jean-Claude Gilles, Wendy O'Mahony,
Virginia March, Paul Shannon,
Kirsty Thathapudi and Jayn Witt

Boost

HODDER EDUCATION
AN HACHETTE UK COMPANY

The Publishers would like to thank the following for permission to reproduce copyright material.

Photo credits

stock.adobe.com: p11 © DragonImages; **p12** © Andrey_Arkusha; **p15** © MOMOTAROU; **p19** © Monkey Business; **p22** *t* © fizkes; **p24** © scusi; **p26** © maverick_infanta; **pp29,157** © Yana Alisovna; **p34** © ktsdesign; **p35** © Fredex; **p38** © Maksym Yemelyanov; **p50** *1* © Gabriel Cassan, *2* © wittaya, *3* © Alex, *4* © Daniel Krasoń, *5* © koldunova_anna, *6* © Roman Pyshchyk, *7* © konstantant, *8* © Roman Milert, *9* © Brad Pict, *10* © Shawn Hempel, *11* © bai, *12* © Chepko Danil; **p51** *A* © Valerii Honcharuk, *B* © Roman Milert, *D* © Shawn Hempel, *E* © markobe, *F* © Brad Pict, *G* © bai, *H* © konstantant; **p55** © fotofabrika; **p56** © Mimi Potter; **p57** © daero; **p63** © synthex; **p74** © *Aline* szeyuen; *Michel* © Fabio, *Anne-Laure* © Krakenimages.com, *Amir* © .shock; **p76** *t* © creative_vibes, *c* © Vladimir Wrangel, *b* © Sergey Novikov; **p79** © sudowoodo; **p80** © fotomek; **p88** *t* Happypictures, *b* © oriori; **p89** © Freesurf; **p102** © jfunk; **p104** © tilialucida; **p106** © Monkey Business; **p110** © gulobovy; **p113** pixelheadphoto; **p116** © asierromero; **p118** © luckybusiness; **p119** © Svitlana; **p128** *l* © vulcanus; **p136** *t* © Amanda, *b* © ydumortier; **p138** © vaaseenaa; **p140** © DOHEN J-P; **p148** *jumper* © Elena, *fragrance* © jopix.de, *book* © Coprid, *chocolates* © Nitr, *bracelet* © sergo321, *T-shirt* © Un-Branded (P4MM); **p152** © vlad_g; **p154** *A/D/F/G/I* © Angela, *B* © ronstik, *C* © Екатерина Исаева, *E* © bizoo_n, *H* © zeber, *J* © Katsiaryna; **p156** © LIGHTFIELD STUDIOS; **p158** © Andrea; **p160** © ALF photo; **p164** © Prostock-studio; **p168** © david_franklin; **p171** © Drobot Dean; **p173** *l* © Dmitry Rukhlenko, *r* © Noppasinw; **p174** *b* © highwaystarz. **Alamy: p36** *tl/br* © Xinhua, *tr* © WENN Rights Ltd, *bl* © Allstar Picture Library Ltd. **Fotolia: pp10**, 14, 16, 18, 20, 22 *b*, 28, 30, 32, 40, 42, 48, 52, 54, 58, 59, 64, 82, 84, 86, 90, 98, 99, 100, 101, 114, 128 *c*, 130, 134, 142, 146, 150, 166, 169, 172 *t*

Acknowledgements

Every effort has been made to trace all copyright holders, but if any have been inadvertently overlooked, the Publishers will be pleased to make the necessary arrangements at the first opportunity.

Although every effort has been made to ensure that website addresses are correct at time of going to press, Hodder Gibson cannot be held responsible for the content of any website mentioned in this book. It is sometimes possible to find a relocated web page by typing in the address of the home page for a website in the URL window of your browser.

Hachette UK's policy is to use papers that are natural, renewable and recyclable products and made from wood grown in well-managed forests and other controlled sources. The logging and manufacturing processes are expected to conform to the environmental regulations of the country of origin.

Orders: please contact Hachette UK Distribution, Hely Hutchinson Centre, Milton Road, Didcot, Oxfordshire, OX11 7HH. Telephone: +44 (0)1235 827827. Email education@hachette.co.uk Lines are open from 9 a.m. to 5 p.m., Monday to Friday. You can also order through our website: www.hoddereducation.co.uk. If you have queries or questions that aren't about an order, you can contact us at hoddergibson@hodder.co.uk

© Janette Kelso, Mico Montblanc, Séverine Chevrier-Clarke, Jean-Claude Gilles, Wendy O'Mahony, Virgina March, Paul Shannon, Kirsty Thathapudi, Jayn Witt

First published in 2022 by

Hodder Gibson, an imprint of Hodder Education
An Hachette UK Company
50 Frederick Street
Edinburgh, EH2 1EX

Impression number	5	4	3	2	1
Year	2026	2025	2024	2023	2022

Cover photo © cge2010/stock.adobe.com

Illustrations by Barking Dog

Typeset in India

Produced by DZS Grafik, printed in Bosnia & Herzegovina

A catalogue record for this title is available from the British Library.

ISBN: 978 1 3983 1913 4

FSC
www.fsc.org

MIX
Paper from
responsible sources
FSC™ C104740

SCOTLAND EXCEL

We are an approved supplier on the Scotland Excel framework.

Schools can find us on their procurement system as:
TeeJay Publishers.

Contents

How to use this book

Structure of the book

This book is split into sections 1–4. Each section is broken down into units that cover topics on your National 5 French course. Each unit is split into several spreads. Every spread has listening, reading, writing and talking activities to help develop your skills. Below is an example of what you can find on each spread.

Learning objectives: one linguistic objective and one grammar objective

Title of the spread

Level: *Embarquement*, *Décollage* or *En vol*

1.3b Comment je m'informe

Décollage

* Talking about different means of communication
* Present tense of common verbs; use of *depuis* with present tense; numbers; recognition of imperfect tense

1 a Match the French and English words.

1	les actualités	A	the news
2	un quotidien	B	adverts
3	un journal	C	the headlines
4	les gros titres	D	to hop channels
5	un hebdomadaire	E	a daily newspaper
6	la publicité	F	a weekly newspaper
7	la télécommande	G	a newspaper
8	zapper	H	the remote control

1 b Solwen, Hugo and Léonie describe how they keep up with the news. Read the statements below. Who says what?

Journal, télé, radio ou Internet ? Comment vous informez-vous ?

Solwen, 14 ans
Pour moi c'est sur Internet ! J'ai ma propre tablette depuis un an et c'est plus pratique. Je n'ai pas besoin de regarder la télé à une heure spécifique. Par exemple, quand je suis dans le bus, je lis les actualités sur mon téléphone. Le seul point négatif, c'est la quantité de publicités sur certaines applis.

Hugo, 25 ans
Le journal était depuis le lycée ma seule source d'information mais l'année dernière, j'ai changé mes habitudes pour deux raisons. Je travaille plus maintenant alors je n'ai pas le temps d'ouvrir un journal et à environ 2,40 € le journal c'est coûteux quand tu achètes ton quotidien.

Léonie, 18 ans
Ma sœur regarde les infos en ligne depuis qu'elle a son nouveau portable. Moi, j'ai un portable aussi mais je préfère regarder les infos à la télé avec mes parents. En fait, je les regarde avec eux tous les soirs depuis que j'ai 6 ou 7 ans. C'est plus convivial mais l'inconvénient, c'est que mon père a la télécommande et qu'il zappe tout le temps !

1 I have watched the news since I was small.	5 Buying a daily newspaper is expensive.
2 I read the news on my phone on the bus.	6 There are many adverts on some apps.
3 Being online is a new habit for me.	7 I don't need to watch TV at a specific time.
4 It is a moment I share with my family.	8 I have no time to open a newspaper.

2 Listen to these four people talking about how they have kept informed over the years and how it has changed. Complete the sentences in English.

28

1	Sylvie uses her tablet to	1
2	She used to listen to .... but sometimes it was	2
3	Noah reads the news on	1
4	He used to .... every .... with .... but the presenters were	4
5	Inès's smartphone is broken. Now she .... on	2
6	Bruno used to read the newspapers but last year he tried to	1
7	There were too many .... , so now he	3

G **3** *Depuis* with verbs in the present tense is used to say how long something has been going on. See grammar section K16 for more detail.

Fill in the gaps with verbs in the present tense. Translate the sentences into English.

1 Depuis quelques mois, j'.......... (*avoir*) une tablette et depuis deux semaines j'.......... (*utiliser*) une appli qui montre les gros titres des infos.
2 Depuis le mois de septembre mes copains et moi n'.......... (*avoir*) pas le temps de regarder la télé ou de lire le journal.
3 Depuis que je ne .... (*regarder*) plus le journal télévisé avec ma famille le soir, je ne .... (*parler*) plus des infos avec mon grand-frère.
4 Depuis la pandémie, mes professeurs .... (*utiliser*) Microsoft Teams pour les devoirs en ligne.

4 With a partner, use grids for a battleship game. Choose phrases related to how you keep up with the news and how often. Then place the nine ships for your choices. Say the sentences in French. Respond to your partner's sentences with:

Raté (Missed)   *Coulé (Sunk)*   *Touché (Hit)*

The aim is to find where your partner's nine ships are located.

	le plus possible	le moins possible	très rarement	plusieurs fois par jour	tous les jours	plus souvent qu'avant
Je regarde les infos à la télévision	🚢					
Je m'informe en ligne						
Je préfère écouter les gros titres sur Alexa		🚢	🚢		🚢	🚢
J'utilise les applis des infos sur ma tablette			🚢			
Je lis le journal dans le bus				🚢		

5 Write a blog of between 80 and 100 words in French explaining how technology helps you to keep informed. Mention how newspapers, tablets, mobile phones, computers and other devices help you and how often you use them. You may wish to write about how other people around you keep up with the news.

29

Talking exercises: role plays and group or class conversations help you to practise your talking skills

Writing exercises: plenty of practice to strengthen your writing skills

Reading material and exercises: interesting reading texts and a variety of question types help develop your reading skills

Grammar exercises: practice of a particular grammar point. You can refer to the grammar section at the end for an explanation of the grammar point before trying the exercise.

Décollage

1.3b Comment je m'informe

- Talking about different means of communication
- Present tense of common verbs; use of *depuis* with present tense; numbers; recognition of imperfect tense

1 a Match the French and English words.

1	les actualités	A	the news
2	un quotidien	B	adverts
3	un journal	C	the headlines
4	les gros titres	D	to hop channels
5	un hebdomadaire	E	a daily newspaper
6	la publicité	F	a weekly newspaper
7	la télécommande	G	a newspaper
8	zapper	H	the remote control

1 b Solwen, Hugo and Léonie describe how they keep up with the news. Read the statements below. Who says what?

Journal, télé, radio ou Internet ? Comment vous informez-vous ?

Solwen, 14 ans
Pour moi c'est sur Internet ! J'ai ma propre tablette depuis un an et c'est plus pratique. Je n'ai pas besoin de regarder la télé à une heure spécifique. Par exemple, quand je suis dans le bus, je lis les actualités sur mon téléphone. Le seul point négatif, c'est la quantité de publicités sur certaines applis.

Hugo, 25 ans
Le journal était depuis le lycée ma seule source d'information mais l'année dernière, j'ai changé mes habitudes pour deux raisons. Je travaille plus maintenant alors je n'ai pas le temps d'ouvrir un journal et à environ 2,40 € le journal c'est coûteux quand tu achètes ton quotidien.

Léonie, 18 ans
Ma sœur regarde les infos en ligne depuis qu'elle a son nouveau portable. Moi, j'ai un portable aussi mais je préfère regarder les infos à la télé avec mes parents. En fait, je les regarde avec eux tous les soirs depuis que j'ai 6 ou 7 ans. C'est plus convivial mais l'inconvénient, c'est que mon père a la télécommande et qu'il zappe tout le temps !

1 I have watched the news since I was small.
2 I read the news on my phone on the bus.
3 Being online is a new habit for me.
4 It is a moment I share with my family.
5 Buying a daily newspaper is expensive.
6 There are many adverts on some apps.
7 I don't need to watch TV at a specific time.
8 I have no time to open a newspaper.

2 Listen to these four people talking about how they have kept informed over the years and how it has changed. Complete the sentences in English.

28

1	Sylvie uses her tablet to	1
2	She used to listen to .... but sometimes it was	2
3	Noah reads the news on	1
4	He used to .... every .... with .... but the presenters were	4
5	Inès's smartphone is broken. Now she .... on	2
6	Bruno used to read the newspapers but last year he tried to	1
7	There were too many ...., so now he	3

G 3 *Depuis* with verbs in the present tense is used to say how long something has been going on. See grammar section K16 for more detail.

Fill in the gaps with verbs in the present tense. Translate the sentences into English.

1 Depuis quelques mois, j'.......... (*avoir*) une tablette et depuis deux semaines j'.......... (*utiliser*) une appli qui montre les gros titres des infos.
2 Depuis le mois de septembre mes copains et moi n'.......... (*avoir*) pas le temps de regarder la télé ou de lire le journal.
3 Depuis que je ne .... (*regarder*) plus le journal télévisé avec ma famille le soir, je ne .... (*parler*) plus des infos avec mon grand frère.
4 Depuis la pandémie, mes professeurs .... (*utiliser*) Microsoft Teams pour les devoirs en ligne.

4 With a partner, use grids for a battleship game. Choose phrases related to how you keep up with the news and how often. Then place the nine ships for your choices. Say the sentences in French. Respond to your partner's sentences with:

Raté (Missed)   Coulé (Sunk)   Touché (Hit)

The aim is to find where your partner's nine ships are located.

	le plus possible	le moins possible	très rarement	plusieurs fois par jour	tous les jours	plus souvent qu'avant
Je regarde les infos à la télévision	⛵		⛵			
Je m'informe en ligne						
Je préfère écouter les gros titres sur Alexa	⛵	⛵			⛵	⛵
J'utilise les applis des infos sur ma tablette			⛵			
Je lis le journal dans le bus				⛵		

5 Write a blog of between 80 and 100 words in French explaining how technology helps you to keep informed. Mention how newspapers, tablets, mobile phones, computers and other devices help you and how often you use them. You may wish to write about how other people around you keep up with the news.

29

Phonics exercises: these help you practise your pronunciation

Listening material and exercises: engaging audio recordings with a variety of speakers help develop your comprehension and listening skills

At the end of each section you will find the following:

- **Magazines** — four pages of magazine material. These introduce you to a francophone country or area with extra reading material and exercises to practise your skills.

Magazine

Bienvenue chez... Mamadou

Salut ! Moi, je m'appelle Mamadou et je suis collégien dans une petite ville au Sénégal. On est huit dans ma famille et nous habitons tous dans une petite maison.

Chaque matin, je me lève à six heures et demie, je me lave et je m'habille tranquillement. Ensuite, vers sept heures et demie, je prends le petit déjeuner. D'habitude, je prends du pain. Mon école se trouve à cinq minutes de chez moi et alors j'y vais à pied. Ici, les cours ne commencent pas à une heure fixe car certains élèves habitent beaucoup plus loin et on les attend. À l'école, on parle tous le français, mais chez nous, on parle un dialecte qui s'appelle le wolof.

On a quatre cours par jour qui durent chacun deux heures. Moi, j'étudie les maths, les sciences, le français, l'histoire, la géographie, l'EPS et l'art. Les sciences sont ma matière préférée car plus tard, j'aimerais être médecin. Dans ma classe, il y a cinquante élèves. C'est beaucoup mais il y a assez de place. Les cours finissent à environ dix-sept heures et je rentre chez moi. Avant de manger, je joue un peu au basketball avec mes amis ou bien on joue de la musique. C'est ma mère et ma grand-mère qui préparent à manger, d'habitude du riz et de la viande ou du poisson. Mon plat préféré, c'est le thieboudienne, du poisson avec des herbes, du riz et des légumes. On mange toujours par terre et on partage tous un plat.

Souvent, j'ai des devoirs à faire le soir. Mon frère, Moustapha, lui, est plus jeune et va toujours à l'école primaire qui se situe tout près de chez nous aussi. Lui, il a cours tous les matins seulement deux après-midi par semaine. Il a donc de temps libre que moi et va souvent à la pêche, l'après-midi, ou bien il joue au foot avec ses copains.

1 Read the passage in which Mamadou talks about life in Senegal. Say whether the statements are true or false. Correct the ones that are false.
1 Mamadou goes to a primary school in Senegal.
2 His school is 5 minutes from his house, so he walks there.
3 The school starts every day at the same time.
4 Mamadou is bilingual.
5 Mamadou already knows what he wants to do in the future.
6 There are 50 pupils in his class and there is not enough space.
7 Classes finishes at 18.00 and Mamadou plays basketball before going home.
8 He often helps his mother with the cooking.
9 His favourite dish is fish with herbs, rice and vegetables.
10 The family eats at a big table.
11 His brother has lessons every morning but only twice a week in the afternoon.
12 His brother likes to go swimming in the afternoon or play football with his dad.

Mon lycée numérique

Notre lycée s'appelle le lycée Charles Lebrun. Il est très moderne : tous les élèves et professeurs sont connectés en classe.

Mélissa J'adore les maths en ligne : on fait des concours avec les élèves d'autres classes. Je fais des activités pratiques sur mon budget pour mon avenir.

Isaac La géographie en ligne ? C'est fantastique. Je fais des recherches en ligne. Je voyage partout dans les montagnes en Écosse, en France, en Italie.

Xavier Les langues : le mandarin et l'espagnol – avec les iPads, c'est super. Je découvre des cultures différentes et des traditions extraordinaires. J'écoute des conversations, des chansons. Je fais des exercices de grammaire et de prononciation en ligne. Je fais des jeux amusants en ligne et je gagne souvent !

Lina Le sport avec les tablettes, c'est sensationnel. Je regarde des matchs de rugby et de volley sur ma tablette et j'analyse les techniques de jeu. Je fais des exercices physiques : par exemple, toutes les semaines j'évalue mes progrès quand je fais du vélo et je joue au volley.

Marcus Le dessin avec les tablettes, c'est absolument génial. Pendant les cours de dessin, je visite des musées et des expositions d'art moderne du monde entier. Je lis les biographies de peintres et d'artistes en ligne. Je dessine sur ma tablette avec un crayon numérique. C'est une vraie aventure.

2 Read what Mélissa, Isaac, Xavier, Lina and Marcus write about their digitally connected school. Answer the questions in English.
1 Which activities does Mélissa do in maths? 2
2 Isaac finds geography fantastic. Why? 2
3 What does Xavier do with his iPad in languages? State any **three** things. 3
4 What use does Lina make of her tablet in PE? 2
5 In what way does she use her tablet for her own physical exercise? 1
6 In what ways does Marcus use his tablet in art? 3

86 87

Magazine

- *Coins révision* (**Revision corners**) — these sections focus on a particular key skill you need to develop. These include exam-style tasks and suggested answers written by the authors.

Coin révision 2.1

Talking

It is important you get as much practice at talking in French as you can. Start off with simple sentences and gradually add more detail as you grow more confident.

Your teacher asks you to say a few sentences in French about school. You can include the name of your school, subjects you like and dislike, your favourite subject and why you like these subjects.

Your answer might look something like this:

Mon collège s'appelle... J'étudie sept matières. J'aime les maths et le français. Je n'aime pas la physique. C'est difficile. Ma matière favorite est le dessin. C'est super.

You could improve on this by joining sentences together, starting them differently and adding more detail in French.

Mon collège s'appelle... Cette année j'étudie sept matières. J'aime les maths car c'est facile et le français car c'est intéressant. La physique est difficile et je n'aime pas ça. Ma matière favorite est le dessin. C'est super !

1 Now practise talking in French about school life by giving the information in the boxes below. Use the example above to help you.

Collège Victor-Hugo	Collège Racine	Collège Saint-Louis
8 matières	6 matières	9 matières
Aime: chimie – facile	Aime: histoire – super	Aime: sciences – génial
Déteste: maths – difficile	Déteste: biologie – nul	Déteste: anglais – inutile
Préfère : français – génial, amusant	Préfère : maths – utile	Préfère : dessin – facile

2 Now talk about each subject in exercise 1 and add detail. See below for suggestions.

- where your school is
  Mon collège se trouve au centre-ville/dans un village.
- how many pupils there are
  Il y a deux cents/mille ... élèves (dans mon collège).
- which subjects you study
  J'étudie .... matières y compris les maths, l'anglais etc.
- why you like/dislike them
  C'est ennuyeux/intéressant/nul/génial/super/difficile/facile.
- what you think of your school
  C'est un grand/petit collège. Il est vieux/moderne.

National 5 exam

In your exam, you have to do a talking assessment with your teacher. It must cover two different contexts from Society, Learning, Employability and Culture.

You will only be given one attempt at this assessment, so it is important that you are well prepared for it. Your teacher will give you plenty of notice as to when the assessment will take place and you will be given plenty of time to prepare for it.

Before the assessment takes place, your teacher will ask you to choose two different topics from two different contexts that you want to talk about. Once you have chosen the topics and contexts, let your teacher know.

Example: You have told your teacher you wish to talk about school and future jobs. This covers the two contexts of Learning and Employability.

The assessment is marked out of 30 and is worth 25% of the exam. There are two sections to the assessment, but both of them must be completed at the same time.

Presentation (10 marks)
You will make a presentation on a topic of your choice. You may refer to up to five headings (in French or English) of no more than eight words each during the presentation The presentation should last about 1–2 minutes.

Conversation (20 marks)
Your teacher will ask you questions on your chosen topic, but the conversation will move on to the topic from the second context you identified. You should be prepared to give opinions in your answers. You may also ask questions if you wish.

The conversation is worth 20 marks: 15 marks for the content and accuracy of your responses and 5 marks for your ability to keep the conversation going.

The conversation should last about 5–6 minutes. The entire talking assessment should last about 6–8 minutes and will be audio or video recorded.

Your teacher will discuss what is expected of you in the assessment and may show you how it is marked.

Here are some ideas to help you do well in this part of the exam.

- Make sure you use detailed language in both the presentation and conversation and are prepared to give ideas and express opinions.
- You should pay very careful attention to your pronunciation to ensure what you say is clear and can be easily understood.
- Make sure you know how to ask for help if you do not understand a question.
- Ensure that what you say is grammatically accurate. Watch for things like genders, verb endings and adjectival agreement.
- Be prepared for the fact your teacher may interrupt you, especially if you give a 'mini presentation' in your answers to conversation questions.
- Do not include material that you do not fully understand. You are unlikely to remember it.

Example
You have decided to prepare a presentation on school and want to go on to discuss future jobs. Here is an example of the kind of things you could include in your presentation.

90 91

- **Vocabulary** — lists of key vocabulary for the topics in that section.

Vocabulary

1.1a Ma famille
la tante aunt — le cousin/la cousine (male) cousin/(female) cousin — le demi-frère step brother — la demi-sœur step sister — la famille family — la fille daughter — le fils son — le frère brother — la grand-mère grandmother — le grand-père grandfather — les jumeaux/jumelles twins (m/f) — la mère mother — l'oncle uncle — le petit-fils grandson — la petite-fille granddaughter — le père father — la sœur sister

1.1b Ma famille et mes amis
amusant(e) funny — athlétique athletic — avoir l'air to seem — la barbe beard — beau beautiful — les cheveux blonds/châtains/bruns/gris/roux blonde/light brown/brown/grey/red hair — les cheveux bouclés/courts/frisés/longs/raides wavy/short/curly/long/straight hair — élégant(e) elegant — généreux (-euse) generous — gentil(le) kind — grand(e) tall/big — gros(se) fat/big — jeune young — joli(e) pretty — les lunettes glasses — mignon(ne) cute — la moustache moustache — moyen(ne) average — petit(e) small — sévère strict — sourire to smile — la taille size — les yeux bleus/marron/noisette/verts blue/brown/hazel/green eyes

1.1c/1.1d Les rapports avec la famille et les amis (1) et (2)
aider to help — l'ami(e) male/female friend — les bêtises bad behaviour — compréhensif (-ive) understanding — égoïste selfish — énervant(e) annoying — l'argent de poche pocket money — avoir besoin de to need — avoir le temps de... to have time to... — débarrasser la table to clear the table — la dispute argument — ensemble together — être d'accord to agree — fâché(e) angry — faire le lit to make the bed — faire les devoirs to do homework — faire la vaisselle to do the dishes — le goût taste — juger to judge — laver la voiture to wash the car — mettre la table to set the table — partager to share — passer l'aspirateur to vacuum — protecteur (-trice) protective — ranger (la chambre) to tidy (the bedroom) — le rapport relationship — rigoler to laugh/to joke — se confier à to confide in — se disputer to argue — le sens de l'humour sense of humour — s'entendre to get on — s'excuser to apologise — se fâcher to get angry — les sorties outings — sortir to go out — sympa nice — la tâche ménagère household task — les vêtements clothes

1.1e Des parents idéaux
admettre to admit — avoir de la chance to be lucky — ce que j'aime/déteste le plus c'est... what I like/hate most is... — choisir to choose — de la même façon in the same way — donner des conseils to give advice — faire de son mieux to do one's best — faire des randonnées to go hiking — faire les magasins to go shopping — faire une promenade to go walking — faire une promenade à vélo to go for a bike ride — garder un secret to keep a secret — gronder to moan — il s'agit de... it's about... — insupportable unbearable — la mode fashion — ne... que only — la note mark/grade — parler to speak — raconter to tell — recevoir to receive/to get — recevoir de bonnes notes to get good marks — traiter to treat — travailler dur to work hard

1.2a Mes loisirs
avoir du temps libre to have free time — écouter de la musique to listen to music — ennuyeux (-euse) boring — l'équipe team — faire de la natation to go swimming — faire du vélo to go cycling — faire partie de to be part of — génial(e) great — l'instrument (m) instrument — jouer à/de to play — j'aime I like — je déteste I hate

je préfère I prefer — jouer sur l'ordinateur to play on the computer — les loisirs leisure time — la natation swimming — le passe-temps hobby — le patin à glace ice skating — le patinage sur glace ice skating — la piscine swimming pool — pendant during — regarder to look/to watch

1.2b La vie saine
aller en ville to go into town — boire to drink — le copain/la copine friend — les devoirs (mpl) homework — dormir to sleep — équilibré(e) balanced — essayer to try — faire du shopping to go shopping — les frites (f) chips — fumer to smoke — le gâteau cake — jouer à des jeux vidéo to play video games — manger sain to eat healthily — faire de l'exercice to exercise — passer des heures/le temps à to spend hours/time — rester en forme to stay in shape — la santé health — sortir to go out — les sucreries sweet things — nager to swim

1.2c Comment rester en forme
actif (-ive) active — bouger to move — danser to dance — l'exercice (m) exercise — extrêmement extremely — fatigant(e) tiring — s'inquiéter to worry — le jogging jogging — marcher to walk — paresseux(-euse) lazy — peu little — à pied on foot — sportif (-ive) sporty — trop too

1.3a Comment j'utilise la technologie
l'appel (m) vidéo video call — le cadeau present — le courriel e-mail — la dissertation essay — une fois par semaine once a week — j'achète I buy — j'envoie I send — j'écris I write — je me connecte I connect — je prends I take — je télécharge I download — quelquefois sometimes — rarement rarely — les recherches research — les réseaux sociaux social media — régulièrement regularly — souvent often — de temps en temps from time to time — toujours always — tous les jours every day — tous les matins every morning — tous les soirs every evening — tout le temps all the time

1.3b Comment je m'informe
avoir le temps to have the time — les actualités (f) the news — bondé(e) full, packed — la chaîne channel — convivial(e) friendly/convivial — coûter to cost — le coût cost — se divertir to have fun/to enjoy oneself — divertissant(e) entertaining — le(s) gros titre(s) headlines — hebdomadaire weekly — les infos the news — le journal news/newspaper — le journal télévisé news on TV — lire to read — le lecteur/la lectrice reader — occupé(e) busy — le prix price — le poste de télévision/de radio TV/radio set — le présentateur/la présentatrice presenter — prendre de la place to take up space — la publicité) adverts) — le quotidien daily newspaper — le téléspectateur TV viewer — toutes les semaines every week — zapper to hop channels

1.3c Courriels, textos ou téléphone ?
l'abonnement (m) contract — l'appli (f) app — les avantages (m) advantages — avoir besoin de to need — cher (chère) expensive — compris(e) included — l'écran (m) screen — envoyer to send — facilement easily — le forfait package — gratuit(e) free — les inconvénients disadvantages — la messagerie instantanée instant messaging — n'importe où anywhere — l'ordinateur (m) portable laptop — se passer de to go/live without — payant(e) fee/have to pay — la perte de temps waste of time — le portable mobile phone — le progrès progress — rapide fast — rester en contact to stay in touch — se servir de to use — la tablette tablet — le téléphone fixe landline — utiliser to use

---

Differentiation

The three levels of difficulty in the book are indicated by an aeroplane icon along with the following terms: *Embarquement*, *Décollage* and *En vol*.

- *Embarquement* — these spreads introduce you to the topic with simple reading or listening material and exercises.

- *Décollage* — these spreads develop and extend your language and grammar.

- *En vol* — these spreads are for students who are aiming for the top level.

Embarquement

Décollage

En vol

Grammar

- There are grammar exercises throughout the book, covering all the grammar you need to know.
- There is a grammar reference section at the back with explanations of all the grammar points in the book.
- Grammar exercises include a reference to the grammar section so that you can use this to help you complete the exercises.
- Examples of the grammar point in the exercise can be found in the reading or listening passage on the same spread.

Le monde francophone

ROYAUME-UNI

MANCHE

PAYS-BAS

BELGIQUE

ALLEMAGNE

LUXEMBOURG

Lille
HAUTS-DE-FRANCE

Rouen
NORMANDIE

GRAND-EST

Strasbourg

PARIS
ÎLE-DE-FRANCE

Seine

Rennes
BRETAGNE

PAYS DE LA LOIRE

Orléans

BOURGOGNE-
FRANCHE-
COMTÉ

Dijon

SUISSE

Loire

CENTRE-VAL DE LOIRE

Nantes

OCÉAN ATLANTIQUE

NOUVELLE AQUITAINE

AUVERGNE-
RHÔNE-ALPES

Lyon

ITALIE

Rhône

Bordeaux

Garonne

OCCITANIE

PROVENCE-ALPES-CÔTE D'AZUR

Toulouse

Marseille

MER MÉDITERRANÉE

ESPAGNE

CORSE

Ajaccio

N

0   200 km

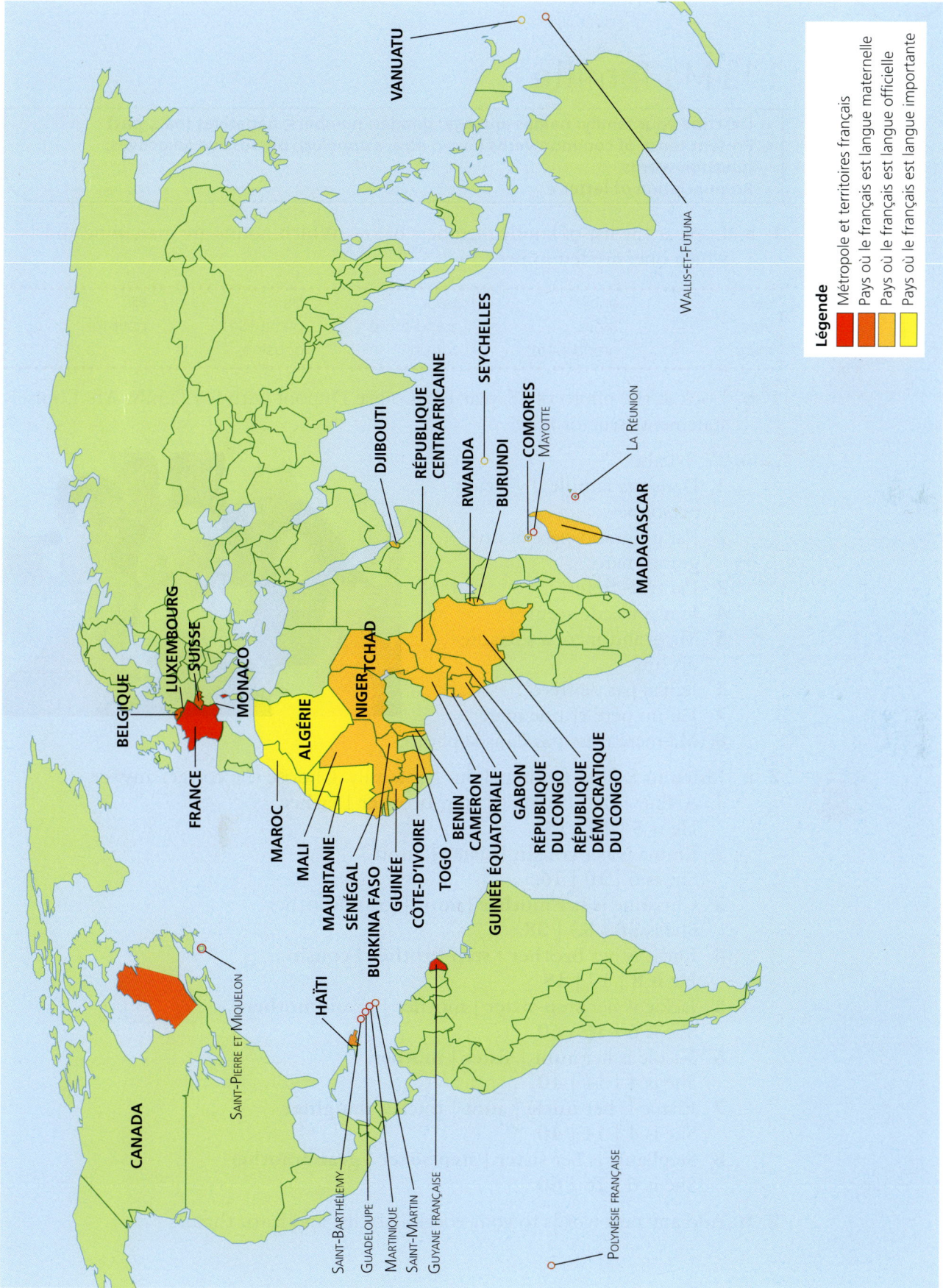

Légende

- Métropole et territoires français
- Pays où le français est langue maternelle
- Pays où le français est langue officielle
- Pays où le français est langue importante

VANUATU

WALLIS-ET-FUTUNA

SEYCHELLES

COMORES
MAYOTTE

DJIBOUTI

RÉPUBLIQUE
CENTRAFRICAINE

RWANDA

BURUNDI

LA RÉUNION

MADAGASCAR

LUXEMBOURG

SUISSE

MONACO

BELGIQUE

TCHAD

NIGER

ALGÉRIE

FRANCE

MAROC

MALI

MAURITANIE

SÉNÉGAL

BURKINA FASO

GUINÉE

CÔTE-D'IVOIRE

TOGO

BENIN

CAMEROUN

GABON

GUINÉE ÉQUATORIALE

RÉPUBLIQUE
DU CONGO

RÉPUBLIQUE
DÉMOCRATIQUE
DU CONGO

HAÏTI

SAINT-PIERRE ET MIQUELON

CANADA

SAINT-BARTHÉLEMY

GUADELOUPE

MARTINIQUE

SAINT-MARTIN

GUYANE FRANÇAISE

POLYNÉSIE FRANÇAISE

1.1a Ma famille

Embarquement

★ Describe your family; names and age; gender; numbers; negatives (*ne… pas*)
★ Present tense of common verbs (*avoir, être, s'appeler*); possessive adjectives; question words
★ Pronunciation of letter *e*

1 a Look at the list of family members below. Which nouns are masculine and which ones are feminine?

père	oncle	sœur	fils	fille
frère	tante	grand-mère	petite-fille	petit-fils
mère	grand-père	cousin	cousine	

1 b Look at the photo of 15-year-old Louise Dupont with her family. Are Louise's statements true or false?

Example: 1 False

1 Dans ma famille il y a cinq personnes.
2 J'ai un grand-père et une grand-mère.
3 J'ai trois frères.
4 Je n'ai pas de sœur.
5 Ma grand-mère a soixante-dix ans.
6 Je n'ai pas de frère.
7 J'ai un père et une mère.
8 Ma mère n'est pas dans la photo.

2 a Listen to Louise talking about her family. Choose the correct answer.
  1 Arthur is her **brother | step-brother | father**.
    He is **5 | 10 | 15**.
  2 Emma is her **cousin | sister | aunt**.
    She is **6 | 10 | 16**.
  3 Christine is her **mother | aunt | grandmother**.
    She is **30 | 83 | 38**.
  4 Lucas is her **brother | step-brother | cousin**.
    He is **8 | 17 | 18**.
  5 Jackie is her **step-sister | mother | grandmother**.
    She is **6 | 16 | 60**.
  6 Nicole is her **aunt | sister | mother**.
    She is **4 | 14 | 40**.
  7 Éliane is her **uncle | aunt | uncle's daughter**.
    She is **4 | 14 | 40**.
  8 Stéphanie is her **sister | step-sister | grandmother**.
    She is **6 | 16 | 60**.

2 b Add any new words to your vocabulary list and learn them.

3 Complete the sentences with words from the box.

   1 Comment t'..........-tu?
   2 J'.......... quinze ans.
   3 Mon meilleur copain .... Jules.
   4 Mon prénom .... Catherine.
   5 Elle .... une petite sœur qui .... Lana.
   6 Quel âge ....-tu ?
   7 Je .... Isaac.

s'appelle	ai	m'appelle	est
as	a	s'appelle	appelles

4 Here is the family Tacussel. Make up names and ages for them. Ask your partner questions and answer them in an imaginative way.

Example:

   A Comment s'appelle le grand-père ?
   B Il s'appelle Fred.
   A Quel âge a-t-il ?
   B Il a quatre-vingts ans.

5 Write a short paragraph in French describing your family (number of people, who they are, their names and ages). You can make up an imaginary family if you want. Use the grid to help you.

Mon	père frère grand-père demi-frère	s'appelle…
Ma	sœur mère grand-mère demi-sœur	
Il / Elle	a …. ans.	
Il / Elle	adore	les chiens / les chats / les chevaux / les poissons / les lapins.

6 The letter 'e' at the end of a word in French is always silent. Practise saying these words aloud.

   mère   père   frère   oncle   tante   grand-père   grand-mère

Décollage

1.1b Ma famille et mes amis

★ Talking about someone's physical appearance and personality
★ Present tense of *avoir, être, s'appeler, s'entendre*; adjectival agreement; position of adjectives

Je te présente ma famille. Nous sommes cinq personnes. Je n'ai pas de père, mais j'ai deux mères, une sœur et une demi-sœur.

Je suis grande et mince. J'ai les cheveux châtain foncé et les yeux noisette. Ma mère s'appelle Gabrielle. Elle est assez grande et mince comme moi. Elle a cinquante ans. Elle a les cheveux courts et gris et les yeux verts. Elle est assez sévère.

Ma deuxième mère s'appelle Alice. Elle est de taille moyenne et elle est mince. Elle a de beaux cheveux roux. Elle est très généreuse.

Ma sœur Emma est toute petite. Elle a quatorze ans et a de longs cheveux châtains. On s'entend très bien toutes les deux, mais elle est un peu énervante.

Emma, Juliette et moi

Enfin, il y a ma petite demi-sœur qui s'appelle Juliette. Elle a les cheveux blonds et les yeux marron. Elle est plus jeune que moi. Elle va bientôt avoir neuf ans. Elle est sympa et amusante.

C'est chouette d'avoir deux mères car elles sont très différentes.

Inclusive adjective endings: some people prefer to use a neutral form that combines masculine and feminine agreements separated by a full stop, space or hyphen. For example, *professionnel.le, heureux e, élégant-e.*

1 Louise is talking about her family. Read what she says and complete the sentences below in English.

   1 I am tall and .... I have dark-brown .... and .... eyes.
   2 My mother's name is Gabrielle. She is .... and ....
   3 She has .... , ... hair and .... eyes.
   4 She is quite ....
   5 My second mother's name is Alice. She is .... and ....
   6 She has beautiful .... She is very ....
   7 My sister Emma is .... She is .... years old and has long ....-......... hair.
   8 She is a bit ....
   9 My little step-sister is called Juliette. She will soon be .... years old.
   10 She is .... and ....

2 Listen to Mathis and Romane talking about their friends (Lucie, Zoé, Alice, Jules, Enzo, Sarah). Listen to the description and match each friend with a picture.

Example: A Lucie

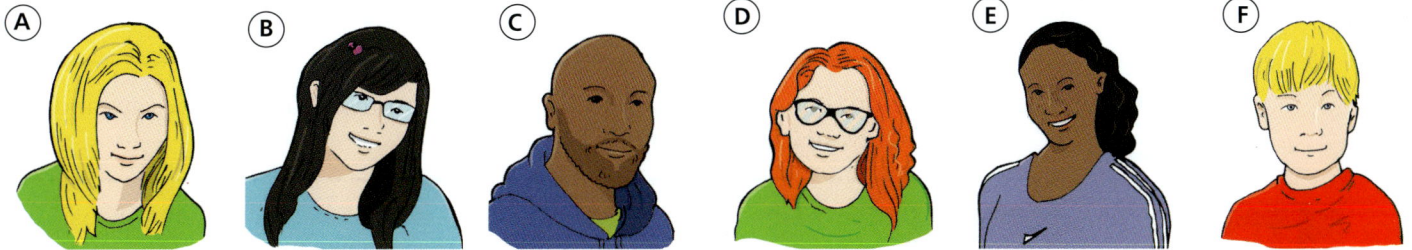

A   B   C   D   E   F

....

G

3 Complete the following paragraph with the words from the box.

Ma meilleure .... s'appelle Anne. Elle a .... ans comme moi. Elle .... grande et .... Elle a les cheveux .... et les .... verts. Elle porte des .... Elle est très .... Je m'entends très bien avec elle.

mince	quinze	amie	bruns
gentille	lunettes	est	yeux

4 Choose a person you know well, for example a celebrity, an actor, a singer. Write a few sentences in French to describe them. Use the table below to help you. You could include their name, age, height and build, hair and eye colour.

Example: Mon acteur préféré s'appelle Leonardo. Il est très beau…

5 Work in pairs. A asks the questions and B answers. Then swap roles.

1 A Tu as des frères et sœurs ? **B** …
2 A Parle-moi de ta sœur/ton frère/ton père/ta mère. Il/Elle ressemble à qui ? **B** …
3 A Décris ses yeux et ses cheveux. **B** …
4 A Il/Elle fait quelle taille ? **B** …
5 A Tu t'entends bien avec lui/elle ? Pourquoi/Pourquoi pas ? **B** …

  1 A Tu as des frères et sœurs ? **B** …
  2 A De quelle couleur sont les yeux de ta sœur/ton frère/ton père/ta mère. **B** …
  3 A De quelle couleur sont les cheveux de ta sœur/ton frère/ton père/ta mère. **B** …
  4 A Tu t'entends bien avec ta sœur/ton frère/ton père/ta mère? Pourquoi/ Pourquoi pas ? **B** …
  5 A Parle-moi de ton père / ta mère / ta sœur / ton frère. **B** …

J'ai un frère/une sœur. J'ai deux/trois/quatre .... frères/sœurs. Je n'ai pas de frères et sœurs. Je suis fils/fille unique.	Il/Elle s'appelle… Ils/Elles s'appellent…	Il est grand./Elle est grande. Il/Elle est mince. Ils sont grands./Elles sont grandes. Ils/Elles sont minces.
Mon frère/Mon père/Ma mère/Ma sœur a les cheveux… et les yeux…	blonds/bruns/noirs/roux et longs/ courts/frisés/bouclés. verts/bleus/marron	
Je m'entends bien avec… Je ne m'entends pas bien avec….	Il/Elle est… Ils/Elles sont…	sympa/agréable(s)/gentil(s)/gentille(s) pénible(s)/égoïste(s)/énervant(s)/énervante(s)

1.1c Les rapports avec la famille et les amis (1)

Décollage

★ **Talking about how you get on with other people; household chores; what makes a good friend**
★ **Present tense of *s'entendre avec* and *se disputer*; *devoir* + infinitive; *ne...pas*; *tu* command form**

1 a Antoine talks about his relationship with his family. Read what he says and answer the questions in English.

> Je m'entends bien avec mon père. Il est très sympa et compréhensif. Pendant la semaine il m'aide avec mes devoirs et le week-end on joue au foot dans le parc. Par contre, je ne m'entends pas bien avec ma mère. Elle est très énervante. Je dois faire beaucoup de tâches ménagères à la maison. Le matin je fais mon lit et tous les soirs je mets la table. Après le dîner je fais la vaisselle. Le week-end je dois ranger ma chambre. C'est nul ! Je n'ai pas le temps de sortir avec mes amis.

1	What does Antoine say about his father? State any **two** things.	2
2	What does he do with his father:	
	a during the week?	1
	b at the weekend?	1
3	Antoine does not get on well with his mother. What does he say about her?	1
4	What does he have to do every morning?	1
5	What does he have to do in the evening? State **two** things.	2
6	What does he have to do at the weekend?	1
7	What does he not have time to do?	1

1 b Read what Farida says about her friend Anna. Answer the questions in English.

> Pour moi, il est important d'avoir de bons amis. Ma meilleure amie s'appelle Anna. Elle est très amusante et on rigole beaucoup ensemble. On s'entend très bien car elle a le même âge que moi et nous avons beaucoup en commun. Le samedi je vais en ville avec elle et nous allons chez MacDo manger un hamburger. Parfois nous faisons les devoirs ensemble. Anna est très forte en maths et elle m'aide quand j'ai des problèmes. On ne se dispute pas. C'est génial !

1	What does Farida say about her best friend Anna? State any **one** thing.	1
2	Why do they get on well? State **two** things.	2
3	What do they do on a Saturday?	2
4	They sometimes do homework together. What does Farida say about it?	2
5	What is Farida's final comment about Anna?	1

2 Matthieu's mother has asked him to help tidy the house. Listen to what she asks him to do and say whether the following statements are true or false.

1 Matthieu's mother says his room is tidy.
2 He has to make his bed.
3 His mother tells him to vacuum his room.
4 He has to set the table in the kitchen.
5 He is happy to help his mother.

3 Complete the sentences with the correct phrase from the box. You can refer to the other exercises on the spread to help you.

1 J'.......... sortir avec mes amis.
2 Je ne m'.......... pas bien avec mon père.
3 Je peux .... mes secrets avec mes amis.
4 Mon petit frère .... tout le temps avec ma demi-sœur.
5 Quelquefois j'aide mon père à .... la voiture.
6 À la maison je .... aider ma mère.
7 Ma sœur .... faire la vaisselle tous les soirs.
8 Ma grand-mère .... la table le week-end.

ne met pas	laver	adore	se dispute
entends	dois	partager	doit

4 Work in pairs. Ask your partner the questions, then swap roles.

1 A Tu t'entends bien avec tes parents ?
   B Oui, je m'entends bien avec…/Non, je ne m'entends pas bien avec…
2 A Tu crois que tes parents sont raisonnables ?
   B Oui, mon père/Ma mère est…/Non, mon père/Ma mère n'est pas…
3 A Tu te disputes souvent avec tes parents ?
   B Oui, je me dispute avec… /Non, je ne me dispute pas avec…
4 A Pourquoi y a-t-il des disputes chez toi ?
   B On se dispute à cause des devoirs/des tâches ménagères…
5 A Qu'est-ce que tu dois faire à la maison ?
   B Je dois…

5 Write a few sentences in French about your family and friends. You could include:

- how you get on with your parents/brothers/sisters
- what your parents/brothers/sisters are like
- what you do to help at home
- what you think about helping at home
- how you get on with your friends and why

En Vol

1.1d Les rapports avec la famille et les amis (2)

★ Talking about how you get on with other people; what makes a good friend
★ Present tense of *s'entendre avec* and *se disputer*; *devoir* + infinitive; reflexive pronouns

Salut Ahmed,

Dans ta dernière lettre, tu me demandes si j'ai de bons ou de mauvais rapports avec ma famille. Eh bien, bons avec certaines personnes, mais pas avec tout le monde.

En général, je m'entends bien avec mon père parce qu'il comprend nos problèmes

Ma famille. C est moi qui ai pris la photo.

d'adolescents. Il faut par exemple réussir nos études et ne pas causer de problèmes à la maison. Je le trouve très compréhensif et gentil. Avec ma mère, ce n'est pas pareil. Mon frère et ma sœur sont plus jeunes que moi donc ils ne demandent pas à sortir le soir ou à passer l'après-midi avec leurs copains ; moi, oui. D'habitude, c'est pour ça que nous nous disputons. Ce n'est pas tous les jours comme ça, évidemment, mais dans l'ensemble, nos rapports sont assez tendus. À mon avis, elle a tendance à être trop sévère.

Mon frère a douze ans et ma sœur a dix ans. Lui, il est plutôt pénible parce qu'il faut toujours qu'on s'occupe de lui. Il est vraiment égoïste. Je ne m'entends pas bien avec lui à cause de ça.

Avec ma sœur, c'est le contraire. On ne se dispute jamais. Elle, elle aime bien discuter de tout avec moi. Elle est sociable et elle a aussi le sens de l'humour. Moi, ça me plaît parce que j'aime bien rigoler.

J'ai la chance d'avoir beaucoup de bons amis. Mon meilleur ami s'appelle Henri et je peux me confier à lui. Il est toujours là pour moi si j'ai besoin de parler à quelqu'un de mes problèmes. Il ne me juge jamais, ce qui est très important.

Théo

1 Théo is talking about his relationship with his family. Read the text and answer the questions in English.

1 a Théo gets on well with his father. Why is this the case?	1
b What examples does he give? State **two** things.	2
2 a Why does Théo argue with his mother?	2
b Why does he think this is the case?	1

3 Théo goes on to talk about his relationship with other family members. What does he say about his relationship with:

a his brother?	3
b his sister?	3
4 What does Théo say about his friend Henri? State any **two** things.	2

2 You are going to hear Laurent, Annie and Claire talking about their relationships. Listen to what they say and answer the questions in English.

1 What does Laurent say about his friend's relationship with his parents?	1
2 Why does Laurent not understand this?	1
3 Why is Annie angry with her friend Rachel?	1
4 What does she say about their relationship?	2
5 What is she going to do?	1
6 What do Claire and her sister argue about?	1
7 They normally get on well. What examples does Claire give? State **two** things.	2

3 Look at grammar section K12 on reflexive verbs. Complete the sentences with the correct reflexive pronoun.

En général je **(a)**………. entends bien avec tous les membres de ma famille. Bien sûr, nous **(b)** ………. disputons quelquefois, comme tout le monde. Ma sœur et moi, on **(c)** ………. fâche souvent à cause de la télévision. Elle m'énerve car elle est égoïste ; elle veut toujours regarder ses feuilletons stupides. Mon frère et mes parents **(d)** ………. disputent à propos des sorties ; lui, il veut sortir avec ses amis tard le soir et mes parents ne sont pas d'accord. Moi, les disputes avec mes parents, c'est parce que mon frère et moi, nous **(e)** ………. couchons tard et le matin, moi, je **(f)** ………. lève en retard pour le lycée.

4 Work with a partner. Tell them about your relationship with your family and friends. Then swap roles.

Je m'entends bien avec Je ne m'entends pas bien avec	mon père/mon frère. ma sœur/ma mère. mes frères/sœurs/parents.	
Je me dispute avec .. à cause des	à cause de	l'argent de poche/mon portable/ma tablette/l'heure à laquelle je rentre/mes copains/mes sorties bêtises/vêtements/tâches ménagères
Je crois que mon père/ma mère est	très/assez/trop	sympa/sévère/protecteur (-rice)/généreux (-euse), énervant(e).

5 Write a paragraph in French about family relationships. You should include how you get on with your family, and what you argue about and why. You can use the vocabulary box above to help you.

En Vol

1.1e Des parents idéaux

★ Talking about qualities of ideal parents; understanding more detailed reading passages
★ Present tense of modal verbs + infinitive; expressing opinions (*je crois que…; je dois dire…; ce que j'aime le plus…*)

Je crois que j'ai de la chance parce que je m'entends très bien avec mes parents. Ils sont tous les deux très gentils, vraiment compréhensifs et ont un bon sens de l'humour.

Le week-end on sort en famille pour faire des randonnées à la montagne près de chez moi ou pour faire des promenades à vélo dans la forêt. Ce que j'aime le plus, c'est quand il fait beau parce qu'on peut faire un pique-nique et ça nous permet de nous détendre.

Je peux parler de tout avec mes parents. Ils m'écoutent et ils ne me jugent jamais. Quand j'ai des problèmes avec mes devoirs, c'est mon père qui m'aide. Je dois dire qu'il est très patient avec moi, surtout quand il s'agit des devoirs de maths ! Il ne me gronde pas quand je reçois de mauvaises notes parce qu'il sait que je fais de mon mieux et que je travaille dur.

Le samedi matin j'adore faire les magasins en ville avec ma mère. Elle s'intéresse beaucoup à la mode et elle me laisse choisir mes vêtements. Je lui demande son opinion car elle a bon goût. De temps en temps je lui raconte mes petits secrets et elle me donne de bons conseils quand j'en ai besoin ! Je pense que j'ai de la chance car elle est toujours là pour moi et elle ne critique jamais mes copains.

Je dois admettre que mes parents sont raisonnables en ce qui concerne les sorties. Quand je sors le week-end avec mes amis, ils veulent toujours savoir où je vais et avec qui. En plus, ils insistent pour que je rentre avant onze heures et demie. Ça m'énerve un peu mais c'est juste car je n'ai que quinze ans.

Je sais que j'ai de la chance parce que j'ai des amis qui ont des parents trop protecteurs et ils se disputent tout le temps avec eux. Avoir des parents comme ça serait insupportable pour moi.

1 Read what Élise says about her relationship with her parents. Answer the questions in English.

    1 What does Élise say about her parents? State any **two** things.   2

    2 What does the family do at the weekend? State **two** things.   2

    3 What does Élise say she likes best? State **one** thing.   1

    4 Élise says she can talk to her parents about anything. Why is that the case?   2

    5 Élise says her father is very patient. What else does she say about him? State **two** things.   2

    6 Why does Élise like going into town with her mother? State any **two** things.   2

    7 What are the arrangements about going out? State **three** things.   3

    8 Why does Élise consider herself lucky?   1

2 Listen to Marcel and Laure talking about ideal parents. Answer the questions in English.

    1 According to Marcel, what should ideal parents be like?   2

    2 What **two** examples of ideal parents does he give?   2

    3 Why does he believe these are reasonable? State any **one** thing.   1

    4 Laure talks about her relationship with her parents. What causes arguments?   2

    5 Why does she think it is unfair?   1

    6 What do ideal parents do, in her opinion?   1

3 Jeanne is talking about her friends. Complete the paragraph, using the words in the grid to help you.

J'ai beaucoup de bons amis. Pour moi, c'est très important. Un bon ami est **(a)** .... avec qui on a beaucoup en **(b)** .... et qui partage les mêmes **(c)** .... Ma **(d)** .... amie s'appelle Anouk. Je peux me confier à elle et je sais qu'elle peut garder des **(e)** .... Je peux lui parler de tout et on rigole beaucoup **(f)** .... Elle a les **(g)** .... goûts que moi et nous **(h)** .... souvent du shopping ensemble. C'est génial. Je sais que j'ai de la chance. Certains **(i)** .... de classe ont des amis qui ont une **(j)** .... influence sur eux. Par exemple, un de mes copains a **(k)** .... à fumer et à boire de **(l)** .... à cause de ses amis.

mauvaise	meilleure	commencé	l'alcool
secrets	quelqu'un	intérêts	commun
camarades	ensemble	faisons	mêmes

4 Work with a partner. Ask and answer the questions.

    1 Tu crois que les parents idéaux existent ?

    2 Quelles sont les qualités d'un parent idéal ?

    3 Pourquoi faut-il avoir de bons amis ?

    4 À ton avis, quelles sont les qualités d'un bon ami/une bonne amie ?

5 Write a short paragraph in French about what you think makes an ideal parent and friend. You could include:

- what qualities an ideal parent might have
- whether ideal parents exist
- what qualities you look for in a good friend
- why you think these qualities are important
- whether or not your friends are a good influence

1.2a Mes loisirs

Embarquement

★ **Talking about sports and hobbies; likes, dislikes and preferences**
★ **Present tense of regular -*er* verbs; present tense of *faire*; *jouer au/à la…*; *faire du/de la…*; *j'aime/je n'aime pas/je déteste/je préfère* + infinitive**

1 a Match the pictures to the phrases about activities in the box.

A    B 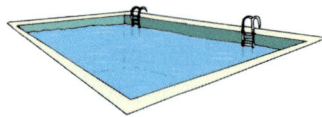   C    D

E    F    G    H

a Je fais du ski.	**b** Je regarde la télé.	**c** J'adore voir des films.
d J'adore faire du shopping.	**e** J'aime faire du vélo.	**f** J'aime le patinage.
g J'aime aller à la piscine.	**h** Je joue au foot.	

1 b Read the sentences and write down in English the sport or hobby mentioned.
  1 Tous les week-ends je joue au foot avec mon père.
  2 Salut ! Moi, je n'aime pas le sport. Je préfère regarder la télé.
  3 Bonjour ! Pendant mon temps libre je joue au hockey.
  4 Ma sœur adore faire de la natation. Elle va tous les jours à la piscine.
  5 Mon sport préféré est le tennis de table.
  6 En été je joue au tennis avec mes copains.
  7 Le soir j'aime jouer sur l'ordinateur.
  8 J'adore voir des films. Je vais souvent au cinéma.

2 Listen to eight young people talking about their free time. Choose the correct answer.

  1 Every Saturday I go to **the swimming pool | the golf course | the shopping centre**.
  2 My brother likes music a lot. He plays **the guitar | the violin | an instrument** in a group.
  3 I am in a team. We have a game on **Monday | Sunday | Tuesday** mornings.

4 She really likes the theatre. She goes there with her **mother | father | friends** at the weekend.

5 If there is a good **concert | film | show** on, my best friend and I go to see it.

6 My friend has a **pool table | a table-tennis table | a table-football table**. I like this sport.

7 Our favourite sport is **swimming | horse riding | ice skating**. We do it every week.

8 When they have free time, they **go into town and have lunch | go shopping | buy clothes**.

3 Complete the sentences using the verb *jouer* or *faire*.

1 Le samedi j'adore .... du shopping en ville.

2 Mon père aime .... au golf le dimanche après-midi.

3 Mon frère déteste le sport. Il préfère .... de la guitare.

4 J'aime .... des promenades à bicyclette.

5 En hiver, j'adore .... du ski.

6 Ma sœur déteste .... au tennis.

7 Mes amis aiment .... de la natation.

8 En été mes frères aiment .... au football.

9 Le samedi, nous aimons .... du patinage au centre sportif.

10 Le dimanche, j'adore .... de l'équitation.

4 You are talking to your friend about your free time. Tell them three things you like doing and three things you dislike doing. Use the box below to help you.

J'aime Je n'aime pas Je déteste Je préfère	jouer au tennis/football/basket/rugby/golf/badminton/tennis de table faire du sport/shopping/ski/patinage faire de la natation
J'aime Je n'aime pas Je déteste Je préfère	écouter de la musique pop/rock/classique/folk/rap/techno surfer sur Internet jouer à des jeux vidéo aller au cinéma/au théâtre regarder des films regarder la télé
Mon passe-temps favori est	le rugby/le tennis/le football/le golf/le basket/le badminton/le ski/le patinage/la natation

5 Write six sentences in French saying what you like and dislike doing in your free time.

Make sure you use all the verb phrases related to opinions found in the vocabulary box in exercise 4.

Use as many verb phrases related to leisure activities as possible. Try to use two leisure activity phrases in each sentence if you can.

Example: J'aime écouter de la musique et aller au cinéma.

1.2b La vie saine

Décollage

★ **Talking about healthy lifestyles; likes, dislikes and preferences**
★ **Present tense of verbs, including common irregular verbs (*avoir, être, faire*); verbs + infinitive; negatives**

1 a Angélique talks about what she does to stay healthy. Read the text and answer the questions in English.

Cette année je n'ai pas beaucoup de temps libre parce que j'ai toujours beaucoup de devoirs à faire. Donc, le week-end, je sors avec mes copains. Le samedi, j'aime aller en ville faire du shopping. Quand il pleut nous allons à la piscine. J'adore nager. C'est mon sport préféré. Quand il fait beau nous allons au parc où nous jouons au tennis. C'est génial. Je crois qu'il est important de faire du sport pour être en bonne santé et pour se relaxer un peu.

Angélique

1	Why does Angélique not have a lot of free time?	1
2	What does she do at the weekend?	2
3	What does she do when it rains?	1
4	What does she say about this? State any **one** thing.	1
5	What does she do when the weather is nice?	1
6	What does she think is important? State **two** things.	2

1 b Read what Aline and Marc say about their lifestyles. Who has the healthier lifestyle and why?

Êtes-vous en bonne santé ?

Aline

J'adore sortir au restaurant. J'adore le fastfood, surtout les hamburgers et les frites. C'est délicieux ! J'aime aussi le chocolat et les gâteaux. Je déteste l'exercice. Je préfère regarder des films à la télé ou surfer sur Internet. Je passe des heures à jouer à des jeux vidéo. C'est très amusant !

Marc

Je suis très sportif. Je vais à la gym trois fois par semaine. J'adore faire de l'exercice. Je ne fume pas et je ne bois pas d'alcool. Je crois que c'est mauvais pour la santé. J'essaie de manger beaucoup de fruits et de légumes et je ne passe pas trop de temps à jouer sur mon ordinateur. Je préfère sortir avec mes copains.

1 c Read again what Aline and Marc say. Find the French for the following phrases.
    1 especially
    2 I also like
    3 I spend hours playing
    4 I go three times a week
    5 I do not smoke
    6 I do not drink
    7 it is bad
    8 I try to eat
    9 I don't spend too much time
    10 to go out with my friends

2 Listen to Céline and Zoé discussing what they do to stay healthy. Answer the questions in English.

1	**a**	What does Zoé eat to stay healthy?	1
	b	What does Céline do?	2
2	**a**	What sport does Zoé do?	1
	b	What does she say about it? State any one thing.	1
3		What sport do Céline and her sister do?	1
4		Céline goes on to talk about her sister. What does her sister do to keep fit? State any **two** things.	2
5	**a**	What does Céline not do?	1
	b	What does she think is important?	1

3 Find the correct continuation for phrases 1–8.

1	J'adore le fastfood.	**A**	sur l'ordinateur avec ses copains.
2	Mon frère adore jouer	**B**	des céréales avec du lait.
3	Moi, je préfère aller à la piscine	**C**	Je vais au MacDo tous les samedis.
4	Je ne fume pas parce que	**D**	le steak-frites.
5	Pour le petit déjeuner je mange	**E**	J'adore la gymnastique.
6	Mon plat préféré est	**F**	Pour être en bonne santé.
7	Quel est ton sport préféré ?	**G**	et faire de la natation.
8	Pourquoi est-il important de faire du sport ?	**H**	c'est mauvais pour la santé.

4 Work in pairs. Answer your partner's questions about what you do to stay healthy. Then swap roles.

    1 Tu es en bonne santé ?
    2 Qu'est-ce que tu manges pour le petit déjeuner ?
    3 Quel est ton plat préféré ?
    4 Est-il important de faire du sport ?
    5 Qu'est-ce que tu fais le week-end ?
    6 Quel est ton passe-temps préféré ?

5 Write a few sentences in French about what you do to stay healthy. You could include:

- what you like to eat and drink
- what you don't like to eat and drink
- what you do in your free time to keep healthy
- what activities you don't do

1.2c Comment être en bonne santé

En Vol

★ Saying what you do and do not do to keep fit; lifestyle-related health problems
★ *Vous* form of verbs; *devoir* + infinitive; negatives; qualifiers (*très, assez, trop*)

Êtes-vous en bonne santé ?

Vous n'êtes pas en aussi bonne santé que vous voulez l'être. Ne vous inquiétez pas ! Il y a beaucoup de choses que vous pouvez faire pour conserver une bonne santé physique.

Notre guide vous montre ce que vous pouvez faire pour être en bonne santé et ce que vous ne devez pas faire.

Suivez nos conseils pour mener une vie saine et prévenir des maladies !

1 Essayez de faire une activité physique tous les jours. Par exemple, vous pouvez faire des promenades à vélo avec vos copains ou même des randonnées avec votre famille le week-end. Il ne faut surtout pas passer tout votre temps libre à jouer à des jeux vidéo ou regarder des films à la télé au lieu de sortir avec vos copains.

2 Allez au collège à pied ou à vélo au lieu d'y aller en voiture. Pourquoi ? Parce que c'est meilleur pour la santé et pour l'environnement.

3 En plus, on recommande de manger trois repas équilibrés par jour et d'éviter de grignoter entre les repas. Et attention ! le petit déjeuner est le repas le plus important de la journée.
Il est important de ne pas manger trop de sucreries ni de fast-food. Sinon, vous risquez de développer des problèmes de santé à l'avenir tels que l'obésité et le diabète.

4 Et finalement, évitez de fumer et de boire de l'alcool. C'est mauvais pour la santé et peut causer des maladies comme le cancer du poumon. En plus, c'est un gaspillage d'argent !

1 You find an article online about healthy living. Read what it says and answer the questions that follow in English.

1 a What is the first piece of advice the article gives you?   2
  b What should you not do?   2
2 a What does the article say about going to school?   1
  b Why does it advise you to do that?   1
3 a What else is recommended?   2
  b Why is it important not to eat too many sweet things or fast food?   2
  c What does it say about breakfast?   1
4 a What two things should you avoid doing?   2
  b Why is this the case?   2

2 Now listen to two young people talking about healthy living. Answer the questions in English.

    1 What does the boy say about his free time activities? State any **two** things.   **2**

    2 What else does he do?   **1**

    3 What does his sister do to keep fit? State **two** things.   **2**

    4 What do some of his friends do in their free time?   **1**

    5 The girl says she does not do very much. Why is this the case?   **1**

    6 What does she do instead?   **1**

    7 What else does she do? State **two** things.   **2**

    8 What does she say about her diet?   **2**

3 Look at grammar section F on negatives. Make these sentences negative.

    1 Mes frères aiment faire du jogging au parc le week-end.

    2 Vous devez manger équilibré tout le temps.

    3 Il est sportif comme son frère.

    4 Mon petit frère mange des bonbons.

    5 Aller à la gym coûte cher.

    6 Mes parents mangent équilibré.

    7 Ma sœur est en forme.

    8 Elle est paresseuse.

    9 Nous passons trop de temps à surfer sur Internet.

   10 Elle boit assez d'eau.

4 You are talking to your friend about sports and eating habits. Ask and answer the questions in French.

- Qu'est-ce que tu fais pendant ton temps libre ?
- Tu aimes le sport ? Pourquoi/Pourquoi pas ?
- Qu'est-ce que tu manges pour être en bonne santé ?
- Qu'est-ce que tu n'aimes pas manger ?
- Pourquoi est-il important de manger sain ?

5 Write a paragraph in French about what you do to stay healthy. You could mention:

- what you do in your free time
- what sports and hobbies you like/dislike
- what you like/dislike eating
- why it is important to eat healthily
- what you plan to do to stay healthy

You should use vocabulary and phrases found in the article 'Êtes-vous en bonne santé ?' You may wish to use the phrases below in your paragraph:

Example: Pendant mon temps libre, je fais différentes activités. Par exemple, je ....

J'adore/Je déteste les sports donc je .... J'aime/Je n'aime pas manger/boire ....

C'est important d'être en bonne santé quand on est adolescent parce que ....

Pour être en bonne santé je voudrais/j'aimerais/je vais ....

Je pense que c'est assez facile parce que .... Mais c'est difficile quelquefois parce que ....

Embarquement

1.3a Comment j'utilise la technologie

> ★ Activities linked to mobile phones and tablets in leisure time and for learning; time phrases
> ★ Recognise and use present tense of common verbs (*jouer, acheter, regarder, télécharger, écouter, faire, prendre*)

Qu'est-ce que je fais avec mon téléphone portable ?

J'ai un portable depuis l'âge de douze ans. Avec mon portable, je fais beaucoup de choses.

Tous les matins, mon portable est mon réveil. Tous les jours, j'écoute de la musique et je regarde des films en ligne dans ma chambre avec mes copains. Tous les soirs, je joue à des jeux sur Internet. J'envoie tout le temps des messages à mes copains. Je navigue sur Internet et de temps en temps j'achète des cadeaux pour ma famille et des vêtements en ligne pour moi. Une fois par semaine je fais des appels vidéo avec mes grands-parents qui habitent à trois cents kilomètres. Cependant, je ne fais pas mes devoirs pour le collège sur mon portable car l'écran est trop petit.

Lila

---

1 a Lila explains what she does with her mobile phone. Read her text and find the French phrases.

     1 I have a mobile phone.
     2 I listen to music.
     3 I watch films online.
     4 I play games on the internet.
     5 I send messages to my friends.
     6 I surf the net.
     7 I buy presents… and clothes.
     8 I do video calls.

1 b Use the phrases above to write a paragraph in French about how you use your mobile phone. Put the sentences in order from what you do most to what you do least.

2 Your school has recently issued tablets to pupils in order to help with learning. Abel is explaining how pupils are using them. Listen and decide if the statements are true or false.

     1 Abel has had a tablet since September.
     2 In English and German, he does listening exercises.
     3 In history and geography, he does research on the net.
     4 In French he writes essays online.
     5 In PE he watches football and volleyball matches.
     6 In music he writes songs and listens to instruments.
     7 In May he will sit his exams online.

3 a Read Lila's text in exercise 1 again. How does she say the following time phrases in French?

1 every morning
2 all the time
3 every day
4 from time to time
5 every evening
6 once a week

3 b Read the following sentences. Identify the time phrases and write their meaning in English.

1 Quelquefois je regarde une série américaine sur ma tablette.
2 À la maison, je me connecte régulièrement sur Internet.
3 J'écris rarement des messages.
4 Je téléphone souvent à mes parents.

4 Do a survey in your class. Ask your classmates how they use their mobile phone and/or tablet. You may wish to ask these questions. Remember to say how often in your answer.

1 A Est-ce que tu as un portable/une tablette ? B Oui, j'ai… Non, je n'ai pas de…
2 A Est-ce que tu écoutes de la musique sur ton portable/ta tablette ?
B Oui, j'écoute souvent de la musique sur…
3 A Est-ce que tu joues à des jeux vidéo sur… ?
B Oui, le week-end, je joue à des jeux vidéo…
4 A Est-ce que tu fais des appels vidéo sur… ?
B Oui, tous les soirs, je fais des appels vidéo sur…
5 A Est-ce que tu te connectes sur Internet sur… ?
B Oui, je me connecte tout le temps sur …
6 A Est-ce que tu envoies des messages sur… ?
B Oui, j'envoie tout le temps des messages sur…

5 Write a summary in French describing how often you use a mobile phone and tablet. Use as many phrases as possible. You may start your work with:

Avec mon portable, je joue souvent… . J'envoie tout le temps… . Quelquefois je fais… . Tous les soirs j'écoute… .

Avec ma tablette je regarde… . J'achète régulièrement… . Je fais mes devoirs de… . J'écris… . Je fais des recherches pour… .

The table below may help you with phrases.

Avec mon portable/ ma tablette	je joue	souvent/tous les jours/tout le temps/rarement/ quelquefois/ régulièrement/ tous les soirs/de temps en temps/ toujours/une fois par semaine	à des jeux vidéo	en ligne/dans ma chambre.
	j'écoute		de la musique	
	je bavarde/parle		avec mes copains/avec mes cousins sur Zoom.	
	je fais		des appels vidéo/des recherches/mes devoirs	
	j'écris		des dissertations/des courriels/des blogs	
	j'achète		des cadeaux	
	j'envoie		des messages	
	je télécharge		des applis/des livres/de la musique	
	je crée/regarde		des petits clips/des films	
	je prends		des photos	
	je vais		sur les réseaux sociaux.	

1.3b Comment je m'informe

Décollage

★ **Talking about different means of communication**
★ **Present tense of common verbs; use of *depuis* with present tense; numbers; recognition of imperfect tense**

1 a Match the French and English words.

1	les actualités	**A**	the news
2	un quotidien	**B**	adverts
3	un journal	**C**	the headlines
4	les gros titres	**D**	to hop channels
5	un hebdomadaire	**E**	a daily newspaper
6	la publicité	**F**	a weekly newspaper
7	la télécommande	**G**	a newspaper
8	zapper	**H**	the remote control

1 b Solwen, Hugo and Léonie describe how they keep up with the news. Read the statements below. Who says what?

Journal, télé, radio ou Internet ?
Comment vous informez-vous ?

Solwen, 14 ans
Pour moi c'est sur Internet ! J'ai ma propre tablette depuis un an et c'est plus pratique. Je n'ai pas besoin de regarder la télé à une heure spécifique. Par exemple, quand je suis dans le bus, je lis les actualités sur mon téléphone. Le seul point négatif, c'est la quantité de publicités sur certaines applis.

Hugo, 25 ans
Le journal était depuis le lycée ma seule source d'information mais l'année dernière, j'ai changé mes habitudes pour deux raisons. Je travaille plus maintenant alors je n'ai pas le temps d'ouvrir un journal et à environ 2,40 € le journal c'est coûteux quand tu achètes ton quotidien.

Léonie, 18 ans
Ma sœur regarde les infos en ligne depuis qu'elle a son nouveau portable. Moi, j'ai un portable aussi mais je préfère regarder les infos à la télé avec mes parents. En fait, je les regarde avec eux tous les soirs depuis que j'ai 6 ou 7 ans. C'est plus convivial mais l'inconvénient, c'est que mon père a la télécommande et qu'il zappe tout le temps !

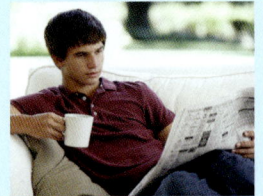

1 I have watched the news since I was small.
2 I read the news on my phone on the bus.
3 Being online is a new habit for me.
4 It is a moment I share with my family.
5 Buying a daily newspaper is expensive.
6 There are many adverts on some apps.
7 I don't need to watch TV at a specific time.
8 I have no time to open a newspaper.

2 Listen to these four people talking about how they have kept informed over the years and how it has changed. Complete the sentences in English.

1 Sylvie uses her tablet to   1
2 She used to listen to .... but sometimes it was   2
3 Noah reads the news on   1
4 He used to .... every .... with .... but the presenters were 4
5 Inès's smartphone is broken. Now she .... on   2
6 Bruno used to read the newspapers but last year he tried to   1
7 There were too many .... , so now he   3

3 *Depuis* with verbs in the present tense is used to say how long something has been going on. See grammar section K16 for more detail.

Fill in the gaps with verbs in the present tense. Translate the sentences into English.

1 Depuis quelques mois, j'.......... (*avoir*) une tablette et depuis deux semaines j'.......... (*utiliser*) une appli qui montre les gros titres des infos.
2 Depuis le mois de septembre mes copains et moi n'.......... (*avoir*) pas le temps de regarder la télé ou de lire le journal.
3 Depuis que je ne .... (*regarder*) plus le journal télévisé avec ma famille le soir, je ne .... (*parler*) plus des infos avec mon grand frère.
4 Depuis la pandémie, mes professeurs .... (*utiliser*) Microsoft Teams pour les devoirs en ligne.

4 With a partner, use grids for a battleship game. Choose phrases related to how you keep up with the news and how often. Then place the nine ships for your choices. Say the sentences in French. Respond to your partner's sentences with:

Raté (Missed)   *Coulé (Sunk)*   *Touché (Hit)*

The aim is to find where your partner's nine ships are located.

	le plus possible	le moins possible	très rarement	plusieurs fois par jour	tous les jours	plus souvent qu'avant
Je regarde les infos à la télévision	⛵		⛵			⛵
Je m'informe en ligne						
Je préfère écouter les gros titres sur Alexa		⛵	⛵		⛵	⛵
J'utilise les applis des infos sur ma tablette			⛵			
Je lis le journal dans le bus				⛵		

5 Write a blog of between 80 and 100 words in French explaining how technology helps you to keep informed. Mention how newspapers, tablets, mobile phones, computers and other devices help you and how often you use them. You may wish to write about how other people around you keep up with the news.

1.3c Courriels, textos ou téléphone ?

Décollage

★ **Talking about different means of communication**
★ **Present tense of common verbs; use of comparative and superlative phrases; numbers**

1 a Match the French and English words.

1 envoyer	**5** la messagerie instantanée	**8** un courriel	**11** le Wi-Fi
2 un forfait	**6** une appli	**9** les réseaux sociaux	**12** l'écran
3 gratuit	**7** un portable	**10** compris	
4 le téléphone fixe			

A a package	**D** instant messaging	**G** Wi-Fi	**J** the screen
B free	**E** social media	**H** a mobile phone	**K** an app
C an e-mail	**F** to send	**I** included	**L** the landline

1 b The article below describes how young people and older generations use technology. Read the article and choose the correct answers.

La génération « messages instantanés »

Selon une enquête récente, les collégiens utilisent la messagerie instantanée plus souvent que les courriels pour communiquer entre amis.

Les ados préfèrent envoyer des messages sur les réseaux sociaux avec leur smartphone. La raison n'est pas le prix accessible d'Internet mais c'est parce qu'ils veulent être en contact le plus vite possible.

Les jeunes utilisent le téléphone fixe moins régulièrement que leurs parents et grands-parents. Les parents et les grands-parents trouvent qu'ils peuvent rester plus facilement en contact avec leurs amis avec le téléphone traditionnel qu'avec les réseaux sociaux. En effet la génération de nos grands-parents se sert le moins fréquemment d'Internet pour communiquer. Cependant, un grand nombre de personnes de plus de cinquante ans possèdent un smartphone.

1 School pupils use instant messaging…
   A less often than e-mail.
   B as often as e-mail.
   C more often than e-mail.
   D all the time.

2 Teenagers prefer to send messages…
   A with their smartphone.
   B with their smartphone on social media.
   C on social media.
   D with their tablet on social media.

3 Young people use the landline…
   A less regularly than their parents.
   B less regularly than their parents and grandparents.
   C more regularly than their parents and grandparents.
   D as much as their parents.

4 Parents and grandparents think that they can stay in touch…
   A more easily with their friends on social media.
   B more easily with their family on social media.
   C more easily with their friends by traditional phone.
   D more easily on social media.

5 Our grandparents use the internet…
   A the most often to communicate.
   B the least often to communicate.
   C frequently to communicate.
   D very often to communicate.

6 A large number of people…
   A over 50 own a smartphone.
   B over 15 own a smartphone
   C under 15 own a smartphone.
   D under 50 own a smartphone.

2 a Fill in the gaps with the appropriate comparative phrase.

1 Les jeunes utilisent Internet .... leurs grands-parents pour communiquer avec leurs amis.

2 Les jeunes communiquent .... par courriel .... par messages instantanés.

3 Les grands-parents envoient des messages sur les réseaux sociaux .... les adolescents.

4 Mon grand-père achète des vêtements dans les magasins .... sur Internet.

moins souvent que   plus souvent que   plus facilement que   moins fréquemment que

2 b Fill in the gaps with the appropriate superlative phrases.

1 Les jeunes utilisent leur portable .... possible.

2 Les jeunes utilisent le téléphone fixe .... possible.

3 La messagerie instantanée envoie les messages .... possible.

4 Les parents préfèrent le forfait .... possible.

le moins cher   le plus souvent   le plus vite   le moins souvent

3 Listen to Étienne, Sophie, Enzo and Carole speaking about the advantages and disadvantages of the way they communicate. Write your answers in English under the following headings.

Name	What they use	Advantages	Disadvantages

4 Work with a partner. Ask each other the following questions and answer them in French. Try to use as many comparatives and superlatives as you can and give some advantages and disadvantages of the use of technology.

1 A As-tu un portable/un ordinateur ? **B** Oui, j'ai un portable/un ordinateur depuis…

2 A Combien coûte ton portable ? **B** Le forfait coûte…. par mois.

3 A Qu'est-ce que tu fais avec ton portable ? Pourquoi ? **B** Avec mon portable, j'envoie… le plus souvent parce que c'est rapide. J'aime aussi…

4 A Et qu'est-ce que tu fais avec ta tablette ? Pourquoi ? **B** Je préfère ma tablette pour… parce que c'est… mais j'aime aussi…

5 A Et qu'est-ce que tu fais avec ton ordinateur ? **B** J'écris régulièrement… et je fais des jeux en ligne plus souvent que mon frère….

5 Write a paragraph in French about technology in your everyday life. Include which devices you use the most/least, and their advantages and disadvantages.

J'utilise le plus souvent mon…/ma… pour… J'utilise mon/ma… moins souvent que… mon/ma… pour	envoyer des messages à mes copains. télécharger des films/de la musique/des chansons/des applis. faire des appels vidéo avec… . faire des achats en ligne, par exemple… . faire des jeux et des concours en ligne. aller sur les réseaux sociaux et partager des photos.
L'inconvénient, c'est que…	ça coûte très/assez/trop cher. / l'écran est trop petit. on passe beaucoup/trop de temps devant un écran. les adolescents s'endorment / se couchent trop tard le soir.
L'avantage, c'est que…	c'est gratuit quand on a le Wi-Fi. c'est très/assez/vraiment rapide et pratique. beaucoup de jeunes ont un smartphone/ont Internet.

En Vol

1.3d Comment rester prudent en ligne

★ **Talking about staying safe online**
★ **Present tense with** *puisque, lorsque, car, comme*; **conjunctions; numbers**

Te sens-tu en sécurité en ligne ?

Nolween
Je me sens en sécurité car je ne donne jamais mes mots de passe ou mes données personnelles quand je vais en ligne ou quand je vais sur un forum de discussion. Il est vrai que certains internautes ne font pas attention lorsqu'ils sont en ligne. Moi, je connais les dangers puisque mon père et ma mère m'ont dit plusieurs fois qu'ils ne veulent pas que je partage des données personnelles sur Internet. Ils surveillent ce que je fais. À mon avis, le vol d'identité est un des problèmes les plus graves sur Internet.

Yanis
Mon père me dit toujours que je dois être prudent sur Internet puisqu'on ne sait jamais qui est derrière son écran. Les gens peuvent mentir. Mon meilleur ami m'a dit qu'une fois il avait parlé à un inconnu en direct sur un réseau social. C'est dangereux ! Moi je pense qu'il faut protéger sa vie privée sur Internet et faire attention lorsqu'on se connecte sur les réseaux sociaux. Je dis souvent à mes amis qu'ils seraient plus en sécurité s'ils sécurisaient plus leurs comptes, comme en changeant leurs mots de passe chaque mois, pour éviter d'avoir des problèmes.

Capucine
Tous les jours aux infos on entend des histoires de vols d'identité, de piratage, de harcèlement, de vols de données. Il est vrai qu'Internet peut être divertissant mais il faut connaître les dangers qu'on peut y rencontrer. Comme personne n'est en sécurité, ma mère dit que l'éducation et la prévention sont nécessaires pour les enfants, les ados et les parents. Je suis d'accord avec elle. Il faut absolument éduquer tout le monde.

1 Three bloggers tell their story about being safe online. Read the statements and answer the questions in English.

1	What does Nolween do to feel safe online?	2
2	Apart from telling her not to share personal data, how do her parents help with this?	1
3	What does she say about identity theft?	1
4	Yanis' father always tells him to be careful on the internet. Why?	2
5	Yanis has a friend who did something dangerous once. What was it?	1
6	What does Yanis think people must do on the internet and on social media?	2
7	What safety advice does Yanis give his friends?	2
8	According to Capucine, what stories are mentioned on the news every day?	4
9	What positive aspect does she mention about the internet?	1
10	What does Capucine agree with her mother about?	1

2 Listen to the report about young people and the internet. Choose the correct answer.

1 A Four out of five teenagers have already communicated with strangers.
 B 45% teenagers have already communicated with strangers.
 C 14 out of 50 teenagers have already communicated with strangers.

2 A 25 teenagers say they will be more careful on the internet in the future.
 B 2 out of 15 teenagers say they will be more careful on the internet in the future.
 C 2 out of 5 teenagers say they will be more careful on the internet in the future.

3 Young people…
 A protect their instant messaging account.
 B do not protect their instant messaging account.
 C have problems on the internet.

4 Parents are…
 A more and more worried when their children use the internet.
 B less worried when their children are not on the internet.
 C are not worried when their children are on the internet.

5 Their parents…
 A supervise them less than they used to.
 B trust them more than ever.
 C supervise them more now than before.

6 Young people say that teachers…
 A never speak about problems on the internet with pupils.
 B no longer speak about problems on the internet with pupils.
 C now speak more about problems on the internet with pupils.

7 Teachers…
 A did not use to go on social media but now they do.
 B used to go on social media and now they do not.
 C have always been on social media and now they go on it even more.

3 Refer to grammar section H. Read the text below and add the most appropriate conjunction. There is more than one option. Then translate the text into English.

Aujourd'hui, une de mes amies m'a dit qu'hier elle avait reçu un message d'une personne qu'elle ne connaissait pas ………. elle est allée sur un site de messagerie instantanée. ………. elle n'a pas protégé son compte, elle doit changer tous ses mots de passe. ………. elle a parlé de ces problèmes à ses parents, ils ont appelé la police. Ses parents disent souvent qu'ils n'aiment pas ………. elle se connecte à des réseaux sociaux. Maintenant elle ne regarde plus ces messages ………. elle sait qu'elle doit être prudente.

4 Work in pairs. Ask and answer the questions. Refer to the table below for suggestions to help with part c.

 a A Qu'est-ce que tu fais sur Internet ?
  B J'utilise beaucoup Internet. Sur Internet je…
 b A Penses-tu qu'Internet est dangereux ?
  B Oui, je pense qu'Internet est dangereux parce que…/Non, à mon avis Internet n'est pas dangereux…
 c A Que fais-tu pour être en sécurité en ligne ?
  B Je suis prudent(e) parce que je…
 d A À quel âge peut-on utiliser Internet en sécurité ?
  B On peut utiliser Internet en sécurité à ………. ans, avec l'aide des parents.

Pour être en sécurité en ligne…	je ne partage jamais mes données personnelles, mes mots de passe.
	je fais attention parce que je ne sais pas qui est derrière l'écran.
	je bloque ma caméra sur mon écran d'ordinateur et sur ma tablette.
	je ne parle pas à des inconnus.
	je n'ouvre pas les courriels ou les messages des inconnus.
	je sécurise mon compte sur les réseaux sociaux.

5 Write a paragraph of 100–130 words in French describing how you use the internet and social media, and their positive and negative aspects.

✈ **1.4a Les langues dans la vie quotidienne**

Embarquement

> ★ Talking about the importance of languages with verbs *aller, voyager, travailler*
> ★ Future tense (*aller* + infinitive)
> ★ Modals *je veux, je voudrais*
> ★ Revision of countries and languages
> ★ Definite articles *le, la, les, l'*

Sophie   L'Amérique du Sud me passionne depuis longtemps, surtout l'Argentine. Je veux voyager donc je vais apprendre l'espagnol. Je parle déjà français donc ce sera facile d'apprendre l'espagnol.

Ryan   J'apprends le japonais depuis trois ans et je m'intéresse beaucoup à l'Asie. Je veux visiter le Japon dans cinq ans. L'année prochaine je vais aussi apprendre le mandarin. Ces langues sont très différentes du français et la culture est vraiment enrichissante.

Mouloud   Mes cousins et mes oncles et tantes habitent en Algérie donc j'apprends l'arabe avec mes parents. Je voudrais aller en Algérie et au Maroc pendant mes grandes vacances pour pratiquer l'arabe et rencontrer mes cousins. Je trouve l'arabe très intéressant et la cuisine algérienne est délicieuse, surtout le couscous et le tagine.

Asmita   J'apprends l'allemand et l'italien avec des applis, sur mon portable. Je veux parler allemand parce que je veux étudier les sciences et travailler dans l'industrie, et j'apprends l'italien parce que je vais souvent en vacances à Rome et à Naples avec ma famille. Quand je suis à Rome j'adore manger des glaces italiennes.

---

1 a Read what Sophie, Ryan, Mouloud and Asmita say about languages. Decide if the statements below are true or false. When a statement is false, explain briefly why it is false.
  1 Sophie speaks Portuguese and Spanish.
  2 Sophie thinks that her knowledge of French will help.
  3 Ryan is learning Japanese and Mandarin.
  4 Ryan has been learning Japanese since he was 3 years old.
  5 Ryan was in Japan 5 years ago.
  6 Mouloud's parents are in Algeria.
  7 Mouloud would like to go to Algeria during the summer holidays.
  8 Asmita is learning German and Italian on her mobile.
  9 Asmita wants to work in tourism.
  10 Asmita has never been to Rome.

1 b Find the French equivalent of these phrases in the texts above.

   1 I want to travel   **5** to practise

   2 I already speak   **6** I want to speak

   3 I learn/I have been learning   **7** I often go on holiday

   4 I would like to go

2 a Corinne's family live in different places in the world. Listen and write down:

   ● where they live

   ● who speaks which languages in her family

Person	Country where they live	Language(s)
cousins		
aunt		
grandmother		
big brother		
Corinne		

2 b 1 What does Corinne learn from her grandmother on Skype?   **2**

     2 At the end she says something specific about a language she is learning. What is it?   **1**

3 There are four words for 'the' in French. They are *le, la, l' and les. Le* is used with masculine nouns that start with a consonant, and for languages. When the noun starts with a vowel or a silent 'h', the definite article *l'* is used for 'the'. Refer to grammar section A3 for more on definite articles.
Fill in the gaps with the correct article.

   1 J'apprends ………. polonais avec un copain.

   2 J'apprends ………. italien au collège.

   3 Ma sœur apprend ………. grec le mercredi après-midi.

   4 Mon cousin apprend ………. arabe le week-end avec sa grand-mère.

   5 Ma meilleure copine apprend ………. suédois pendant les vacances.

   6 Mon petit frère apprend ………. mandarin depuis un an.

4 With a partner, use the words in the speech bubble to make up sentences about how long people have been learning the languages represented by the flags.

J'apprends le/l'…   *depuis…*

5 Write sentences in French describing which languages you are learning or would like to learn. You may wish to add the reasons for your choices. You can use phrases from the exercises completed in this section to help you.

   ● J'apprends…

   ● Je voudrais apprendre ………. parce que je voudrais…

1.4b Les langues autour de nous

Décollage

★ Talking about people around us and languages (celebrities and family and friends)
★ Possessive adjectives 'my', 'your', 'his', 'her'
★ Places of work and jobs

Shakira parle quatre langues, soit le portugais, l'anglais et l'italien. Sa langue maternelle est l'espagnol. Elle est née en Colombie. Elle a appris le portugais au Brésil quand elle était adolescente et l'anglais grâce à un petit copain américain. Elle enregistre de la musique en anglais et en espagnol.

J. K. Rowling, l'autrice de Harry Potter, parle anglais, portugais, français et allemand. J. K. Rowling parle couramment le français. Elle a étudié un an à Paris quand elle était à l'université. Elle était secrétaire bilingue et professeur de français. Elle utilise le latin et d'autres langues classiques dans ses livres.

L'allemand est la deuxième langue de Leonardo Di Caprio. Il est né à Los Angeles. Son père est italien et allemand et sa mère est allemande. Leonardo a appris l'allemand quand il rendait visite à sa grand-mère en Allemagne.

Le célèbre champion de tennis Novak Djokovic parle cinq langues : l'allemand, l'anglais, le serbe, l'italien et le français. Il a étudié l'anglais et l'allemand à l'école primaire. Il a appris l'italien quand il travaillait avec son entraîneur Riccardo Piati. Il aime les langues et il veut comprendre les gens quand il est à l'étranger.

1 Read the text about celebrities who speak different languages, then answer the questions.

1	Which languages does Shakira speak?	4
2	Why is Brazil mentioned?	2
3	How did she learn English?	1
4	What is said at the end about English and Spanish?	1
5	What does the text say about Leonardo di Caprio's parents?	3
6	How did he learn German?	2
7	What languages does J.K. Rowling speak?	4
8	What is said about her level in French?	1
9	As part of her studies where did she go and how long for?	2
10	What jobs did she do that involved languages?	2
11	What does the text say about her books?	2
12	What languages does Novak Djokovic speak?	5
13	What did he study at primary school?	2
14	When did he learn Italian?	2
15	Why does he like languages?	2

2 Listen to Sophia who explains how she is surrounded by people talking different languages. Answer the questions in English.

1 Which nationality are her neighbours? 1
2 What job do they have? 1
3 What does she say about the people working in the shoe shop? 1
4 What does she say about the restaurant? 1
5 Who works in the pub where her parents go? 1
6 Who works in the supermarket? 1
7 What does she say about the foreign students at university? 3
8 Why does she mention French? 2
9 What is special about the receptionists in the hotel she mentions? 1
10 What are we told about the three chefs in the kitchen? 1
11 What happens in the summer? 2

G

3 Possessive adjectives agree with the object or person they describe. This means, for example, that *son père* can be **his** father or **her** father. When a feminine word starts with a vowel or silent *h*, the masculine form is used. Refer to grammar section B9 on possessive adjectives.

	Masculine singular	Feminine singular	Masculine/ feminine plural
my	*mon*	*ma*	*mes*
your	*ton*	*ta*	*tes*
his/her/its	*son*	*sa*	*ses*

Fill in the gaps with the correct possessive adjective. Then write the sentences in English.

1 .... langue (*f*) maternelle est le russe parce que je parle russe depuis que je suis née. (*my*)
2 Tu parles bien le français. .... accent (*m*) français est superbe ! (*your*)
3 .... langues (*fpl*) préférées sont le mandarin et le japonais parce .... grand-père (m) habite en Asie. (*his*)
4 Quelles langues parle .... frère (*m*) en Amérique du Sud ? (*your*)
5 Elle écrit .... e-mails (*mpl*) dans .... chambre (*f*) sur .... ordinateur. (*m*) (*her*)

4 Do a survey in your class asking your classmates which languages they speak. You may wish to ask these questions.

1 A Quelles langues parles-tu ? B Je parle un peu/bien/couramment…
2 A Et chez toi, quelles langues parle ta mère/ta sœur… ? B Ma mère parle seulement….
3 A Et quelles langues parle ton frère/ton meilleur copain ? B Mon frère parle deux/trois langues : …

5 Describe a polyglot family of a minimum of five people. Write which languages they speak. Refer to exercise 1 for ideas.

Il s'appelle…
Il est…
Il parle .... langues.
Il a appris…
Sa langue préférée est…
Sa langue maternelle est…
Son père est…
Sa mère est…

Elle s'appelle…
Elle est…
Elle parle .... langues.
Elle a appris…
Sa langue préférée est…
Sa langue maternelle est…
Son père est…
Sa mère est…

Je parle .... langues.
J'ai appris…
Ma langue préférée est
Ma langue maternelle est…
Mon père est…
Ma mère est…

En Vol

1.4c Les avantages à apprendre des langues

★ **Talking about the advantages of speaking languages**
★ **Indefinite adjectives and their agreement**

---

1. Ma mère est polyglotte : elle parle cinq langues étrangères. C'est impressionnant. Elle pense différemment. Quand elle parle une autre langue, elle a l'impression d'avoir une autre personnalité.

Elle travaille dans le commerce et elle a du succès au niveau professionnel parce qu'elle développe des relations de confiance avec ses clients étrangers. Elle a une grande intelligence émotionnelle. Elle est plus flexible et créative que ses collègues. Elle a un meilleur niveau en mathématiques parce qu'elle analyse plus. Elle a beaucoup voyagé donc elle comprend que certaines cultures sont vraiment différentes et c'est très important dans le commerce.

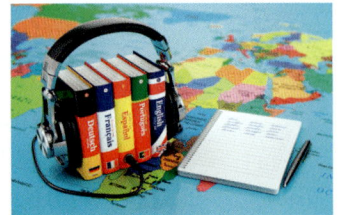

2. À la maison elle est multitâche : elle fait plusieurs choses à la fois et elle passe facilement d'une activité à l'autre. Elle connaît très bien sa propre personnalité donc pendant son temps libre elle rencontre facilement de nouvelles personnes. Alors elle a beaucoup d'amis et elle a même rencontré l'amour de sa vie en vacances à l'étranger : mon père qui est italien.

3. Sa mémoire est phénoménale et on dit que parler au moins deux langues est très bon pour le cerveau et protège contre la maladie d'Alzheimer. Elle écoute et observe beaucoup, tout le temps. Elle prend son temps pour toutes ses décisions au travail et à la maison.

---

1 a Sadie is telling us about her mother who benefits from speaking several languages. Read part 1 and complete the sentences in English.
1 Sadie's mother speaks   1
2 When she speaks in a different language she has the impression she…   1
3 At work she develops .... with   2
4 She is more .... than   2
5 She has a better level in .... because she   2
6 She has .... a lot she understands .... which is   3

1 b Read part 2 about the influence that languages have in her life in general. Answer the questions in English.
1 Apart from her mother being able to do two things at the same time, what else does she mention?   1
2 What can her mother easily do in her spare time?   1
3 What happened on holiday abroad?   1

1 c Read part 3 about memory and the statements below. List the statements that are mentioned.
A Her memory is phenomenal.
B Speaking at least two languages protects people from having Alzheimer's.
C Knowing a minimum of two languages stops people having Alzheimer's.
D She observes and listens every day.
E She makes all her own decisions at home and at work.
F She takes her time over all her decisions at work and at home.

2 Listen to Mo talking about the experiences that foreign students have in his school. Answer the questions in English.

    1 What two categories of foreign students does Mo talk about? Give details of the length of their stay in Scotland.   2

    2 Why do they choose to study languages?   1

    3 What do they think of studying English here? Why?   2

    4 Who do they meet?   2

    5 What activities do they share with their host families?   2

    6 What do they discover?   1

3 Indefinite adjectives are often used in front of a noun. They describe an amount which is not precise. The most common ones are *certain(e)(s)*, *autre(s)*, *plusieurs*, *chaque*, *tout(e)(s)/tous*. Refer to grammar section B7. *Certain* and *autre* agree with the following noun. Complete the sentences.

Je trouve que .... (*certain*) langues *(fpl)* sont plus faciles à apprendre que d'.......... (*autre*) *(fpl)*. Dans mon lycée .... (*tous*) les élèves *(mpl)* étudient .... (*plusieurs*) langues *(fpl)* étrangères parce qu'ils voudraient vivre dans .... (*plusieurs*) pays *(mpl)* différents quand ils seront plus âgés. (*Quelque*) .... -uns *(mpl)* veulent découvrir d'.......... (*autre*) cultures *(fpl)*. On connaît .... (*tout*) les avantages *(mpl)* à parler .... (plusieurs) langues *(fpl)*: par exemple .... (*chaque*) personne *(f)* bilingue dit que c'est bon pour la mémoire, et .... (*quelque*) psychologues *(mpl)* disent que .... (*tout*) les personnes *(fpl)* qui parlent .... (*plusieurs*) langues *(fpl)* sont plus tolérantes.

4 Work in pairs. A asks the questions and B answers. Then swap roles.

    A Combien de langues étrangères parles-tu ? **B** Je parle un peu .... , très bien .... je comprends ....

    A Dans ta famille, qui parle des langues étrangères ? **B** Mon père parle .... , mon petit frère parle ....

    A Dans ton collège, est-ce qu'il y a des élèves qui parlent plusieurs langues ?

    B Oui, il y a des élèves qui parlent polonais/mandarin/espagnol/grec/arabe ....

    A Voudrais-tu parler d'autres langues ? **B** Oui, je voudrais apprendre le japonais, l'italien ....

    A Apprendre des langues étrangères est une bonne idée. Pourquoi ? **B** C'est une bonne idée parce que c'est bon pour.......... . On devient plus ....

5 Make a poster or write a blog in French to promote the benefits of learning foreign languages. You may use phrases from the box or from the activities in this section.

Il y a beaucoup d'avantages à apprendre des langues étrangères, par exemple…	
On devient	plus indépendant/tolérant/ attentif/ confiant/flexible.
Ça permet	de rencontrer de nouvelles personnes de différentes nationalités. de découvrir de nouvelles cultures/des traditions locales. de voyager et de s'intégrer. d'avoir un métier plus intéressant. de rencontrer des collègues étrangers au travail.
C'est très bon/bénéfique	pour la mémoire/l'intelligence émotionnelle.
Ça ouvre	des horizons différents. un autre monde.

1.5 Citizenship

1.5a Ma région et le tourisme

En Vol

- Describing different areas and saying what there is for tourists
- Adjectival agreement; position of adjectives; quantifiers

Ghislaine

J'habite à Ruffec, un petit village situé à 60 kilomètres de Poitiers dans le sud-ouest de la France. Le village se trouve à la campagne et il est tout à fait charmant. En été, le village est plein de touristes qui sont attirés par les jolis bâtiments médiévaux au centre du village. On peut également visiter la grande église intéressante de la place d'Armes ou bien l'hôtel de ville impressionnant. Le village est assez typique de la région avec ses petits magasins et son bistrot très populaire. Il n'y a pas de grands magasins ou de cinéma ici. Il y a quand même une piscine et des courts de tennis pour les sportifs. Venez passer quelques jours chez nous et explorez les jolies villes voisines !

Mahmoud

Moi, j'habite à Bruxelles, la capitale de la Belgique. C'est une grande ville très animée qui attire des milliers de touristes chaque année. Ils viennent visiter les nombreuses attractions touristiques tellement impressionnantes. Par exemple, il y a une grande variété de magasins, de cafés et de restaurants sur la Grand-Place où vous pouvez goûter des spécialités régionales ou acheter du célèbre chocolat belge. Quand vous serez fatigué, reposez-vous à la terrasse d'un café sur la place Royale.

1 Read what Ghislaine and Mahmoud say about where they live and what there is in their area for tourists. Answer the questions in English.

1	Where exactly in France does Ghislaine live?	2
2	What does she say about the village?	2
3	Why does the village attract lots of tourists in summer?	3
4	What else does Ghislaine say about the village? State any **two** things.	2
5	What does she say at the end?	1
6	Mahmoud lives in Brussels. What does he say about it?	2
7	Why do so many tourists visit?	1
8	What does Mahmoud say about the Grand-Place? Give details.	3
9	What does he say you should do if you are tired?	1

2 Listen to Mireille talking about her town in Provence. Answer the questions in English.

1	Where exactly is Avignon?	1
2	What attracts tourists to the town?	2
3	What are you told about the Palais des Papes?	1
4	What other famous attraction is mentioned?	1
5	When does the festival take place?	1
6	Who would appreciate the food?	1
7	What can you do nearby?	2

3 Quantifiers are words like 'very', 'quite', 'extremely'. They are normally used in front of an adjective. Look at grammar section C4 and look up any words you do not know. Choose the most suitable word to complete these sentences.

Example: 1 suffisamment

1 Ma cousine habite à Paris et trouve qu'à la campagne il n'y a pas **suffisamment | peu | trop** de cafés et de magasins.

2 Ma grand-mère aime le calme. Elle déteste la ville mais trouve la campagne **beaucoup plus | beaucoup moins | trop** bruyante.

3 Mon frère est **tout à fait | assez | un peu** paresseux. Il ne fait rien pour aider.

4 Les jeunes détestent le village. Ils le trouvent **vraiment | peu | un peu** ennuyeux.

5 Mes parents aiment **tellement | assez | trop** passer leurs vacances à la montagne qu'ils y retournent chaque année.

6 Au café, il y a un client qui parle **peu | excessivement | trop**. Il préfère lire son journal.

7 Les touristes adorent le château **si | peu | assez** impressionnant.

8 Je passe toujours **trop | un peu | beaucoup moins** de temps dans les magasins et je n'ai donc pas le temps de visiter des monuments.

4 Ask your partner questions and answer their questions. If possible, add extra details.

1 Où habites-tu ? À la campagne, en ville, à la montagne… ?

2 Qu'est-ce qu'il y a à voir là où tu habites ?

3 Qu'est-ce qu'il y a à faire là où tu habites ?

4 Aimes-tu y habiter ?

5 Pourquoi ?

5 Write a paragraph in French describing where you live and saying what there is for tourists. Use your answers to the talking activity above and the vocabulary in the box below to help you.

J'habite	à Paris..../(dans) une grande ville/un petit village/une belle ville touristique/au bord de la mer.	
Ici / Où j'habite, il y a	un musée très intéressant/un château imposant/un centre sportif moderne/un terrain de foot/un petit magasin/un parc. une grande église impressionnante/une bibliothèque/une grande variété de restaurants et de cafés. beaucoup de grands magasins/de beaux monuments/de petites boutiques originales.	
C'est une ville/ un village	très/assez/trop/peu	animé(e)/calme/dynamique/intéressant(e)/ennuyeux (ennuyeuse).
Il y a Il n'y a pas	beaucoup/peu à faire beaucoup	pour les jeunes/les touristes/les sportifs.

1.5b La vie en ville et à la campagne

En Vol

★ Advantages and disadvantages of living in the town/country
★ Adjectival agreement; position of adjectives; quantifiers; opinion phrases

Ghislaine

Je déteste mon village. Ça devient de plus en plus ennuyeux ici. Vraiment, il n'y a pas beaucoup à faire pour les jeunes comme moi. Il y a seulement un vieux café et un petit bistrot. Pour aller au collège, à la bibliothèque ou à l'hôpital, on doit aller en ville. C'est à presque huit kilomètres d'ici. Il y a de moins en moins de transports en commun. On doit donc y aller en voiture.

Mes parents aiment beaucoup plus que moi habiter ici. Selon eux, vivre dans un village est plus reposant et meilleur pour la santé que vivre en ville. Ils aiment énormément leur jardin, où ils cultivent toutes sortes de légumes.

Moi, par contre, je veux sortir un peu le soir, faire du bowling ou aller au théâtre. C'est vrai qu'ici nous avons un grand lac, où on peut faire de la pêche ou des sports nautiques en été. Cependant, en hiver, mes copains et moi, on s'ennuie vraiment.

Mahmoud

Vivre en ville est super. J'adore tellement le bruit, le monde, les cafés… C'est très animé. En plus, je peux sortir facilement le soir. Tout se trouve tout près de chez moi et les transports en commun sont excellents. Mes parents, eux, s'inquiètent un peu. Ils pensent que vivre en ville peut être dangereux et que la campagne est beaucoup plus sûre. Selon eux, la ville est extrêmement polluée. En plus, ma mère aimerait avoir un cheval et faire de l'équitation, ce qui n'est pas possible en ville.

Personnellement, je ne voudrais pas habiter à la campagne. J'aime trop l'ambiance de la ville. À mon avis, il n'y a pas beaucoup à faire pour les jeunes à la campagne.

1 Ghislaine and Mahmoud talk about where they live. Read what they say and answer the questions below in English.

1 Why does Ghislaine say she hates her village? Give **two** details.   2
2 What does she say about getting into town? State any **two** things.   2
3 Why do Ghislaine's parents like living in the village?   2
4 What does Ghislaine say she would like to do? State any **one** thing.   1
5 What can you do in the village?   2
6 What does she say about winter?   1
7 Mahmoud says living in a town is super. What does he say? State any **two** things.   2
8 What do his parents say about living in the town? State any **two** things.   2
9 What would his mother like to do?   1
10 Mahmoud would not like to live in the country. Why?   2

2 Listen to Magalie and Steve talking about what there is to do where they live. Answer the questions in English.

1 What does Magalie say about living in a village? State any **three** things.   3
2 Steve talks about what people think of living in a town. What does he say?   2
3 What does he like about living in the town? State **two** things.   2
4 Magalie talks about what there is to do in her village. What does she do with her friends?   1
5 What other things do they do? State any **two** things.   2
6 What does Steve do? State any **two** things.   2

3 a Look at grammar section B1 on adjectives.

Complete the sentences with the adjective in brackets, changing the adjective ending if necessary.
1 Ma mère pense que la ville est très .... le soir. (*dangereux*)
2 La ville où j'habite est très .... (*pollué*)
3 Les jeunes détestent le village. Ils le trouvent .... (*laid*)
4 Mes parents voudraient habiter un .... village à la campagne. (*joli*)
5 À mon avis, habiter à la campagne serait très .... (*ennuyeux*)
6 Les villes sont trop .... le soir. (*bruyant*)
7 Dans mon village il y a beaucoup de bâtiments .... (*impressionnant*)

3 b Now translate the sentences into English.

4 Work with a partner. Ask and answer questions about life in the town and life in the country.

1 Où habites-tu exactement ?
2 Tu aimes l'endroit où tu habites ?
3 Qu'est-ce qu'il y a à faire ?
4 Quels sont les avantages de vivre en ville ?
5 Quels sont les inconvénients ?

5 Write a paragraph in French giving the advantages and disadvantages of living in a town or living in a village. Use the vocabulary in the box below to help you.

Habiter en ville/dans un village,	c'est bien/agréable/ ennuyeux parce que/ qu'/car…	il y a beaucoup/il y a trop/il y a moins/il n'y a pas beaucoup	de bus/de circulation/de pollution/de transports à commun/à faire.
L'avantage d'habiter en ville/à la campagne,		c'est très/assez/plus	animé/bruyant/pollué/calme/ tranquille.
	c'est qu'/que	on peut se déplacer facilement.	de la nature/de l'hôpital/des grands magasins.
		on est plus près	

You should use the vocabulary and phrases found in the article about Ghislaine and Mahmoud. You may wish to use the phrases below in your paragraph:

Example: J'habite à .... J'aime habiter à .... Il y a beaucoup d'avantages, par exemple il y a .... et il n'y a pas beaucoup de .... Je n'aimerais pas habiter à .... parce que c'est .... et il y a trop de .... et pas assez de ....

Embarquement

1.5c Les moyens de transport (1)

★ **Talking about means of transport**
★ *en/à* + mode of transport

en voiture

en bus / autobus

en avion

en train

à pied

à vélo

à moto

en taxi

Salut,

Je m'appelle Nolan. J'aime sortir et j'utilise différents moyens de transport. Tous les jours je vais au collège à pied. Le samedi après-midi je vais chez mes copains à vélo. Le mercredi soir je vais au club de karaté en bus. Le dimanche je vais à la plage en voiture avec mes parents et grands-parents pour faire un pique-nique. En juillet je vais voir ma famille à Rome en avion.

Nolan

---

1 Read the text and write down in English where and when Nolan travels, and how he gets there.

Where he goes	When he goes there	How he gets there

2 Listen to Lina who talks about her family and the means of transport they use. Write down where they go and how they get there.

Who	Where they go	How they get there

3 For most means of transport, the preposition *en* needs to be added in front of the transport. For example, 'I go to the cinema **by** bus' is *Je vais au cinéma en bus*. A few means of transport use *à* instead of *en*. They are *à pied, à vélo, à moto*. Refer to grammar section J1.

Fill in the gaps with the correct words in French, then write the sentences in English.

1 Ma sœur va à son travail ...... métro.
2 Ils font une randonnée ...... vélo.
3 Ma cousine va au stade de foot ...... pied.
4 Mes deux frères vont en Allemagne ...... train.
5 Ma copine va manger un hamburger au MacDo ...... moto.
6 Je vais en ville ...... tram et ...... bus.

4 With a partner, practise the following dialogues asking each other how you travel.

Example: A: Comment vas-tu *en Italie*? B: Je vais en Italie *en avion*.

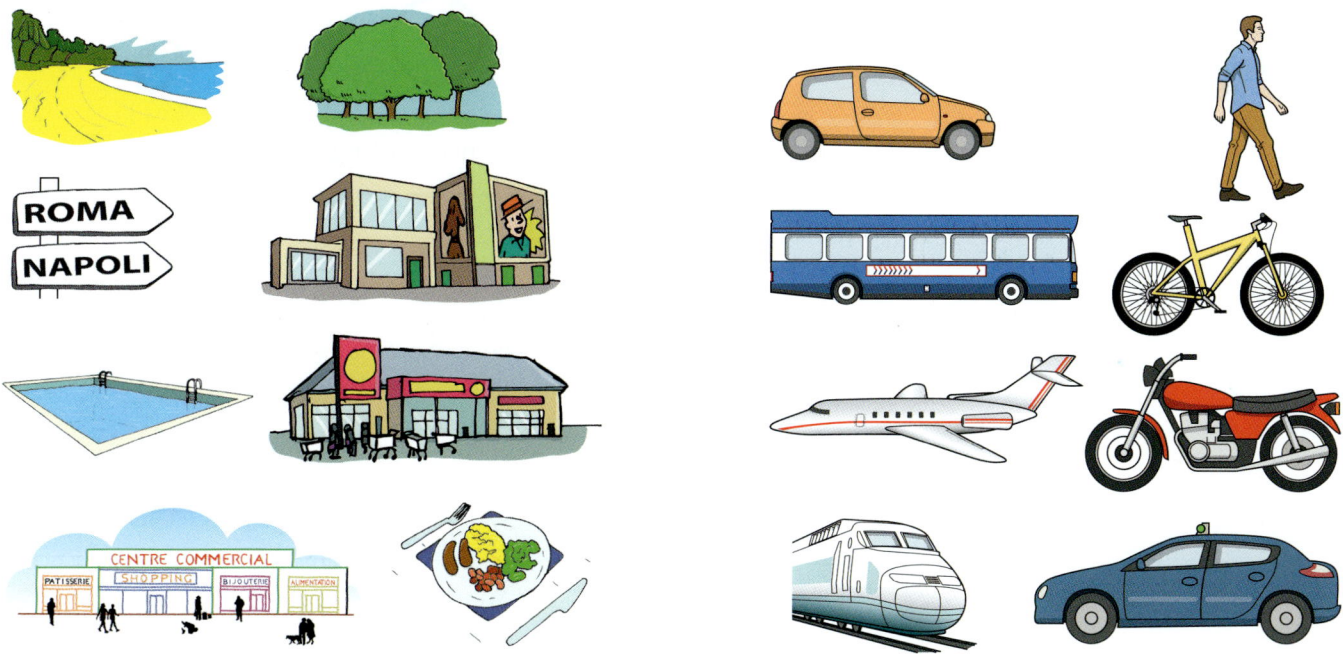

Je vais...

en... / à...

5 Using the vocabulary from this section, write a minimum of five sentences in French stating where you go and how you travel there. You can use the pictures from exercise 4 and the grid below to help you build sentences. You can be as creative as you wish.

Je vais	au bord de la mer/au cinéma/au parc/au restaurant/au supermarché en Italie/en ville à la piscine	à moto/à pied/à vélo. en avion/en bus/en métro/en taxi/en tram/ en voiture.

Décollage

1.5d Les moyens de transport (2)

★ **Talking about means of transport**
★ *en/à* **+ mode of transport; weather expressions; time expressions**

1 a Match the means of transport with the pictures. *Je vais ….*

| à vélo | en voiture | en bus | en taxi |
| à pied | en bateau | en tram | en trottinette |

A
B
C
D
E
F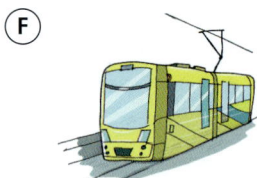
G
H

1 b Read Luc's e-mail and complete the sentences in English.

Salut

Ça va ? Tu me demandes comment je vais au collège. Eh bien, d'habitude, j'y vais à vélo parce que ce n'est pas loin de chez moi. Cela prend dix minutes. Quelquefois, j'y vais avec mes copains à pied. S'il pleut, mon père m'emmène en voiture. À la fin de la journée, je rentre en bus s'il fait mauvais ou bien à pied s'il ne pleut pas.

Le matin, mon grand frère, lui, va au travail à moto mais s'il ne fait pas beau, il y va en train. Il a dix-huit ans. Ma belle-mère va souvent en ville pour faire des courses. En général, elle y va en taxi. C'est plus facile que d'y aller à pied surtout quand il y a du vent.

Et toi, tu habites loin de la ville et de ton collège ?

À bientôt,

Luc

1 Usually, Luc goes to school ....
2 From time to time, he goes there .... with his friends.
3 If it is raining, he goes there with his father ....
4 If the weather is not nice, he goes home ....
5 If it does not rain, he goes home ....
6 Luc's brother goes to work in the morning ....
7 If the weather is not nice, he goes there ....
8 His stepmother goes to town to do some shopping ....

1 c Read the passage again and answer the questions in English.
   1 Why does Luc choose his usual means of transport to go to school?
   State any **one** thing.   1
   2 How old is Luc's brother?   1
   3 Why does Luc's stepmother choose this means of transport to go to town? 1

2 Four people talk about how they travel to school, work and on holiday. Listen
and fill in the table with the correct means of transport. There may be more than
one answer in some boxes.

	To school	To work	On holiday
Example:	bike	train + bus (2)	plane
1			
2			
3			(2)

G

3 *en/à* + means of transport. Refer to grammar section J1.
Write a sentence in French for each set of pictures, giving the correct prepositions
and weather phrases.

Example: 1 S'il fait chaud, je vais au parc en voiture.

4 Work with a partner to ask and answer questions about how people travel
depending on the weather. You do not have to tell the truth in your answers.

   A Le matin, comment vas-tu au collège s'il fait beau ? **B** Le matin, s'il fait beau, je
   vais au collège ....

   A Et s'il pleut ? **B** S'il pleut, je vais au collège ....

   A Et tes parents, comment vont-ils au travail quand il neige ? **B** Mes parents
   vont au travail… / travaillent à domicile.

   A Comment vas-tu en vacances ? **B** Je vais en vacances en .... avec ....

   A Comment vas-tu au cinéma quand il fait froid/chaud ? **B** Quand il fait froid/
   chaud, je vais au cinéma ....

5 Complete the sentences in French stating the means of transport and the weather.
You can be creative in your answers.

Le matin, s'il .... , je vais au collège .... L'après-midi, s'il .... , je rentre à la maison
.... Le week-end, s'il .... , je vais en ville .... Le vendredi soir ou le samedi soir je
vais chez mes copains .... Le mercredi soir je vais au club de natation .... avec une
copine. Le dimanche je vais voir mes grands-parents .... En général, en juillet, je vais en
vacances ....

En Vol

1.5e On y va à pied ou en bus ?

★ Talking about journeys on foot and by bus
★ *venir de* in the present tense followed by an infinitive

On attend le bus

Clément X
Moi, je me déplace plus souvent en bus qu'à pied. J'habite en pleine campagne. Par exemple, je viens de rentrer du collège. Ça a pris cinq minutes. À pied, il faut au moins une demi-heure. C'est peut-être bon pour la forme mais ça prend trop de temps et puis, s'il pleut, il n'est pas très agréable de rentrer chez soi tout mouillé.

Romanewoman
Comme le car de ramassage scolaire est gratuit, c'est comme ça que je vais au collège, mais quand je vais en ville, j'y vais souvent à pied parce que le trajet en bus coûte cher. Un billet aller-retour est à presque trois euros. Combien de temps ça prend ? Eh bien, presque une demi-heure. C'est assez loin, à mon avis.

Adamlafourmi
Quel est l'avantage de prendre le bus ? Tout le monde devrait faire de la marche, il me semble. Les jeunes ne font pas assez de sport, c'est bien connu. Moi, je viens d'arriver chez moi. J'étais en ville. Le trajet a pris vingt minutes, c'est tout. Moi, je vous pose la question : est-ce qu'il est important de garder la forme ?

Selma-gique
On sait tous que la marche est bonne pour la santé, mais moi, je préfère faire d'autres sports. De plus, j'ai peu de temps libre. Comment est-ce que je pourrais perdre une heure par jour quand nos profs nous donnent tant de devoirs ? Ce n'est pas possible. Je viens de faire mes devoirs pour demain. Il est dix heures du soir ! Donc, tout ce qui me fait gagner du temps, je le fais, comme prendre le bus pour mes déplacements.

1 a Read what the bloggers say in the chatroom about taking the bus or walking. Who says what?
1 Everyone should walk.
2 When I go to town I often walk there because the bus is expensive.
3 I have just come back from school. It took 5 minutes.
4 Walking is good for your health, but I prefer to do other sports.
5 It takes me half an hour if I walk.
6 The school bus is free.
7 It took me 20 minutes.
8 I go about more often on the bus than on foot.

1 b Translate the questions asked by Romanewoman, Adamalafourmi and Selma-gique into English.

1 c Look for phrases referring to time in the text. Translate them into English.

2 Listen to Charlotte, Youssef and Élise talking about their favourite means of transport. Choose the correct letters for each person. One picture is not used!

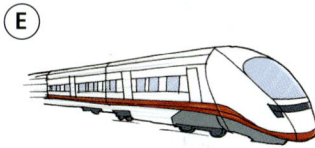

3 a *Venir de* in the present tense is followed by a verb in the infinitive. It expresses the idea that someone has just done something or that something has just taken place. For example: *Je viens d'arriver en bus* (I have just arrived by bus) and *Il vient de partir en train* (He has just left on the train). Refer to grammar section K17.

Refer back to the text in exercise 1 and find three sentences using a form of *venir de* and translate them into English.

3 b Put the words in the following two sentences in the correct order.
1 viens de heures passer tram trois dans Je le.
2 voiture Il son partir père de en vient avec.

4 Work with a partner. Ask and answer questions about the means of transport you use and why. Use the expressions in the box to help you with the answers.

A *Comment préfères-tu te déplacer pour aller….? À pied, à vélo, en bus, en voiture ?* B *Alors, pour aller au cinéma, je préfère prendre…. parce que….*

A *Comment n'aimes-tu pas te déplacer ?* B *Je n'aime pas aller à/en… parce que…*

C'est bon pour la santé/l'environnement.	Ça me détend./Ça me relaxe.
C'est mauvais pour l'environnement.	Il y a trop de monde le week-end/le matin.
C'est (trop/très) cher/Ça coûte (trop) cher.	Je peux lire/écouter de la musique pendant
Ça pollue beaucoup.	le trajet.
C'est rapide/gratuit/pratique.	Ça prend trop de temps.
C'est trop fatigant/sale.	

5 Using phrases from this section write a paragraph in French describing how you travel around in your daily life, giving reasons for your choices. You may use phrases from the texts studied above. Mention the means of transport you prefer and why.

1.5f Je protège l'environnement

Embarquement

★ **Talking about what people do to protect the environment**
★ **Using a variety of verbs in the present tense**

1 Match the pictures with the sentences.

A Je débranche les appareils
   électriques.
B J'éteins la lumière.
C Je trie les déchets.
D J'achète des produits locaux.
E Je recycle le papier.
F Je ferme le robinet.

G J'utilise une bouteille d'eau
   réutilisable.
H J'utilise les transports en commun.
I Je mets les déchets dans la poubelle.
J J'utilise des sacs réutilisables.
K J'utilise des ampoules basse
   consommation.
L Je recycle les piles.

2 Match the start and end of each sentence.

1 J'éteins la lumière et je débranche
   mon téléphone…
2 Je ferme le robinet quand je me
   brosse les dents…
3 J'utilise le bus quand je vais en ville…
4 J'achète des produits bio…
5 Je vais au collège à vélo…
6 J'utilise ma gourde tous les jours…
7 Je ne fais pas de barbecue en forêt…

A parce que c'est bon pour la santé.
B parce que la voiture pollue
   beaucoup plus.
C parce que l'électricité coûte cher.
D parce qu'ils sont plus sains.
E parce que je ne gaspille pas l'eau.
F parce que c'est trop dangereux.
G parce que les bouteilles d'eau sont
   chères.

3 Listen to Liam describing what his family do at home to help protect the environment. Match the family members with the correct picture. Some pictures are used more than once.

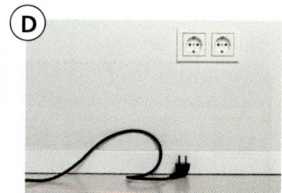

Sister	Mother	Father	Brother	Liam
Example: C + G				

4 The letter 's' at the end of words in French is not usually pronounced. With a partner, practise saying these sentences aloud.

1 Je prends une douche.
2 J'éteins les lumières.
3 Nous recyclons le carton.

5 Do a survey in your class asking a minimum of six people what they do to protect the environment. Here are some questions and answers you could use:

1 A Est-ce que tu recycles à la maison ? B Oui, je recycle le carton, les piles…
2 A Est-ce que tu vas au collège à pied ? B Oui, tous les jours. / Non, je vais au collège en bus.
3 A Est-ce que tu tries tes déchets ? B Oui je trie le papier, le plastique…
4 A Est-ce que tu débranches ton portable ? B Oui, je débranche les appareils électriques…
5 A Est-ce que tu éteins la lumière ? B Oui, toujours.
6 A Est-ce que tu gaspilles l'eau ? B Non, je ferme les robinets quand je me brosse les dents…

6 Make a poster in French showing what you and your family and friends do at home to protect the environment. Include how often you do this.

J'utilise…
J'achète…
Je trie…
Je recycle…
J'éteins…

1.5g L'environnement et moi

Décollage

★ **Improving our environment**
★ *il faut* + infinitive; *on doit* + infinitive

Que faut-il faire ?

Dans notre village nous recyclons les bouteilles. On doit protéger notre eau. Il faut avoir de l'eau propre et potable.

Simba

J'habite en montagne. Il faut protéger notre paysage. Je ramasse les déchets après les visites des touristes.

Bernadette

J'habite près d'une forêt. On doit aller dans la forêt chercher les bouteilles cassées et les canettes en métal pour protéger les animaux sauvages.

Claude

Moi, j'habite dans le sud de la France. Le temps est très sec en été et il y a un risque de feu de forêt. Il ne faut pas faire de barbecues dans la forêt. Je fais des posters pour informer les touristes.

Yves

J'habite sur une île et mon père est pêcheur. Quand je vois les touristes arriver, je dis que l'on ne doit pas jeter les déchets à la mer. Le plastique est très mauvais pour les poissons.

Amura

Mon père est agriculteur. J'ai persuadé mon père d'utiliser un produit bio car les produits chimiques sont dangereux pour l'environnement.

Mélanie

1 a Who is talking? Six people share their thoughts about environmental issues. Read their statements and choose who is talking.

Example: 1 Bernadette

1 I pick up tourists' rubbish.
2 We must not throw rubbish in the sea.
3 I persuaded my father to use bio products.
4 We recycle bottles.
5 We must go in the forest and look for broken bottles.
6 We must protect our water.
7 Plastic is very bad for fish.
8 Chemicals are dangerous for the environment.
9 One must have clean drinking water.
10 One must not have barbecues in the forest.
11 I make posters to inform tourists.

encourager to encourage	*polluer* to pollute	*recycler* to recycle
éviter to avoid	*protéger* to protect	*tuer* to kill
jeter to throw (away)	*ramasser* to pick up	*utiliser* to use

1 b Write down in English where each person lives.

1 c Match the start and end of each sentence.

1	Il faut encourager…	**A**	les déchets que les gens laissent après un pique-nique.
2	On ne doit pas jeter…	**B**	des déchets dans les poubelles.
3	Il ne faut pas polluer…	**C**	les rivières et la mer avec des plastiques.
4	On doit ramasser…	**D**	de laisser des cannettes en métal par terre.
5	On ne doit jamais allumer…	**E**	la culture biologique.
6	On doit préserver…	**F**	la nature et les animaux.
7	Il faut mettre…	**G**	les déchets à la mer.
8	Il faut éviter…	**H**	un barbecue dans la forêt.

2 Six people talk about what people should do to protect the environment. Listen and select the correct picture.

Example: 1 E

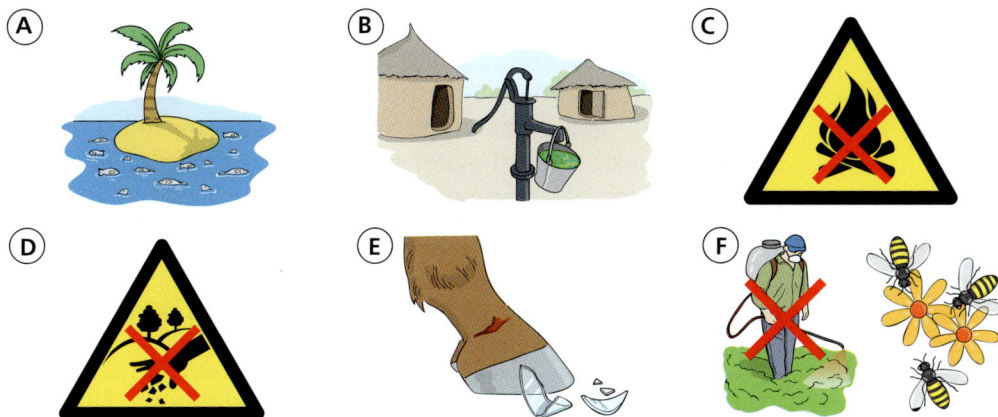

3 *Il faut* and *on doit* are translated as 'one/you/we must'. These phrases are followed by a verb in the infinitive. See grammar sections K15 and K20. Choose the correct verb for each sentence.

jeter	protéger	encourager
recycler	fumer	

1 Bernadette pense qu'il faut .... le paysage.
2 Simba dit qu'on doit .... les bouteilles.
3 On doit .... les gens à recycler.
4 Yves dit qu'il ne faut pas .... dans la forêt.
5 Amura pense qu'il ne faut pas .... les déchets à la mer.

4 Work with a partner. Ask what they do for the environment. Then answer your partner's questions.

1 A *Où habites-tu?* **B** *J'habite à la campagne/à la montagne/en ville/dans un village…..*

2 A *Que doit-on faire pour protéger l'environnement?* **B** *On doit…/Il faut…*

3 A *Qu'est-ce qu'on ne doit pas faire?* **B** *On ne doit pas…/Il ne faut pas…*

5 Make a poster in French raising awareness about what must and must not be done in order to protect the environment.

En Vol

1.5h Notre environnement est en danger !

★ Analysing environmental problems; finding solutions
★ Present participle; present participle with *en* (2)

Comment devenir plus vert...

Quelques gestes simples pour aider l'environnement !

Face à la pollution de l'air, chacun de nous est à la fois pollué et pollueur ! Il est donc important d'agir pour protéger sa santé et celle de la planète. En suivant quelques bons conseils on peut améliorer les choses. Que pouvons-nous faire ? Avez-vous des idées ?

Amélie
J'ai des conseils pour réduire la pollution de l'air. Je pense que nous devrions utiliser plus que jamais les transports en commun ou le covoiturage. Il est aussi important de respecter les réductions de vitesse sur les autoroutes et d'éviter tout déplacement non urgent. Une chose de plus, n'utilisez pas d'appareils fonctionnant à l'essence...

Marie-Anne
Tous les produits que l'on achète produisent une pollution, même faible, pendant leur fabrication ou leur transport jusqu'au magasin. Après, il restera un déchet, au moins l'emballage, et le traiter sera aussi une source de pollution. Que peut-on faire ?

Zach
Pour réduire les déchets, moi, j'ai des suggestions. Nous devrions consommer autrement, en réfléchissant avant d'acheter, en choisissant des produits avec moins d'emballage, en achetant des produits locaux et finalement en pensant à faire le tri.

En ayant le réflexe de suivre ces petits conseils simples vous faites un grand geste pour l'avenir de notre planète !

1 a Read the blog about the environment. Who says what?
  1 We should use public transport more than ever.
  2 All the items we buy produce pollution.
  3 It is important to respect the speed limits.
  4 We should think before buying.
  5 We should choose items with less packaging.
  6 We should buy local produce.
  7 Do not use machinery that needs petrol.

1 b Find these phrases in French in the blogs.
  1 reduce air pollution
  2 in order to reduce litter
  3 avoid any non-urgent trip
  4 we should car share more than ever
  5 to protect one's health

2 Listen to Chloé, Sacha and Léa talking about the effects that plastic bags have on the environment. Read the statements and choose the correct ones.

1 Chloé says that every year France uses…
  A 18 000 plastic bags.
  B 80 000 plastic bags.
  C 18 million plastic bags.
  D 8 000 plastic bags.
2 Sacha says that plastic bags are…
  A not dangerous for the environment.
  B a little dangerous for the environment.
  C particularly dangerous for the environment.
  D sometimes dangerous for the environment.
3 Léa says that biodegradable bags are…
  A the perfect solution.
  B one of the solutions.
  C not a perfect solution.
  D not the solution.

4 According to Sacha bags are found in…
  A forests, rivers, mountains and beaches.
  B forests, rivers, countryside and sea.
  C forests, rivers, mountains and sea.
  D woods, rivers, mountains and sea.
5 Sacha says that because of plastic bags…
  A thousands of sea animals get injured every year.
  B thousands of sea animals get injured every month.
  C thousands of sea animals get killed every year.
  D hundreds of sea animals get killed every year.
6 Chloé ends the conversation saying that…
  A a plastic bag will be used for 80 minutes.
  B a plastic bag will be used for 5 minutes.
  C a plastic bag will be used for 40 minutes.
  D a plastic bag will be used for 20 minutes.

G **3** Present participles are used when describing two actions happening at the same time. Refer to grammar section K11.

Use *en* with a present participle to link the two actions in the sentences.

Example: 1 Je protège l'environnement en utilisant des sacs biodégradables.
  1 Je protège l'environnement et j'utilise des sacs biodégradables.
  2 Je respecte l'environnement et je trie les déchets chez moi.
  3 J'évite le gaspillage et je recycle le verre, le papier et le carton tous les jours.
  4 Je réduis la pollution de l'air parce que je fais du covoiturage.
  5 Je protège l'environnement et je ramasse des cannettes en métal dans le parc.
  6 Je pollue beaucoup moins parce que je vais au supermarché et en ville à pied.

4 Do a survey in the classroom. Ask a minimum of six people what they do to help the environment. You can ask the following questions. Make sure you note down the answers you get from your class mates as you will need them for the next task.

  1 Qu'est-ce que tu fais pour protéger l'environnement/ pour être plus vert ?
  2 Est-ce que tu utilises les transports en commun/ le covoiturage ?
  3 Est-ce que tu achètes des produits avec moins d'emballage ?
  4 Est-ce que tu achètes des produits locaux ?
  5 Est-ce que tu tries les déchets à la maison ?
  6 Quel est le plus gros problème à ton avis ?

5 Write your findings from the speaking task using present participles.

Example: Mon/Ma camarade protège l'environnement en triant les déchets tous les jours et en achetant des produits locaux au marché. Selon elle/lui, le plus gros problème est ….

Le Tour de France

Le Tour de France, c'est quoi ?

Le Tour de France est une compétition cycliste qui a lieu principalement en France. Les cyclistes sont tous des hommes. Le Tour de France a commencé en 1903.

Le Tour de France, c'est quand ?

La course à vélo a lieu en général en juillet et elle dure vingt-trois jours. La dernière étape finit toujours sur les Champs-Élysées à Paris à la fin juillet.

Le Tour de France, c'est où ?

Les cyclistes passent dans plusieurs régions de France : par exemple, dans les montagnes, au bord de la mer, à la campagne. Chaque étape dure une journée et se termine dans une ville différente.

Le Tour de France, c'est qui ?

Il y a entre vingt et vingt-deux équipes de cyclistes de différentes nationalités. Dans chaque équipe il y a huit coureurs. Les cyclistes font environ trois mille cinq cents kilomètres pendant le Tour de France.

Décollage

1 Read the article about the famous *Tour de France* cycling competition. Are the following statements true or false (*vrai ou faux*)?

Read the paragraph 'Le Tour de France, c'est quoi ?'

A The competitors in the *Tour de France* are both men and women.

B The *Tour de France* first started in 1903.

Read the paragraph 'Le Tour de France, c'est quand ?'

C The Tour de France takes place in June.

D The race lasts 21 days.

E The first day of the race is in Paris on the Champs-Élysées.

Read the paragraph 'Le Tour de France, c'est où ?'

F The Tour de France goes through several regions of France.

Read the paragraph 'Le Tour de France, c'est qui ?'

G There are 30 different teams taking part in the Tour de France.

H Each team has 18 cyclists.

I The cyclists race through 3,500 km over the whole competition.

Le maillot jaune c'est quoi?

Le maillot jaune est la classification la plus importante dans la compétition. Il est pour les coureurs complets bons en montagne, sur le plat et dans les contre-la-montre. Il est le symbole d'excellence et de victoire.

La caravane publicitaire du Tour de France

Les spectateurs adorent voir la "caravane publicitaire" sur les routes. Des voitures amusantes donnent des petits cadeaux au public sur les routes de France avant l'arrivée des cyclistes. C'est génial !

Le maillot à pois rouges, c'est quoi?

Le cycliste le plus rapide en montagne a le maillot à pois rouges. On l'appelle le meilleur grimpeur. C'est un maillot blanc à pois rouges.

2 Fill the gaps in the sentences. Read the paragraph 'Le maillot jaune, c'est quoi ?'

A The yellow jersey is the most ………………..……………… .　　　　　**1**

B It is for complete cyclists who are good in …………………………………………………… .

　　　　　　　　　　　　　　　　　　　　　　　　　　　　　　　　(any 2)

C It is the symbol of …………………..…………….. and …………………..……………… .　　**2**

Read the paragraph 'La caravane publicitaire du Tour de France'.

D Spectators …………………..……………….. to see the *caravane du Tour* on the roads.　**1**

E Funny cars …………………..……………….. before the cyclists arrive.　　　　　**2**

Read the paragraph 'Le maillot à pois rouges c'est quoi ?'

F The …………………..……………….. has the jersey with red dots.　　　　　**2**

G He is called the …………………..……………… .　　　　　**1**

Mon argent de poche

Comment les ados obtiennent-ils leur argent de poche ?

En général, les parents virent l'argent de poche directement sur leur compte bancaire tous les mois. De temps en temps, par exemple à Noël ou pour leur anniversaire, les grands-parents donnent de l'argent. Une minorité d'adolescents ont un petit boulot le week-end ou pendant les vacances dans des cafétérias ou des petits magasins. Mais il est difficile de trouver un petit boulot en France quand on a moins de dix-huit ans.

Que font les ados avec leur argent de poche ?

En France, soixante-douze pour cent des adolescents ont un compte bancaire et soixante-quinze pour cent ont un smartphone. Certaines banques aident les adolescents à devenir autonomes et responsables avec le soutien des parents.

Les sondages révèlent que presque la moitié de l'argent de poche est dépensé en nourriture. Les adolescents utilisent directement leur carte bancaire pour acheter de la nourriture dans les supermarchés ou dans les restaurants. Onze pour cent de leur budget est dépensé en vêtements et en articles de beauté. Et pour finir, six pour cent est utilisé pour payer les transports. Certains économisent pour s'acheter un portable ou pour partir en vacances avec leurs copains.

En Vol

1 Read the article about teenagers' pocket money. Answer the questions in English.

A How do parents give pocket money to their children?	2
B How do grandparents contribute to pocket money?	2
C A small minority of teenagers do something for their pocket money. Give examples.	2
D What difficulty do teenagers encounter?	1
E What proportion of teenagers have a bank account?	1
F What proportion of teenagers have a smartphone?	1
G What do some banks help teenagers to do?	2
H What do surveys reveal?	1
I What do they spend 11% of their budget on?	2
J What do they spend 6% of their budget on?	1
K What do some teenagers save money for?	2

Comment gagner de l'argent quand on est mineur ?

On peut faire plusieurs choses quand on a moins de dix-huit ans mais cela dépend de l'âge.

1   Si on a douze ans et plus

Option 1. Si tes parents sont d'accord, tu peux proposer d'aider à la maison : tu peux aider à faire certaines tâches ménagères. En échange, tes parents vont te donner un peu plus d'argent. Mais attention ! Tu dois bien faire les tâches ménagères.

Option 2. Tu peux vendre des vêtements qui sont trop petits pour toi, des livres pour enfants, des jeux vidéo ou des films. Tu peux vendre tout cela à des brocantes ou sur des sites Internet avec l'aide de tes parents.

2   Si tu as quatorze ans et plus

Option 1. Tu peux travailler pour tes voisins, par exemple tu peux garder des enfants, garder leurs animaux quand ils partent en vacances, faire le repassage, passer l'aspirateur, tondre la pelouse…

Option 2. Tu peux tester des produits, par exemple de nouveaux plats cuisinés, de nouveaux desserts. Mais il faut l'accord de tes parents. Tu peux trouver ces offres sur Internet.

3   Si tu as seize ans et plus

C'est un peu plus facile de trouver ton premier contrat de travail. L'été, tu peux travailler dans un restaurant, un supermarché, un centre commercial ou un magasin touristique, et en septembre tu peux faire les vendanges dans un vignoble. Il faut écrire ton CV et être patient pour recevoir une réponse positive.

1   Read the article about how to earn pocket money when you are under 18 years old. Complete the sentences in English.

   A   If you are 12 years old and over you can:

      Option 1: help **2**

      Option 2: sell **3**

      You can sell these items .... or on ....
      .... **2**

   B   If you are 14 years old and over you can:

      Option 1: work for the neighbours by **4**

      Option 2: test **2**

   C   If you are 16 years old and over

      You can work in .... and
      .... **5**

      You must .... and ....
      .... **2**

Coin révision 1.1

Reading

It is important to get as much practice as possible at reading. Your teacher may ask you to do one or two assessments throughout the year to check your progress in this skill. Your teacher will want to check that you are able to understand the main points of a written text in French and be able to give some additional details. Below are some tasks to get you started.

1 Read the following short article on healthy living and answer the questions below in English.

Décollage

Text 1

Je crois qu'il est important de manger sain. Le matin je mange toujours des céréales et un yaourt. À midi, je prends un sandwich au fromage ou une salade, mais mes amis préfèrent manger des hamburgers. Moi, je déteste les hamburgers. Le soir ma mère prépare du poulet ou du poisson. Parfois, on mange une glace au chocolat ou un gâteau. C'est délicieux !

Text 2

Je suis assez sportif. Tous les week-ends je vais au centre sportif et je joue au foot avec mes copains. En été je vais souvent à la piscine. J'adore la natation. C'est mon sport préféré. Quand il pleut, je regarde des films à la télé ou je joue à des jeux vidéo sur mon ordinateur.

Text 3

Le matin je vais au collège à vélo. Après le collège je promène mon chien dans le parc. Il adore ça. Je ne fume pas et je ne bois pas d'alcool. À mon avis c'est mauvais pour la santé. En plus, je ne passe pas beaucoup de temps à surfer le net. Je préfère sortir avec mes copains.

Which statement best describes what the writer thinks? Tick (✓) the correct box.

Healthy living is not important.	
Healthy living is very important.	
Healthy living is less important than other things.	

Now complete the boxes below in English.

	What is being talked about?	One detail	Another detail
Text 1			
Text 2			
Text 3			

2   Read the following short article on technology and answer the questions below in English.

Text 1

Pour moi, la technologie est très importante. De nos jours, avoir un portable est vraiment indispensable. J'habite un petit village à la campagne et je ne vois pas souvent mes copains. Donc, j'utilise mon portable pour rester en contact avec mes copains le week-end et pendant les vacances. Il n'y a pas grand-chose à faire chez moi, donc je joue à des jeux vidéo sur mon ordinateur ou bien je regarde des films sur Netflix. Parfois, j'utilise mon ordinateur pour faire mes devoirs.

Text 2

Je pense que la technologie est assez importante. J'ai un portable mais je l'utilise seulement une ou deux heures par jour. Par exemple, si je sors avec mes copains le soir, je contacte mes parents pour leur demander de venir me chercher. Cependant, j'ai des amis qui passent trop de temps sur Internet à parler avec leurs copains au lieu de faire les devoirs. La technologie est importante mais il ne faut pas l'utiliser tout le temps.

Which statement best describes what the texts are about? Tick (✓) the correct box.

The advantages of technology.	
The disadvantages of technology.	
The advantages and disadvantages of technology.	

a   Technology is important to the writer in Text 1. Why is this the case?

b   What do they use their mobile phone for? Give details.

c   What do they use the computer for?

d   How often does the writer in Text 2 use their phone?

e   What do they use it for?

f   What do they say about their friends?

g   What do they say about technology at the end of the text?

→ You should read the passage first before starting to answer the questions. Do not be tempted to look up every word you do not know in the dictionary. You do not have time for this and it is not necessary.

→ Look at each question carefully and try and focus on the key words to help you find the answers in the text. For example, think about question (a): 'Technology is important to the writer in Text 1. Why is this the case?' The relevant part of the text is: *Pour moi, la technologie est très importante. De nos jours, avoir un portable est vraiment indispensable.* ***J'habite un petit village à la campagne et je ne vois pas souvent mes copains***.
The first two sentences state that technology is important, so you do not need those to answer the question. The highlighted sentence is the part you need to focus on to get the answer.

→ Try to get into the habit of doing this and you will find it much easier to answer questions on a passage.

En Vol

The reading paper in the National 5 exam is worth 30 marks. It consists of three texts of equal length in French. Each text is worth 10 marks and each one will cover one of the contexts of Society, Learning, Employability or Culture. Questions are in English and you should answer in English. You are allowed a dictionary.

Here are some ideas to help you in this part of the exam.

- Read the information you are given in English at the top of each text. This will give you an idea of what the text is about.
- Read the questions carefully and underline the question words so that you know what information you are looking for. Use clues in the question to direct you to the appropriate part of the text.
- Pay careful attention to the number of marks available for each question. If the question says 'state any two things', there are more than two answers to the question.
- Make sure you write as much detail as you can in your answer. You can lose marks by missing out important details. Pay attention to words like *très*, *assez*, *trop*, *beaucoup de...* etc.
- Do not be tempted to answer the questions from your own knowledge. It is important that you read the text and answer the questions accordingly.
- Try not to rely too much on the dictionary. You do not have time to look up every individual word. Try to use it only for words you are unsure of.
- The answers usually come in order in the text.

Getting started

→ Look at question 1. You are told that the passage is about family relationships. Read the questions first before you start reading the passage so that you know exactly what information you are looking for.
→ For example, question (a) is asking you to find out what causes arguments between Michelle and her parents.
→ There are 2 marks for this question, so you must find at least two pieces of information. The question also says 'State any **two** things'. That tells you there are more than two answers.
→ Do not be tempted to write a list of what possibly causes arguments between parents and children.
→ You must answer the question from the passage and not from your own knowledge.

1 You read an article where Michelle talks about family relationships.

En général je m'entends bien avec ma famille, mais des fois mes parents m'énervent et nous nous disputons au sujet des vêtements, de l'argent de poche et des devoirs.

Quand je sors avec mes copains je dois être rentrée à la maison à dix heures et demie. C'est ridicule parce que mes copains ont la permission de sortir jusqu'à minuit. En plus, si je vais à une fête, mon père insiste pour venir me chercher. C'est très embarrassant.

Mon père me gronde constamment. Il pense que je passe trop de temps sur mon ordinateur au lieu de faire mes devoirs. Ce n'est pas juste parce qu'il ne se rend pas compte que je dois me détendre un peu et que j'ai besoin de m'éloigner un peu de mes études. Après tout, on ne peut pas travailler tout le temps.

En plus, ma mère m'agace. Elle m'oblige à faire des tâches ménagères telles que passer l'aspirateur et faire la vaisselle pour gagner mon argent de poche. J'en ai vraiment marre ! Mon frère ne fait rien pour aider et mes parents ne disent rien quand il laisse ses affaires traîner partout. Ce n'est pas juste !

(a) What causes arguments between Michelle and her parents? State any **two** things. 2

(b) (i) What happens when she goes out with her friends? 1

   (ii) Why does she think it is ridiculous? 1

   (iii) What happens when she goes to a party? 1

(c) (i) She goes on to say that her father constantly tells her off. Why? 1

   (ii) Why does she think this is unfair? State any **one** thing. 1

(d) Why does her mother annoy her? State **two** things. 2

(e) Why has she had enough? State any **one** thing. 1

→ To help develop your reading skills always keep a note of vocabulary you have come across for the first time and learn it. This will save you a lot of time in an exam situation. It is important not to rely too much on a dictionary.

→ You should use the dictionary only to check the odd word you do not know or to double-check that what you have written is correct.

Now try answering the questions on the following passage. The more practice you get, the easier it will become.

2   You read an article about a young triathlete.

Thomas Pagès, 17 ans, est un triathlète qui participe régulièrement à des triathlons en France et ailleurs. Voici sa première interview avec *Parlons du sport* où il nous explique comment il reste en si bonne forme.

PS : Thomas, dites-nous ce que vous faites pour rester en forme.

TP : À mon avis, le plus important, c'est d'avoir un régime alimentaire très équilibré. Moi, comme je fais de l'exercice tous les jours, j'ai besoin de beaucoup d'énergie. Par conséquent, je fais toujours très attention à ce que je mange.

PS : C'est-à-dire que vous ne mangez jamais trop de sucreries ou de matières grasses ?

TP : Il s'agit plutôt de manger chaque jour trois repas qui comprennent des aliments de tous les groupes alimentaires, de la viande, des légumes, du pain…, et de boire de l'eau. Je connais plein d'autres sportifs qui boivent souvent des boissons sucrées mais, à mon avis, boire de l'eau est beaucoup mieux.

PS : Parlez-nous un peu de votre routine quotidienne.

TP : Après avoir mangé un bon petit déjeuner je fais deux heures d'entraînement – de la course à pied, du cyclisme et de la natation. Heureusement, mon école se situe en face du centre sportif et je vais régulièrement à la piscine à midi pour faire cinq kilomètres en crawl. Quelquefois, si j'ai le temps, je cours sur un tapis roulant aussi. Après l'école, je vais toujours à la salle de gym où je fais de la musculation et ensuite je fais du jogging.

PS : Avez-vous le temps de vous détendre ?

TP : En ce qui me concerne, faire du sport représente une façon idéale de se détendre. Cependant, tous les soirs, quand je rentre chez moi, je regarde un peu la télé ou je lis.

a	What does Thomas do to keep fit? State **two** things.	2
b	What does his diet consist of?	3
c	What does he do every morning?	3
d	What does he do at lunchtime? State **two** things.	2
e	What does he do after school?	2
f	What does he do to relax? State any **one** thing.	1

Coin révision 1.2

Listening

General strategies

It is important to get as much practice as possible at listening throughout the year. Your teacher may ask you to do one or two assessments to check your progress in this skill. Your teacher will want to check that you are able to understand the main points of a dialogue or monologue and give some more details.

Here are some tasks to get you started. Before you start listening to the passage remember to:

● read the headings carefully
● think about what is likely to come up in the context you are studying
● make notes about what you might hear.

You do not need to understand every word to be able to write a good answer.

Listen to the four short passages on how people keep up with the news and keep themselves informed will help you to practise these listening techniques.

First of all, think generally about the ways in which people keep up with the news. Jot your ideas down. Make sure you think about things like technology and where people are when they catch up with the news. This activity will help you focus on the context and prepare for what you might hear.

Now read the start of the two sentences about **Sylvie**. You are told that she listens to the radio to keep informed. You need to complete the sentence with the reason why she prefers to listen to the radio.

The second question is written in the past tense, therefore it shows that a change has happened 'going to the office' or 'on her way to the office'. Now that you know this, try to think about what Sylvie was doing as she was going to the office, linked to the news.

Now listen carefully for key words that you know and fill in the gaps in English.

1   Sylvie listens to the radio because she **1**

2   When she was going to the office, she used to **2**

Now read the start of the two sentences about **Timéo**. You are told that he watches something with another person to keep himself informed. You need to complete the sentence with the reason why he prefers to stay informed in this way. Think of the advantage(s) of using this way of keeping up with the news. It should help you to fill in the last gap in the first sentence. One mark is allocated to each gap in the first sentence.

The second sentence is written in the past tense, therefore it shows he used to keep informed in a different way. Think creatively as you listen for key words describing the reason for the change. Focus on the part of the sentence you hear after the word *mais*.

3   Timéo likes to watch .... with .... because you can **3**

4   He used to prefer .... but it **2**

Now read the start of the two sentences about **Sacha.** Sacha's first sentence about how she keeps informed is fairly vague. Therefore you need to keep an open mind and think of ways of keeping up with the news. The second point which is the reason will be stated after the key phrase *'parce que'*. Key words will help you to fill in the gap.

The focus of the second sentence is the news headline. Think about the fact that headlines are short and snappy when you fill in the gap about where she reads them. This should help you with your answer.

In the second sentence three marks are allocated to the first gap and one for the last one.

5   Sacha keeps informed .... because it is   2

6   She watches the lead news when she is .... She used to   4

Now read the start of the first two sentences about **Mohamed.** Mohamed's first two sentences are about the 2020 coronavirus pandemic and the technology.

The last sentence focuses on the negative aspect of the news as it starts with 'he does not like'. Keep this in mind when filling in the last gap which describes the images.

7   Mohamed loves .... He has stayed .... since the pandemic.   2

8   He does not like .... any more on .... because images are too   3

Embarquement

Now complete the following listening activities which help you and your teacher check your progress in this skill learnt in this Context.

1   Lana explains how she and her sister use or do not use the internet.

Make notes in English for each person stating how they use the internet. Give, where possible, the reason for their choice. There is often redundant information in listening exercises. Make sure you stay focused on the questions set and ignore the rest. In this short listening, remember you want to find out what Lana and her sister use the internet for and why. Ignore the information not linked to this.

Lana	
Lana's sister	

2 a Antonio speaks about how he uses technology and its positive and negative aspects. Listen to him and write answers in English under the headings in the table.

Décollage

Devices he uses	Positive aspects	Negative aspects

2 b Read the statements below and decide which one most accurately describes Antonio.

A Antonio uses technology from time to time.

B Technology is important in Antonio's life.

C Antonio does not like using technology.

3 Fatima talks about the impact the internet has on people nowadays.

En Vol

Listen to what she says and answer the questions in English. Try to give as much detail as possible in your answer. Some questions have three or four points: make sure you list as much detail as you can.

Remember you do not need to write in full sentences in English. Clear notes which answer the questions will suffice.

a	Who is the internet essential for these days?	**3**
b	Where is the internet used?	**4**
c	What is easy to do on the internet?	**1**
d	What physical problem is talked about?	**1**
e	Some teenagers spent too much time on the internet during the Coronavirus pandemic. What negative impact did it have?	**1**
f	What positive impacts did the internet have during the pandemic?	**2**

Vocabulary

1.1a Ma famille

la tante aunt
le cousin/la cousine (male) cousin/ (female) cousin
le demi-frère step-brother
la demi-sœur step-sister
la famille family

la fille daughter
le fils son
le frère brother
la grand-mère grandmother
le grand-père grandfather
les jumeaux/jumelles twins (*m/f*)

la mère mother
l'oncle uncle
le petit-fils grandson
la petite-fille granddaughter
le père father
la sœur sister

1.1b Ma famille et mes amis

amusant(e) funny
athlétique athletic
avoir l'air to seem
la barbe beard
beau (belle) beautiful
les cheveux blonds/châtains/ bruns/gris/roux blonde/light brown/ brown/grey/red hair
les cheveux bouclés/courts/frisés/ longs/raides wavy/short/curly/long/ straight hair

élégant(e) elegant
généreux (-euse) generous
gentil(le) kind
grand(e) tall/big
gros(se) fat/big
jeune young
joli(e) pretty
les lunettes glasses
mignon(ne) cute
mince thin
la moustache moustache

moyen(ne) average
petit(e) small
sévère strict
sourire to smile
la taille size
les yeux bleus/marron/noisette/ verts blue/brown/hazel/green eyes

1.1c/1.1d Les rapports avec la famille et les amis (1) et (2)

aider to help
l'ami(e) male/female friend
les bêtises bad behaviour
compréhensif (-ive) understanding
égoïste selfish
énervant(e) annoying
l'argent de poche pocket money
avoir besoin de to need
avoir le temps de... to have time to...
débarrasser la table to clear the table
la dispute argument
ensemble together
être d'accord to agree

fâché(e) angry
faire le lit to make the bed
faire les devoirs to do homework
faire la vaisselle to do the dishes
le goût taste
juger to judge
laver la voiture to wash the car
mettre la table to set the table
partager to share
passer l'aspirateur to vacuum
protecteur (-trice) protective
ranger (la chambre) to tidy (the bedroom)

le rapport relationship
rigoler to laugh/to joke
se confier à to confide in
se disputer to argue
*le sens de l'humou*r sense of humour
s'entendre to get on
s'excuser to apologise
se fâcher to get angry
les sorties outings
sortir to go out
sympa nice
la tâche ménagère household task
les vêtements clothes

1.1e Des parents idéaux

admettre to admit
avoir de la chance to be lucky
ce que j'aime/déteste le plus, c'est... what I like/hate most is...
choisir to choose
de la même façon in the same way
donner des conseils to give advice
faire de son mieux to do one's best
faire des randonnées to go hiking

faire les magasins to go shopping
faire une promenade to go walking
faire une promenade à vélo to go for a bike ride
garder un secret to keep a secret
gronder to moan
il s'agit de... it's about...
insupportable unbearable
la mode fashion

ne... que only
la note mark/grade
parler to speak
raconter to tell
recevoir to receive/to get
recevoir de bonnes notes to get good marks
traiter to treat
travailler dur to work hard

1.2a Mes loisirs

avoir du temps libre to have free time
écouter de la musique to listen to music
ennuyeux (-euse) boring
l'équipe team

faire de la natation to go swimming
faire du vélo to go cycling
faire partie de to be part of
génial(e) great

l'instrument (m) instrument
jouer à/de to play
j'aime I like
je déteste I hate

je préfère I prefer
jouer sur l'ordinateur to play on the computer
les loisirs leisure time

la natation swimming
le passe-temps hobby
le patin à glace ice skating
le patinage sur glace ice skating

la piscine swimming pool
pendant during
regarder to look/to watch

1.2b La vie saine

aller en ville to go into town
boire to drink
le copain/la copine friend
les devoirs (m) homework
dormir to sleep
équilibré(e) balanced
essayer to try
faire de l'exercice to exercise

faire du shopping to go shopping
les frites (f) chips
fumer to smoke
le gâteau cake
jouer à des jeux vidéo to play video games
manger sain to eat healthily
nager to swim

passer des heures/le temps à to spend hours/time
rester en forme to keep fit
la santé health
sortir to go out
les sucreries (f) sweet things

1.2c Comment être en bonne santé

actif (-ive) active
bouger to move
danser to dance
l'exercice (m) exercise
extrêmement extremely

fatigant(e) tiring
s'inquiéter to worry
le jogging jogging
marcher to walk
paresseux (-euse) lazy

peu little
à pied on foot
sportif (-ive) sporty
trop too

1.3a Comment j'utilise la technologie

l'appel (m) vidéo video call
le cadeau present
le courriel e-mail
la dissertation essay
en ligne online
une fois par semaine once a week
j'achète I buy
j'envoie I send

j'écris I write
je me connecte I connect
je prends I take
je télécharge I download
quelquefois sometimes
rarement rarely
des recherches research
les réseaux sociaux social media

régulièrement regularly
souvent often
de temps en temps from time to time
toujours always
tous les jours every day
tous les matins every morning
tous les soirs every evening
tout le temps all the time

1.3b Comment je m'informe

avoir le temps to have the time
les actualités (f) the news
bondé(e) full/packed
la chaîne channel
convivial(e) friendly/convivial
le coût cost
coûter to cost
se divertir to have fun/to enjoy oneself
divertissant(e) entertaining
le(s) gros titre(s) headline(s)

hebdomadaire weekly
les infos the news
le journal news/newspaper
le journal télévisé news on TV
lire to read
le lecteur/la lectrice reader
occupé(e) busy
le prix price
le poste de télévision/de radio TV/radio set

le présentateur/la présentatrice presenter
prendre de la place to take up space
la pub(licité) advert(s)
le quotidien daily newspaper
le téléspectateur TV viewer
toutes les semaines every week
zapper to hop channels

1.3c Courriels, textos ou téléphone ?

l'abonnement (m) contract
l'appli (f) app
les avantages (m) advantages
avoir besoin de to need
cher (chère) expensive
compris(e) included
l'écran (m) screen
envoyer to send
facilement easily
le forfait package

gratuit(e) free
les inconvénients disadvantages
la messagerie instantanée instant messaging
n'importe où anywhere
l'ordinateur (m) portable laptop
se passer de to go/live without
payant(e) fee/have to pay
la perte de temps waste of time
le portable mobile phone

le progrès progress
rapide fast
rester en contact to stay in touch
se servir de to use
la tablette tablet
le téléphone fixe landline
utiliser to use

1.3d Comment rester prudent en ligne

avec précaution carefully
comme as/like
le compte account
le conseil advice
se connecter connect
derrière behind
éduquer to educate
être accro à to be hooked on
être prudent(e) to be careful
éviter to avoid
faire attention (à) to pay attention (to)
faire semblant (de) to pretend to

le forum de discussion chat room
le harcèlement harassment/bullying
l'inconnu (m) stranger
s'informer to find out
l'internaute (m/f) internet user
lorsque when/as soon as
malintentionné(e) ill-intentioned
mentir to lie
le mot de passe password
ouvrir to open
le piratage hacking
pirater to hack

la prévention prevention/safety
la prudence attention/care
puisque since/because/as
sécuriser to secure
se sentir en sécurité to feel safe/secure
surveiller to watch/to monitor/to keep an eye on
la vie privée private life
le virus virus
le vol de données data theft
le vol d'identité identity theft

1.4a Les langues dans la vie quotidienne

l'allemand (m) German
l'anglais (m) English
l'année prochaine next year
l'arabe (m) Arabic
déjà already
depuis since/for (length of time)
l'Inde (f) India
l'italien (m) Italian
le japonais Japanese

j'apprends I learn
je parle I speak
je sais I know
je trouve I find
je vais I go/I am going
je veux I want
je voudrais I would like
longtemps a long time
le mandarin Mandarin

le polonais Polish
le russe Russian
la Suisse Switzerland
montrer to show
rencontrer to meet
surtout especially
vraiment really
voyager to travel

1.4b Les langues autour de nous

l'Allemagne (f) Germany
appris(e) learnt
l'auteur(e) writer
la boulangerie bakery
bilingue bilingual
la caissière cashier
célèbre famous
comprendre to understand
couramment fluently
le cuisinier cook/chef
l'élève (m/f) pupil
enregistrer to record

l'entraîneur/l'entraîneuse coach
l'espagnol (m) Spanish
l'été (m) summer
à l'étranger abroad
l'étudiant(e) student (further education)
étudier to study
les gens people
grâce à thanks to
la langue maternelle mother tongue
le magasin shop
le médecin doctor
né(e) born

le pâtissier/la pâtissière cake maker
le petit copain boyfriend
le portugais Portuguese
le/la réceptionniste receptionist
rendre visite (à) to visit someone
le/la secrétaire secretary
serbe Serbian
le serveur/la serveuse waiter
le vendeur/la vendeuse sales assistant
le/la voisin(e) neighbour

1.4c Les avantages à apprendre des langues

l'amour (m) love
belge Belgian
certain(e)(s) some
choisir to choose
le cerveau brain
compliqué(e) complicated
comprendre to understand
la confiance trust
connaître to know

facilement easily
incroyable incredible/unbelievable
loger to stay (accommodation)
la maladie disease
meilleur(e) better
même even
la mémoire memory
le niveau level
nouveau(x)/nouvel/nouvelle(s) new

passer to spend (time)
partager to share
plusieurs several
polyglotte polyglot
propre own
protéger to protect
la vie life
vivre to live

1.5a Ma région et le tourisme

agréable nice/pleasant
animé(e) busy
le bruit noise
bruyant(e) noisy
calme calm
la distraction entertainment

l'endroit (m) place
l'espace (m) space
excessivement excessively
historique historical
impressionnant(e) impressive
le monde people

la nature nature
la place place
la rivière river
suffisamment sufficiently
tellement really
touristique touristy

1.5b La vie en ville et à la campagne

l'ambiance (f) atmosphere
se baigner to bathe/to swim
le bistrot bistro/bar
cultiver to cultivate
dangereux (-euse) dangerous
en été in summer
en hiver in winter

le lac lake
loin far
loin d'ici far from here
pittoresque picturesque
pollué(e) polluted
la pollution pollution
proche near

se promener to (go for a) walk
reposant(e) relaxing/restful
le soir evening
les sports nautiques water sports
sûr(e) sure
tout à fait absolutely

1.5c/1.5d Les moyens de transport (1) et (2)

à l'étranger abroad
à moto by motorbike
à pied on foot
à vélo by bike/cycling
combien de temps how long/how much time
comment how
en avion by plane

en bateau by boat
en bicyclette by bike
en camion by lorry
en car by coach
en métro by underground
en mobylette by moped
en train by train
en tram by tram

en trottinette by scooter
en voiture by car
le moyen de transport means of transport
le trajet journey
voyager to travel

1.5e On y va à pied ou en bus ?

l'aller-retour (m) return journey
s'asseoir to sit down
bon marché cheap
bondé(e) crowded
le car de ramassage scolaire school bus
coincé(e) stuck
coûteux (-euse) costly
debout standing

se déplacer to travel around
l'embouteillage (m) traffic jam
emmener to take someone somewhere
en retard late
fiable trustworthy
la foule crowd
gratuit(e) free
la marche walking

marcher to walk
la place space
quotidien(ne) daily
sale dirty
la santé health
le siège seat
venir de to come from/to have just
vide empty

1.5f Je protège l'environnement / 1.5g L'environnement et moi

acheter to buy
l'ampoule (f) bulb
le carton cardboard
débrancher to unplug
les déchets (m) rubbish/waste
l'eau (f) (non-)potable (non-)drinking water
encourager to encourage
l'environnement (m) environment
éteindre to switch off
éviter to avoid
faire le tri to sort out
falloir (il faut) you must

fermer to close
gaspiller to waste
la gourde flask
l'incendie (m) fire
jeter to throw (away)
la lumière light
nettoyer to clean
par terre on the ground
le paysage countryside
polluer to pollute
la poubelle bin
préserver to preserve/to protect
protéger to protect

les produits biologiques organic products
ramasser to pick up
le recyclage recycling
recycler to recycle
le robinet tap
sain(e) healthy
sauver to save
toxique poisonous
tuer to kill
utiliser to use
le verre glass

1.5h Notre environnement est en danger !

agir to act
l'amélioration (f) improvement
améliorer to improve
l'autoroute (f) motorway
biodegradable biodegradable
la campagne countryside
la cannette can
consommer to consume
la consommation consumption
le conseil advice
le covoiturage car share/car pool
la côte coast

(se) dégrader to degrade/to damage
le déplacement movement/trip
l'emballage (m) wrapping/packaging
faire un geste to make a gesture
fabriquer to make
le gaspillage waste
grave serious
s'inquiéter to worry
inquiétant(e) worrying
limiter to limit
les déchets ménagers (m) household waste

les pesticides (m) pesticides
le problème problem
la protection protection
réduire to reduce
résoudre to resolve
respecter to respect
le résultat result
la solution solution
le triage sorting out
trier to sort out
l'usine (f) factory

2.1a Mon école

Embarquement

★ School subjects; talking about your timetable; days of the week and time
★ Pronunciation of *qu*

A 13:15 di lu ma me je ve sa

B 09:00 di lu ma me je ve sa

C 14:00 di lu ma me je ve sa

D 08:40 di lu ma me je ve sa

E 11:00 di lu ma me je ve sa

F 10:30 di lu ma me je ve sa

G 15:30 di lu ma me je ve sa

H 14:00 di lu ma me je ve sa

1 a Match each picture with the correct sentence.

1 J'ai français le mercredi à dix heures et demie. J'adore le français, c'est génial.
2 Simon a maths le lundi à treize heures quinze. Il déteste les maths, c'est difficile.
3 Tous les mardis à neuf heures moins vingt, ma sœur a biologie. Quelle horreur ! C'est ennuyeux.
4 La pause, c'est à onze heures. On aime tous la pause !
5 Mon frère a EPS le samedi matin à neuf heures. Heureusement, il aime l'EPS.
6 Le dessin, c'est à quatorze heures le vendredi. C'est pas mal.
7 Le mardi et le vendredi, j'ai permanence* à quatorze heures. C'est super.
8 Le jeudi, à quinze heures trente, j'ai géographie. C'est pénible.

*permanence – free study period

1 b Make a list in French of useful words from exercise 1a and any other words you know for talking about your school timetable.

2 You are going to hear three young people talking about their timetable. Choose the statements that are true.

1 On Mondays Samuel has 14 classes.
2 Samuel prefers Tuesdays.
3 Samuel has French on Mondays.
4 Amel likes physics and chemistry.
5 At Amel's school, lunch finishes at 14.00.
6 Amel is really good at maths.
7 Édith has history on Tuesday mornings.
8 She has music on Fridays.

3 a Look at grammar section G on time and dates. Complete the sentences with the correct time and day. The letters represent the days of the week.

Example: 1 dix heures et demie

1 La récréation, elle est à ………. (*10h30*) et dure un quart d'heure.
2 Le ………. (*d l m m j v s*) après-midi, je n'ai pas cours.
3 Le ………. (*d l m m j v s*), j'ai français. Le cours commence à ………. (*15h15*)
4 Le ………. (*d l m m j v s*) matin, ma sœur va à l'école jusqu'à ………. (*12h00*)
5 Aujourd'hui, nous sommes ………. (*d l m m j v s*). J'ai EPS à ………. (*8h55*). C'est fatigant !
6 Je n'aime pas le ………. (*d l m m j v s*). À ………. (*10h45*) j'ai informatique et je suis nul.
7 On est ………. (*d l m m j v s*) aujourd'hui. Youpi, j'ai espagnol à ………. (*14h10*). Je suis forte en langues.
8 Aujourd'hui, nous sommes ………. (*d l m m j v s*). Je vais donc rester au lit jusqu'à ………. ! (*10h00*)

3 b Translate the sentences above into English.

4 The letters 'qu' are always pronounced as 'k' in French. Practise saying these words aloud.

physique   musique   informatique   quatorze   quinze   quart
jusqu'à   quel/quelle   parce que   quarante

5 Work with a partner. Ask and answer the questions in French. Use the table below to help you.

1 À quelle heure commencent/finissent tes cours ?
2 Tu as combien de cours par jour ?
3 Qu'est-ce que tu as le lundi/mardi/mercredi/jeudi/vendredi ?
4 Quelle est ta journée préférée ? Pourquoi ?
5 Est-ce qu'il y a une journée que tu n'aimes pas ? Pourquoi ?

Les cours commencent / finissent	à… midi treize heures	et quart / demie cinq / dix / vingt / trente	
Le lundi Le mardi Le mercredi Le jeudi Le vendredi Le samedi	quatorze heures quinze heures seize heures dix-sept heures	moins vingt / le quart / dix / cinq	j'ai… français / anglais / espagnol / géographie / maths / histoire / informatique / EPS / physique-chimie / biologie / technologie / permanence / la récréation / le déjeuner.
J'aime [X] Je n'aime pas [X]	parce que c'est facile / passionnant / super / amusant / intéressant / utile / difficile / ennuyeux / nul / inutile. car j'ai…		

6 Write a few sentences in French describing your timetable.

Décollage

2.1b Mes leçons

★ Likes/dislikes of school subjects; classroom activities; types of learning
★ Expressing opinions and giving reasons

Aline

J'ai trois cours de chimie par semaine – le lundi, le mercredi et le vendredi. C'est ma matière favorite car nous faisons beaucoup d'expériences scientifiques. Parfois nous utilisons des microscopes. J'adore ça. C'est très intéressant.

À mon avis, le travail pratique est génial.

Michel

Les maths sont ma matière préférée. J'aime bien les maths car je crois que c'est très utile. Le prof nous explique comment faire des exercices et normalement on travaille seul. En fait, je préfère travailler seul. Je déteste travailler avec un partenaire ou en groupe. Je trouve ça pénible.

Anne-Laure

Le lundi à dix heures j'ai français. Je ne l'aime pas. Je le trouve très ennuyeux et difficile. Le prof n'est pas compréhensif et nous écrivons des dissertations et lisons des romans tout le temps. C'est ennuyeux !

Parfois on fait des jeux sur l'ordinateur ou sur des tablettes. J'aime bien ça. C'est amusant.

Amir

Ma matière favorite est la géographie. Je la trouve très facile.

En classe on utilise régulièrement la technologie pour chercher des informations sur la culture des différents pays du monde. Après, on partage les informations avec les autres dans la classe. Souvent il y a de longues discussions. C'est génial !

---

1 a Read what the young people say about school subjects. Say whether the statements are true or false.
  1 Aline has chemistry on Tuesdays, Thursdays and Fridays.
  2 She likes it because she likes science subjects.
  3 She thinks practical work is boring.
  4 Michel likes maths because he likes working on his own.
  5 Anne-Laure likes writing essays and reading novels.
  6 She does not like working on the computer.
  7 Amir uses technology in geography to look for information.
  8 The class shares information and discusses it.

1 b Correct the statements that are false.

2 Listen to Luc talking about what he likes and dislikes doing at school. Fill in the gaps in the sentences.

1 In history, we ....
2 We .... in computing.
3 We .... in Italian.
4 In French we ....
5 We .... in physics.
6 In geography ....

3 Match the French sentences with the English equivalent.

1 Je n'aime pas travailler en groupe.
2 On écrit beaucoup en anglais. C'est ennuyeux.
3 Les exercices oraux en français sont difficiles.
4 On discute beaucoup en histoire. C'est génial.
5 Ma sœur adore travailler sur son ordinateur.
6 Mon frère préfère travailler seul.
7 En espagnol on utilise souvent la technologie.
8 En sciences nous faisons des activités pratiques.

A We discuss a lot in history. It's great.
B My brother prefers working on his own.
C In science we do practical activities.
D I don't like working in groups.
E Oral work in French is difficult.
F In Spanish we often use technology.
G We write a lot in English. It's boring.
H My sister loves working on her computer.

4 Work with a partner. Tell them which subject you like and dislike and why. Then swap roles. Use the table below to help you.

1 Quelle est ta matière préférée ? Pourquoi ?
2 Qu'est-ce que tu n'aimes pas ? Pourquoi ?
3 Qu'est-ce que tu aimes faire comme activités ?
4 Quelles activités n'aimes-tu pas ?
5 Tu aimes travailler en groupe ? Pourquoi/Pourquoi pas ?

5 Write a few sentences in French saying which subjects you like and dislike and why. Include which activities you like and dislike doing in class. Use the table below to help you.

J'aime le/le/l'/les…	car/parce que…	c'est pratique.
J'adore le/le/l'/les…		c'est génial.
Je n'aime pas le/le/l'/les…		c'est ennuyeux.
Je déteste le/le/l'/les…		c'est pénible.
Je préfère le/le/l'/les…		ce n'est pas amusant.
Ma matière favorite est…		on travaille seul/en groupe.
		on fait des activités pratiques.
		on utilise la technologie.
		on fait des exercices intéressants.
		on discute beaucoup.
		on regarde des films.

En Vol

2.1c Mes expériences au lycée

★ Describing school experience, including likes/dislikes of school subjects and activities; what or who influenced our choices
★ Possessive pronouns; imperfect tense

Quand j'étais au lycée

AdoPro

Coucou ! Je viens de discuter du lycée avec une vieille amie. Elle n'aimait pas son lycée mais moi, vraiment, j'adorais le mien... les profs, les matières, les activités qu'on faisait. Je trouvais tout super intéressant parce qu'on nous traitait en adultes et j'aimais bien y aller chaque matin. Je me souviens en particulier d'une prof d'allemand qui nous écoutait et était disponible tout le temps. Elle s'intéressait à nous et à notre vie d'adolescents. Elle était toujours attentive et ne criait jamais. Elle m'a enseigné la patience. Elle m'a beaucoup influencée dans mes décisions pour mon avenir. Je vais réfléchir mais je crois que j'ai décidé d'être psychologue parce que (comme elle) je veux écouter les personnes en difficulté et les aider. Je garde de bons souvenirs du lycée. Et les vôtres, ils sont bons ? Vous aimiez votre lycée et vos profs ?

JoJo3000

J'aimais assez le lycée mais, à mon avis, le mien n'était pas aussi sympa que le tien, AdoPro. Je trouvais les activités qu'on faisait bêtes et les autres lycéens se moquaient souvent de moi car j'étais très grand. En plus, je détestais l'heure du déjeuner ; nous ne mangions pas bien et il y avait trop de bruit. Ceci dit, les profs étaient super gentils et très compréhensifs. Ma prof d'informatique était exceptionnelle car elle m'autorisait à rester dans la bibliothèque où je créais des jeux sur les ordinateurs. Cela m'a donné l'idée de me spécialiser dans la création de programmes informatiques. Mon petit frère ira bientôt au lycée, mais pas au même lycée que moi. J'espère vraiment que le sien sera meilleur. Il n'est pas comme moi. Lui, il est beaucoup plus sociable et créatif et je suis sûr qu'il aimera bien le lycée professionnel où il fera une formation de coiffeur. Son rêve est de travailler comme maquilleur et coiffeur avec des vedettes de cinéma.

@OhLaLa

AdoPro, tu as raison. Le lycée me manque énormément. Je m'y amusais tellement bien et mes souvenirs sont aussi bons que les tiens. J'aimais la responsabilité et le respect qu'on donnait aux lycéens. Quant aux profs, les nôtres étaient gentils mais stricts et exigeants aussi. Mon prof de français était facile à comprendre et il expliquait très bien la littérature. Il m'a transmis sa passion pour la lecture et la poésie. J'ai participé à des concours de poésie. Grâce à son encouragement, j'ai l'intention d'étudier la littérature française à l'université pour devenir écrivain. Je sais que c'est difficile mais je vais essayer.

----

1 Three young people write about what life was like when they were at high school. Read what they say and answer the questions in English.

1	What did AdoPro like at school?	4
2	What does she remember about her German teacher? State any **four** things.	4
3	What did she teach her?	1
4	How did she influence her decision?	2
5	What did Jojo300 not like at his school?	3
6	Why did he hate lunch breaks?	2
7	Why was his IT teacher exceptional?	2
8	What did this inspire him to do?	1
9	What does he say about his brother? State any **three** things.	3
10	@OhLaLa misses high school. What did she like there?	2
11	She describes her teachers. What does she say?	3
12	What does she say about her French teacher?	2
13	What did he give her?	1
14	What is @OhLala intending to do thanks to his encouragement?	2

2 Listen to Lucie and Marcel describing their school exchange abroad. Are the statements true or false?

1 Marcel has just spent one week in Montreal in Quebec.

2 Lucie spent 6 weeks in Dakar in Senegal.

3 Lucie found everything different there.

4 Marcel went to school for a few days with Marie and Michel.

5 They go to a French school there.

6 Lucie says that schools in Senegal are modern and well equipped.

7 Lucie stayed in quite a modern flat.

8 Lucie's family in Senegal always ate together.

9 They ate bread with every meal.

10 Marcel's family, the Poiriers, worked 2 days a week.

11 At the weekend they went bowling or to the cinema and to a restaurant.

12 Lucie went to the supermarket with her family in Dakar.

13 Lucie says this is an experience she will never forget.

3 Look at grammar section B10 on possessive pronouns, and section K7 on the imperfect tense.

Complete the following sentences using the correct form of the imperfect tense of the verb in brackets and replace the words in **bold** with a possessive pronoun.

Example: 1 Les professeurs de mon frère **étaient** plus stricts que **les miens**.

1 Les professeurs de mon frère .... plus stricts que **mes professeurs**. (*être*)

2 Nous .... toujours que nos amis .... plus que **vos amis**. (*penser, travailler*)

3 Mes parents .... toujours que mes profs .... moins stricts que **leurs profs**. (*trouver, être*)

4 Je .... mes professeurs, mais lui, il .... bien **ses professeurs**. (*détester, aimer*)

5 Je .... toujours mes devoirs, mais tu ne .... jamais **tes devoirs**. (*faire, faire*)

6 Je .... souvent dans ma chambre, mais tu .... toujours de la musique dans **ta chambre**. (*travailler, écouter*)

4 Write a paragraph of 70–80 words about your experiences in your school. Use words and phrases from the other activities to help you. You could include:

- what you particularly like(d)
- what your teachers are/were like (you may wish to describe one who has left)
- what you do at lunch time or break
- which teacher has influenced you (the most)

Education

2.2a Mes options pour l'avenir

Décollage

★ Talking about plans for next year or in 2 or 3 years; purpose of education; role of teacher
★ Key question words

Je vais aller à l'université.
Mohammed

Je vais continuer mes études.
Zara

Je vais quitter le collège.
Ésha

Je vais chercher du travail.
Nathan

Je vais passer mes examens.
Stéphane

Je vais faire un apprentissage.
Lara

Je vais réussir mes examens.
Thomas

Je vais faire du bénévolat.
Léa

Je vais étudier six matières.
Josèphe

Je vais prendre une année sabbatique et voyager.
Julia

Je vais gagner un peu d'argent.
Guillaume

Je vais suivre une formation.
Isabelle

1 a Who …
1 is going to do voluntary work?
2 is going to university?
3 is going to leave school?
4 is going to look for a job?
5 is going to do an apprenticeship?
6 is going to sit their exams?
7 is going to pass their exams?
8 is going to continue their studies?
9 is going to earn a bit of money?
10 is going to take a gap year and travel?
11 is going to study six subjects?
12 is going to do a training course?

1 b Make a list in French of useful phrases for talking about your future plans, including phrases from exercise 1a.

1 c The following phrases will help you to talk about future plans. Match the French with the English.
1 Je vais…
2 Je voudrais…
3 Je veux…
4 J'espère…
5 Mon projet est de …
6 J'ai l'intention de/d'…

A I intend to …
B My plan is to …
C I would like to …
D I want to…
E I am going to…
F I hope to…

2 You are going to hear Timéo, Clara and Léonard talking about their future plans. Are the statements true or false?

1 Timéo is going to sit his exams in May next year.
2 Timéo wants to continue his studies and do six subjects.
3 In 2 years, he would like to earn some money and travel around Europe.
4 Clara wants to leave school next year.
5 She wants to do an apprenticeship in a library.
6 Next year she would also like to do a course in cake making.
7 Léonard hopes to go to university to study languages.
8 He is going to look for a job in August and September.
9 In 3 years, he wants to take a gap year and work abroad.

3 a Look at grammar section E on asking questions. It is important to understand the key question words when people ask you questions in French.
Complete the sentences with the correct question word.

1 .... veux-tu quitter le collège ? (*when?*)
2 .... veux-tu quitter le collège ? (*why?*)
3 .... espères-tu étudier des langues ? (*where?*)
4 .... espères-tu étudier des langues ? (*why?*)
5 .... vas-tu étudier à l'université ? (*what?*)
6 .... vas-tu étudier à l'université ? (*why?*)
7 .... voudrais-tu travailler ? (*where?*)
8 .... voudrais-tu travailler ? (*why?*)
9 .... voudrais-tu travailler ? (*when?*)
10 .... vas-tu passer tes examens ? (*when?*)

3 b Translate the sentences above into English.

4 With your partner, throw a dice. Practise making sentences with the phrases from the tables.

Dice	Phrase		Dice	Phrase		Dice	Phrase
1	L'année prochaine		1	je voudrais		1	continuer mes études.
2	Dans deux ans		2	je veux		2	aller à l'université.
3	Dans trois ans	+	3	j'espère	+	3	arrêter l'école.
4	Plus tard		4	je vais		4	faire un apprentissage.
5	En septembre		5	mon intention est de/d'…		5	chercher du travail.
6	Dans cinq ans		6	mon projet est de/d'…		6	réussir mes examens.

5 Write a minimum of three sentences in French describing your future plans. Use phrases from these pages to help you.

2.2b Mes études

Décollage

★ **Talking about what you want to do after leaving school**
★ **Disjunctive pronouns**

Que faire après le collège ?

Mme de Ré, proviseur d'un lycée, vous aide.

Samira, 15 ans	J'aime beaucoup étudier et je veux devenir médecin. Pour moi, un lycée général est le meilleur choix, non ? Mes profs, eux, pensent que oui. Ce sont eux qui l'ont suggéré. Et vous, qu'en pensez-vous ?
Mme de Ré	Vos profs vous connaissent mieux que moi mais, moi aussi, je pense que c'est le bon choix. Le baccalauréat scientifique est idéal pour les élèves comme vous.
Martin, 15 ans	Mes sœurs, elles, sont plus intelligentes que moi. Elles vont dans un lycée général. Mon frère et moi, nous sommes pratiques. C'est lui qui m'a conseillé de devenir cuisinier. Dois-je choisir un lycée professionnel ?
Mme de Ré	Oui. Vous pouvez passer le brevet d'études professionnelles (BEP) ou un bac professionnel, ce qui vous permettra de continuer vos études. Sinon, il y a le certificat d'aptitude professionnelle (CAP) qui peut être un choix intéressant.

1 Madame de Ré, school headteacher, helps pupils who are wondering what to after their *brevet*. Answer the questions in English.

1	What does Samira really like doing?	1
2	What plan does Samira have?	1
3	What do her teachers think?	1
4	What does Mme de Ré think of this decision?	1
5	What does she say about the science 'bac'?	1
6	What does Martin say about his two sisters?	1
7	What does he say about his brother?	2
8	What does Mme de Ré suggest he should do? State any **two** things.	2

le baccalauréat – Baccalaureate / Advanced Highers
le bac professionnel – technical/vocational baccalaureate
le brevet – Nationals (4 or 5)
le BEP – vocational certificate
le CAP – NVQ (apprenticeship qualification)
les études supérieures – further studies
le lycée général – senior school
le lycée professionnel – college

2 Élodie, Adrien and Franck are being interviewed about their future plans. Listen and decide if the statements are true or false.

1 Élodie has passed her National Qualifications and would like to do further studies.
2 Her parents think that studying is not important.
3 Her friend loves science and maths.
4 Élodie is thinking about being a nurse.
5 Adrien would like to continue with general studies because he wants to be a primary teacher.
6 His sister has done general studies and found it stressful.
7 She is now happy doing general studies.
8 Adrien is planning to study for the baccalauréat.
9 Franck really likes studying.
10 His father is a builder and he wants to be a builder.
11 He is going to do an apprenticeship.
12 He would love to do further studies.

3 Refer to grammar section D6 on disjunctive pronouns. They are used for emphasis, and you are likely to see them in reading passages.

Read the sentences and fill in the gaps with the correct disjunctive pronoun from the box.

1 Mes copines, ..., sont toutes très pratiques.
2 Mes parents, ..., n'ont pas fait d'études supérieures.
3 Mon frère, ..., est plus intelligent que .... et va aller à l'université.
4 Mes amis et moi voulons tous aller au lycée général. Pour ...., c'est le meilleur choix.
5 ...., tu es très doué pour les études.

toi	elles	lui	nous	moi	eux

4 Work with a partner. Use these pronouns when you ask and answer a question.

1 A Qu'est-ce que tu veux faire l'année prochaine, toi ?
  B L'année prochaine, moi, je veux …..
2 A Et ton grand frère, lui, qu'est-ce qu'il veut faire l'année prochaine ?
  B Mon grand frère, lui, veut aller ….
3 A Et ta petite sœur, qu'est-ce qu'elle fait au collège ?
  B Ma petite sœur, elle, étudie huit matières au collège…
4 A Et tes copains, eux, qu'est-ce qu'ils font ?
  B Mes copains, eux, préparent un CAP en….

5 Write a minimum of four sentences in French saying what people around you in your family or amongst your friends are planning to do when they leave school.

- Mon (meilleur) copain, lui, voudrait…
- Ma (meilleure) copine, elle, veut…
- Mes cousins, eux, veulent…
- Mes cousines, elles, voudraient…

2.2c La vie dans une école en France

En Vol

- ★ **Talking about life at school in France; differences in education system**
- ★ **Imperfect and perfect tenses**

Mon école en France

L'année dernière j'ai passé quinze jours chez ma correspondante française, Anne. Comme je voudrais améliorer mes connaissances de la langue française, j'allais chaque jour à l'école avec elle.

Pour moi, c'était assez difficile parce que le système scolaire est tout à fait différent du système scolaire écossais. Tout d'abord les cours commencent à huit heures ! Beaucoup plus tôt que les cours dans mon collège en Écosse.

Donc, je devais me lever à six heures et demie tous les matins. Quelle horreur !

La première chose que j'ai remarquée en arrivant à l'école, c'était que les élèves ne portaient pas d'uniforme. Ça n'existe pas dans les écoles françaises. Les copains d'Anne ne pouvaient pas croire qu'en Écosse c'est obligatoire et m'ont demandé si tous les élèves portaient un kilt. Ce que je trouvais un peu étonnant, c'était que même quelques profs étaient habillés en jean.

En France la journée scolaire est beaucoup plus longue que chez nous. Normalement les élèves doivent rester à l'école jusqu'à cinq heures avec une pause-déjeuner d'une heure et demie à midi. À mon avis c'est trop long. Je préfère le système écossais parce que la pause-déjeuner est beaucoup plus courte et comme ça les cours finissent plus tôt.

Les matières que les élèves étudient sont presque les mêmes que chez nous, mais ils ne font pas de travaux manuels ni d'arts ménagers. Je trouvais la journée scolaire vraiment fatigante. De temps en temps j'avais des difficultés à me concentrer en classe. Les profs parlaient trop vite et je ne comprenais pas tout ce qu'ils disaient.

Je dois dire que cela a été une expérience enrichissante. Il est vrai que j'ai vraiment amélioré mes connaissances de la langue française !

1 Read Doria's blog about life in a school in France. Answer the questions in English.

1 Why did Doria go to France?	1
2 What was the first thing she noticed was different about the French school system? State **two** things.	2
3 What did this mean she had to do?	1
4 What did she notice when she first arrived at the school?	1
5 What does she say about Anne's friends? State **two** things.	2
6 What did Doria find astonishing?	1
7 What does she say about the school day? Give details.	3
8 Why does she prefer the system in Scotland?	2

9 What does she say about the subjects they study in France?   2

10 Why did Doria find the school day tiring? State any **two** things.   2

11 Why did she find it an enriching experience?   1

2 Listen to Dominique talking about life at his school. Answer the questions in English.

  1 What does Dominique say about his school?   2

  2 What year is he in?   1

  3 What time does he arrive at school?   1

  4 What does he do before the first class?   2

  5 What does he do at the interval?   1

  6 What does he say about maths and science subjects?   1

  7 Why does he hate English?   1

  8 What does he do at lunchtime? State any **one** thing.   1

  9 What does he say about the afternoon? State any **one** thing.   1

  10 When does school finish?   1

3 Read the following sentences and say which tense is used (imperfect or perfect tense). Translate the sentences into English.

  1 L'année dernière j'étudiais sept matières.

  2 Je devais travailler très dur.

  3 À mon avis, les profs nous ont donné trop de devoirs à faire pendant les vacances.

  4 Je ne pouvais pas sortir avec mes amis.

  5 L'année dernière j'ai passé quinze jours en France.

  6 J'allais au collège avec mon correspondant.

  7 En France les élèves ne portaient pas d'uniforme scolaire.

  8 J'ai vraiment amélioré ma connaissance de la langue.

4 a You have just returned from an exchange trip to France. Work in pairs. Ask and answer the questions about the French school system.

    1 L'école commençait et finissait à quelle heure ?

    2 Tu devais partir à quelle heure le matin pour aller à l'école ?

    3 Quelles matières est-ce que tu as étudiées ?

    4 Chaque cours durait combien de temps ?

    5 Tu aimais le système scolaire en France ? Pourquoi/Pourquoi pas ?

    6 Comment étaient les profs ?

4 b Work in pairs. Ask and answer the questions about your time in primary school.

    1 À quelle heure commençaient et finissaient les cours à l'école primaire ?

    2 Comment était l'uniforme ?

    3 Comment étaient tes professeurs ?

    4 Comment était le bâtiment ?

    5 Quelles activités faisais-tu en classe ?

5 Write a paragraph describing your school. Compare it to school in France. You could include:

- when school starts and finishes here and in France
- when the lunch break is and what you do
- how much homework you have
- what you think about wearing a school uniform
- whether you prefer French or Scottish schools and why

2.2d Comment améliorer le système scolaire

En Vol

★ **School rules; improving the school system**
★ **Conditional tense of regular/irregular verbs; direct/indirect pronouns; *si* clauses**

L'école est un endroit où les ados passent la plupart de leur temps, mais beaucoup d'entre eux ne sont pas contents de leur expérience.

Francine explique : « Les profs nous grondent constamment. Ils disent que nous ne travaillons pas assez dur et nous donnent vraiment trop de devoirs. Moi, je passe au moins trois heures tous les soirs à faire des devoirs. C'est beaucoup trop. En plus, pendant les cours de maths j'ai des difficultés à me concentrer parce que je ne comprends pas ce que le prof dit. Quand je demande de l'aide, il me dit tout simplement que je dois faire attention ! J'ai vraiment hâte de quitter le lycée et de trouver du travail. Mais si je ne reçois pas de bonnes notes, je sais qu'il sera très difficile de trouver un bon emploi. »

Il y en a d'autres qui sont du même avis que Francine. Joël en a marre aussi.

« Il y a trop de règles que je ne comprends pas. Par exemple, pourquoi est-il interdit d'utiliser son portable en classe ? Après tout, on peut l'utiliser pour chercher des informations. Il y a même de petites vidéos qui expliquent comment faire certains calculs de maths si on a du mal à les comprendre. »

Alors, comment est-ce qu'on peut améliorer le système scolaire ?

Annick a quelques idées : « Les profs doivent écouter ce que les élèves veulent. Par exemple, en ce qui concerne le règlement scolaire, il serait mieux d'en discuter ensemble. Comme ça tout le monde serait content. »

Certains pensent qu'il faut limiter le nombre d'heures qu'on passe à faire des devoirs pour réduire un peu le stress. D'autres ne veulent pas suivre des cours obligatoires comme les maths ou l'anglais.

« Je suis nulle en anglais ! » dit Jeanne. « Je passe des heures à faire des devoirs et je reçois toujours de mauvaises notes. C'est affreux ! Je crois qu'il y a plein de choses qu'on pourrait faire pour améliorer la situation. »

1 a Young people talk about life at school and how it could be improved. Answer the questions in English.

   1 According to Francine, why are a lot of young people unhappy at school? 3
   2 What example does she give? 1
   3 What does she say about maths? 3
   4 What can she not wait to do? 1
   5 Why might this be difficult? 1
   6 Why is Joël fed up? 1

    7 What does he think you should be able to use mobile phones? State any
one thing.   **1**

    8 What ideas does Annick have for improving the school system?   **1**

    9 What specific example does she give?   **1**

    10 What other examples are given?   **2**

1 b Note down any new vocabulary and phrases you could use in your talking and writing.

2 Listen to Jade, Maxime, Maya and Louis talking about school rules. Are the statements true or false?

    1 Jade thinks that if there are rules, it is better for the pupils.

    2 Jade won't have a uniform at school.

    3 For Maxime, electronic devices are not a distraction.

    4 According to Maxime, if pupils have a phone at school they won't do anything else.

    5 In Maya's new school she has to wear a uniform.

    6 For Maya, the uniform is not a good idea.

    7 Louis thinks some rules in his school are strict.

    8 According to Louis, it is not necessary to have strict rules to learn well.

3 Look at grammar section K10 on the conditional tense. Complete the sentences using the correct form of the conditional tense of the verb in brackets.

    1 Si on interdisait les téléphones portables, les élèves ………. plus attentifs en classe. (*être*)

    2 Je n'………. pas porter un uniforme scolaire. (*aimer*)

    3 Il ………. mieux de limiter les devoirs. (*être*)

    4 Si on n'avait pas de devoirs, on ………. plus de temps pour sortir. (*avoir*)

    5 Je ………. recevoir de bonnes notes aux examens. (*vouloir*)

    6 Je ………. l'école si je pouvais. (*quitter*)

    7 Je ………. utiliser des gadgets électroniques en classe. (*préférer*)

    8 Si on écoutait les élèves, le système scolaire ………. les élèves aux métiers du futur. (*préparer*)

4 Work in pairs. Ask and answer the following questions.

    1 Qu'est-ce que tu aimes/n'aimes pas dans ton école ?

    2 Tu penses que c'est une bonne idée d'avoir un portable en classe ?

    3 Qu'est-ce que tu penses des profs dans ton collège ?

    4 Tu crois que le règlement scolaire est nécessaire ? Pourquoi/Pourquoi pas ?

    5 Comment voudrais-tu améliorer le règlement de ton collège ?

5 Write a paragraph about life in your school and what you would do to improve it. Use words and phrases from the other activities to help you. You could include:

- what you like/dislike at school
- what you are allowed/not allowed to do
- what you think of the school rules
- what changes you would make to improve school life
- which teacher has influenced you (the most)

Décollage

Bienvenue chez... Mamadou

Salut ! Moi, je m'appelle Mamadou et je suis collégien dans une petite ville au Sénégal. On est huit dans ma famille et nous habitons tous dans une petite maison.

Chaque matin, je me lève à six heures et demie, je me lave et je m'habille tranquillement. Ensuite, vers sept heures et demie, je prends le petit déjeuner. D'habitude, je prends du pain. Mon école se trouve à cinq minutes de chez moi et alors j'y vais à pied. Ici, les cours ne commencent pas à une heure fixe car certains élèves habitent beaucoup plus loin et on les attend. À l'école, on parle tous le français, mais chez nous, on parle un dialecte qui s'appelle le wolof.

On a quatre cours par jour qui durent chacun deux heures. Moi, j'étudie les maths, les sciences, le français, l'histoire, la géographie, l'EPS et l'art. Les sciences sont ma matière préférée car plus tard, j'aimerais être médecin. Dans ma classe, il y a cinquante élèves. C'est beaucoup mais il y a assez de place. Les cours finissent à environ dix-sept heures et je rentre chez moi. Avant de manger, je joue un peu au basketball avec mes amis ou bien on joue de la musique. C'est ma mère et ma grand-mère qui préparent à manger, d'habitude du riz et de la viande ou du poisson. Mon plat préféré, c'est le thiéboudienne, du poisson avec des herbes, du riz et des légumes. On mange toujours par terre et on partage tous un plat.

Souvent, j'ai des devoirs à faire le soir. Mon frère, Moustapha, lui, est plus jeune et va toujours à l'école primaire qui se situe tout près de chez nous aussi. Lui, il a cours tous les matins mais seulement deux après-midi par semaine. Il a donc plus de temps libre que moi et va souvent à la pêche, l'après-midi, ou bien il joue au foot avec ses copains.

1 Read the passage in which Mamadou talks about life in Senegal. Say whether the statements are true or false. Correct the ones that are false.

1 Mamadou goes to a primary school in Senegal.

2 His school is 5 minutes from his house, so he walks there.

3 The school starts every day at the same time.

4 Mamadou is bilingual.

5 Mamadou already knows what he wants to do in the future.

6 There are 50 pupils in his class and there is not enough space.

7 Classes finishes at 18.00 and Mamadou plays basketball before going home.

8 He often helps his mother with the cooking.

9 His favourite dish is fish with herbs, rice and vegetables.

10 The family eats at a big table.

11 His brother has lessons every morning but only twice a week in the afternoon.

12 His brother likes to go swimming in the afternoon or play football with his father.

Mon lycée numérique

Notre lycée s'appelle le lycée Charles Lebrun. Il est très moderne : tous les élèves et professeurs sont connectés en classe.

Mélissa
J'adore les maths en ligne : on fait des concours avec les élèves d'autres classes. Je fais des activités pratiques sur mon budget pour mon avenir.

Isaac
La géographie en ligne ? C'est fantastique. Je fais des recherches en ligne. Je voyage partout dans les montagnes en Écosse, en France, en Italie.

Xavier
Les langues : le mandarin et l'espagnol – avec les iPads, c'est super. Je découvre des cultures différentes et des traditions extraordinaires. J'écoute des conversations, des chansons. Je fais des exercices de grammaire et de prononciation en ligne. Je fais des jeux amusants en ligne et je gagne souvent !

Lina
Le sport avec les tablettes, c'est sensationnel. Je regarde des matchs de rugby et de volley sur ma tablette et j'analyse les techniques de jeu. Je fais des exercices physiques : par exemple, toutes les semaines j'évalue mes progrès quand je fais du vélo et je joue au volley.

Marcus
Le dessin avec les tablettes, c'est absolument génial. Pendant les cours de dessin, je visite des musées et des expositions d'art moderne du monde entier. Je lis les biographies de peintres et d'artistes en ligne. Je dessine sur ma tablette avec un crayon numérique. C'est une vraie aventure.

Décollage

2 Read what Mélissa, Isaac, Xavier, Lina and Marcus write about their digitally connected school. Answer the questions in English.

1 Which activities does Mélissa do in maths?   **2**

2 Isaac finds geography fantastic. Why?   **2**

3 What does Xavier do with his iPad in languages? State any **three** things.   **3**

4 What use does Lina make of her tablet in PE?   **2**

5 In what way does she use her tablet for her own physical exercise?   **1**

6 In what ways does Marcus use his tablet in art?   **3**

Magazine

Décollage

Mes responsabilités

Je m'appelle **Kristian** et mon lycée est le lycée de demain. Les élèves organisent beaucoup d'activités et font des suggestions pour des expériences variées. Les élèves sont membres de clubs et de groupes d'action.

Lucciano est membre du club de santé. Son club participe à l'organisation du menu de la cantine. À la récréation, les élèves ont un menu varié avec des fruits, du chocolat chaud, des biscuits et des bouteilles d'eau. Pour le menu du déjeuner, il suggère des pâtes, des hamburgers, des nuggets de poulet, des légumes, des yaourts et des petites tartelettes aux fruits.

Fahrid est membre d'un groupe responsable des devoirs. Il organise un emploi du temps des devoirs pour les élèves. Il limite les devoirs à deux heures par jour. Chaque prof peut donner un maximum d'une heure de devoirs par semaine. Les professeurs aident les élèves à faire les devoirs en ligne de dix-sept heures à dix-huit heures.

Alicia est membre du groupe zéro pollution. Le groupe encourage le lycée à acheter des produits locaux. Le groupe insiste pour que les élèves et les professeurs recyclent le papier dans le lycée. Le plastique et le métal sont interdits dans le bâtiment. Tous les élèves et les professeurs arrivent au lycée à pied, à vélo ou en bus.

3 Read what Kristian says about the responsibilities pupils have in their school. Say whether the statements below are true or false. Correct the false ones.

1 Kristian explains that in his school pupils are members of clubs and action groups.

2 Lucciano is member of the health club.

3 His club helps to organise the canteen menu.

4 At break time pupils can have hot chocolate and fizzy drinks.

5 At lunch time there is a good selection of fruit.

6 Fahrid is a member of a group responsible for homework.

7 Fahrid's group sets a limit of 2 hours of homework per day.

8 Each teacher can give a maximum of 2 hours of homework per week.

9 Teachers help pupils with homework at lunchtime.

10 Alicia is a member of a zero-pollution group.

11 The group encourages the school to buy local produce.

12 The group insists that pupils and teachers recycle paper in school.

13 Plastic and metal are also recycled in school.

14 All pupils and teachers walk, cycle to school or take the bus.

En Vol

Mon école de rêve

Mon école de rêve serait une petite école située sur une île tropicale où il ferait tout le temps beau.

Pour moi, la journée scolaire idéale commencerait à dix heures et demie et finirait à deux heures de l'après-midi. Les cours consisteraient à faire de la plongée sous-marine, de la planche à voile et des randonnées dans la nature. En plus, il n'y aurait pas de devoirs ni d'examens.

Tous les profs seraient compréhensifs et t'aideraient quand tu en aurais besoin.

Évidemment, quelques règles seraient nécessaires pour le bon fonctionnement de l'école, mais les élèves décideraient de ce qui serait nécessaire. Par exemple, il n'y aurait pas d'uniforme scolaire, mais on devrait apporter un maillot de bain tous les jours. Si tu l'oubliais, les profs ne te gronderaient pas, mais ils ne te permettraient pas de participer aux cours obligatoires comme la natation et la voile. Il serait vraiment dommage de voir tes camarades de classe bien s'amuser sans toi.

L'école se trouverait sur la plage et serait seulement un petit bâtiment construit de bois et de paille où on pourrait s'abriter un peu s'il commençait à pleuvoir. La cour de récréation serait la plage et la mer où on pourrait se baigner ou se bronzer pendant la pause-déjeuner.

À la cantine le menu serait composé du poisson qu'on aurait attrapé pendant les cours de pêche. Comme dessert on mangerait des fruits tels que les mangues et des figues cueillies dans les arbres près de l'école.

Pendant l'été, on aurait six mois de vacances. Les grandes vacances commenceraient au mois d'avril et dureraient jusqu'au mois d'octobre. Tu peux imaginer une telle école ? Au moins on peut rêver !

Simon

1 Read what Simon says about his dream school. Answer the questions in English.

1	Where would Simon's dream school be?	2
2	What would be his ideal school day?	1
3	What does he say about classes? State any **two** things.	2
4	What else does he say?	2
5	What does he say about school rules?	2
6	What example does he give?	2
7	What would happen if you did not do that?	1
8	What are you told about the school building? State **two** things.	2
9	What are you told about the playground?	2
10	What does Simon say about the food?	2
11	What does he say about the holidays? State any **one** thing.	1
12	What is his final comment?	1

Magazine

Coin révision 2.1

Talking

It is important you get as much practice at talking in French as you can. Start off with simple sentences and gradually add more detail as you grow more confident.

Your teacher asks you to say a few sentences in French about school. You can include the name of your school, subjects you like and dislike, your favourite subject and why you like these subjects.

Your answer might look something like this:

> *Mon collège s'appelle... J'étudie sept matières. J'aime les maths et le français. Je n'aime pas la physique. C'est difficile. Ma matière favorite est le dessin. C'est super.*

You could improve on this by joining sentences together, starting them differently and adding more detail in French.

> *Mon collège s'appelle.... Cette année j'étudie sept matières. J'aime les maths car c'est facile et le français car c'est intéressant. La physique est difficile et je n'aime pas ça. Ma matière favorite est le dessin. C'est super !*

Embarquement

1 Now practise talking in French about school life by giving the information in the boxes below. Use the example above to help you.

Collège Victor-Hugo 8 matières Aime: chimie – facile Déteste: maths – difficile Préfère : français – génial, amusant	**Collège Racine** 6 matières Aime: histoire – super Déteste: biologie – nul Préfère : maths – utile	**Collège Saint-Louis** 9 matières Aime: sciences – génial Déteste: anglais – inutile Préfère: dessin – facile

Décollage

2 Now talk about each subject in exercise 1 and add detail. See below for suggestions.

- where your school is

> *Mon collège se trouve au centre-ville/dans un village.*

- how many pupils there are

> *Il y a deux cents/mille .... élèves (dans mon collège).*

- which subjects you study

> *J'étudie .... matières y compris les maths, l'anglais etc.*

- why you like/dislike them

> *C'est ennuyeux/intéressant/nul/génial/super/difficile/facile.*

- what you think of your school

> *C'est un grand/petit collège. Il est vieux/moderne.*

National 5 exam

En Vol

In your exam, you have to do a talking assessment with your teacher. It must cover two different contexts from Society, Learning, Employability and Culture.

You will only be given one attempt at this assessment, so it is important that you are well prepared for it. Your teacher will give you plenty of notice as to when the assessment will take place and you will be given plenty of time to prepare for it.

Before the assessment takes place, your teacher will ask you to choose two different topics from two different contexts that you want to talk about. Once you have chosen the topics and contexts, let your teacher know.

Example: You have told your teacher you wish to talk about school and future jobs. This covers the two contexts of Learning and Employability.

The assessment is marked out of 30 and is worth 25% of the exam. There are two sections to the assessment, but both of them must be completed at the same time.

Presentation (10 marks)

You will make a presentation on a topic of your choice. You may refer to up to five headings (in French or English) of no more than eight words each during the presentation The presentation should last about 1–2 minutes.

Conversation (20 marks)

Your teacher will ask you questions on your chosen topic, but the conversation will move on to the topic from the second context you identified. You should be prepared to give opinions in your answers. You may also ask questions if you wish.

The conversation is worth 20 marks: 15 marks for the content and accuracy of your responses and 5 marks for your ability to keep the conversation going.

The conversation should last about 5–6 minutes. The entire talking assessment should last about 6–8 minutes and will be audio or video recorded.

Your teacher will discuss what is expected of you in the assessment and may show you how it is marked.

Here are some ideas to help you do well in this part of the exam.

- Make sure you use detailed language in both the presentation and conversation and are prepared to give ideas and express opinions.
- You should pay very careful attention to your pronunciation to ensure what you say is clear and can be easily understood.
- Make sure you know how to ask for help if you do not understand a question.
- Ensure that what you say is grammatically accurate. Watch for things like genders, verb endings and adjectival agreement.
- You should be prepared for the fact your teacher may interrupt you, especially if you give a 'mini presentation' in your answers to conversation questions.
- Do not include material that you do not fully understand. You are unlikely to remember it.

Example

You have decided to prepare a presentation on school and want to go on to discuss future jobs. Here is an example of the kind of things you could include in your presentation.

*Aujourd'hui je voudrais parler de mon école. Je vais au lycée. Mon lycée s'appelle ....
et c'est un grand bâtiment situé près du centre-ville. Comme j'habite à dix minutes
de l'école, j'y vais à pied s'il fait beau. S'il pleut ma mère m'emmène en voiture.*

*Le lycée commence à huit heures et finit à cinq heures, mais à midi on a une pause-
déjeuner de deux heures. Normalement je mange à la cantine car la nourriture est
délicieuse.*

*J'étudie huit matières au total, dont les maths, le français et l'anglais. Ma matière
préférée est l'anglais car le prof est sympa et compréhensif. Par contre je déteste la
physique. À mon avis, c'est difficile et ennuyeux.*

*Je suis en troisième, donc je vais passer mes examens au mois de juin. Je dois
admettre que j'ai beaucoup de travail à faire cette année car je voudrais réussir
mes examens et recevoir de bonnes notes. Mon rêve est d'aller à l'université et
d'étudier la médecine.*

3 Now write your own presentation using some of the words and expressions in the example above. Then write answers to the following questions, as they may help you in the conversation part of the assessment.

1 Combien d'élèves y a-t-il dans ton lycée ?

2 Tu as combien de cours par jour ?

3 Chaque cours dure combien de temps ?

4 Qu'est-ce que tu aimes faire en classe ?

5 Qu'est-ce que tu n'aimes pas faire ?

6 Le soir, tu passes combien d'heures à faire tes devoirs ?

7 Pourquoi veux-tu étudier la médecine ?

8 Où voudrais-tu aller pour étudier la médecine ?

9 Pourquoi ?

10 Voudrais-tu trouver un petit boulot quand tu seras étudiant ? Pourquoi (pas) ?

It is really important to pay attention to your pronunciation so that what you say is clear and easily understood. Here are some tips to help you.

When preparing your presentation, pay attention to your pronunciation. Imitate the French that you hear. There are certain rules to follow, for example:
➜ In general you do not pronounce the letters *d, g, s, t, x,* and *z* at the end of a word. You do not pronounce the letter *h* at the beginning of a word.
➜ You pronounce the letter *e* in a different way if it has an accent. Compare *côte/côté, pratique/pratiqué, repos/répondre.* Also compare *acheté/achète.*
➜ Pay attention to the liaison in front of words beginning with a vowel. The rules are complicated, but you always make the liaison after *les, des, ses, en, on, sans.*

Try saying these words and phrases:

Regarde le ciel !	C'est l'heure du départ.	Il fait mauvais.	On y va à pied.
C'est un élève.	D'accord !	Quel est le tarif ?	Je n'aime pas cet hôtel.

Embarquement

Décollage

Coin révision 2.2

Assignment–writing

It is important to get as much practice at writing in French as you can. Start off with simple sentences that you know well and gradually add more detail to improve your writing. Get into the habit of noting words and phrases from reading and listening activities that you can reuse and recycle.

Your teacher has asked you to write a few sentences in French about your school. Your answer might look something like this:

> Mon collège s'appelle. .... Il y a six cents élèves. Le collège commence à neuf heures et finit à trois heures. On a huit cours par jour. J'étudie huit matières. J'aime mon collège. Il est grand et moderne.

You could improve on this by joining sentences together, starting them differently and adding more detail in French.

> Mon collège s'appelle .... C'est un grand collège moderne avec six cents élèves. Le collège commence tous les matins à neuf heures et finit tous les jours à trois heures. On a huit cours par jour, sauf le mercredi. J'étudie huit matières au total. Je pense que c'est beaucoup. J'aime mon collège parce que les profs sont sympa.

1 Now look at the following sentences and try to improve them by adding in some extra details, such as qualifiers (*très, assez, beaucoup*), conjunctions (*et, parce que, car, mais*), time expressions (*le matin, l'après-midi*), opinion phrases (*je pense que, je crois que, à mon avis*).

   Example: J'ai français le mercredi. → *J'ai français le mercredi* **après-midi à deux heures**.

   a J'adore le dessin. Le prof est très sympa.

   b Je vais au collège à huit heures.

   c Les maths sont difficiles. C'est nul.

   d Ma matière préférée est la géographie. C'est intéressant.

   e On a EPS le vendredi. C'est chouette.

   f Mon frère déteste la physique. Ce n'est pas du tout intéressant.

En Vol

2 As part of the National 5 exam, you will be required to do a piece of writing in class during the course of your National 5 studies. This assignment–writing should be 120–200 words in length and should cover one of the contexts from Society, Learning and Culture. It cannot cover the context of Employability as this is covered in the National 5 exam paper in May.

It is important that you are well prepared for the assignment. Your teacher will give you plenty of notice as to when you will do this.

→ The assignment–writing is marked out of 20 and is worth 12.5% of the exam. The writing paper in the exam makes up the other 12.5%.
→ The assignment–writing is done in class and must not be taken out of the classroom. It will be based on work you have covered in class and you will have been given time to revise for it at home and in school.
→ Your teacher will suggest a choice of topics to write about or you may suggest a context/topic of your own. Your teacher will then give you a stimulus in English with bullet points to write about or questions/statements to respond to.
→ You are allowed to use a dictionary and other reference materials. Your teacher will tell you which ones.
→ You produce a draft piece of writing on a particular topic. Your teacher will annotate your draft writing and give you feedback, using a correction code. Your teacher will not correct your mistakes.
→ You look at the mistakes you made, try and correct them and produce your final piece of writing.
→ Your teacher will discuss what is expected of you in the assessment and may show you how it is marked.

Here are some ideas to help you do well in this part of the exam.

→ The content of your writing should be relevant to the context and title. You do not have to cover all the bullet points, and you may add other information as long as it is relevant to the title.
→ Make sure your writing is focused on the topic and does not include lots of irrelevant information.
→ Write in paragraphs to help structure your writing and make it easier to read.
→ You should try and use detailed language and give ideas and opinions. You could use some vocabulary and phrases you have learned in reading and listening activities.
→ You should use the dictionary carefully to check spelling and accents. Remember to check your writing for things such as adjective endings and nouns. Be careful if you look up a verb in the dictionary: you'll find the infinitive; then you'll need to amend the verb endings.
→ Try to stick to the word count as far as possible. The more you write, the more mistakes you are liable to make.

Here is an example of the kind of task you might do in the context of Learning.

You have recently returned from a school exchange in France. Your teacher has asked you to write about your experience and to focus in particular on the differences you noticed in the French school system.

Write 120–200 words in French. You could include:
● where exactly the school was
● what the school was like (size, number of pupils etc.)
● what differences you noticed (school day, subjects taught, uniform etc.)
● what you liked/disliked
● which school system you prefer and why

Sample answer

> L'année dernière je suis allé(e) à Paris pour participer à un échange scolaire.
>
> L'école se trouvait à quinze kilomètres du centre de Paris dans un quartier tranquille.
>
> L'école était très grande et il y avait huit cents élèves. C'était plus grand que mon école en Écosse.
>
> Je dois dire que je préfère mon école car elle est très moderne.
>
> Le système scolaire est tout à fait différent du système écossais. Tout d'abord, l'école commence à huit heures et finit à cinq heures. C'est trop long, à mon avis. Les élèves ont une pause-déjeuner à midi qui dure deux heures ! Ils ne portent pas d'uniforme scolaire. C'est génial car on peut porter un jean et un t-shirt si on veut.
>
> Les élèves étudient les mêmes matières que nous, mais ils ont beaucoup plus de devoirs à faire.
>
> Ce que j'aimais le plus c'était qu'il n'y avait pas d'uniforme, mais je n'aimais pas commencer à huit heures. Il était difficile de me lever chaque matin à sept heures.
>
> Je crois que je préfère le système écossais !

Now write your own version. You can use the sample answer to help you.

Points to remember

It is really important that you use detailed language in your writing. Try and avoid using simple sentences. Here are some tips to help you.

> → Write longer sentences using conjunctions such as *car, parce que, quand, si.*
> → Add adverbs of time such as *le matin, après cela, plus tard.*
> → Structure your writing by using phrases such as *tout d'abord, premièrement, deuxièmement.*
> → Give your opinion and justify it. Use different adjectives and expressions such as *je pense que, je crois que, à mon avis, cela m'intéresse, ça (ne) me plaît (pas).*
> → Use negative expressions, for example *je n'aimais pas du tout, il n'y avait pas de ....*
> → Avoid repeating words and phrases.
> → Use a variety of verbs.
> → Try to vary the start of sentences by avoiding starting every sentence with *je.*

Vocabulary

2.1a Mon école

l'allemand (m) German
l'anglais (m) English
la biologie biology
commencer to start
le cours lesson
le déjeuner lunch
le dessin art
le dimanche on Sundays
l'éducation physique et sportive (EPS) PE
encourager to encourage
l'espagnol (m) Spanish

fatigant tiring
étudier to study
fatigant tiring
finir to finish
le français French
l'histoire-géo (f) history and geography
l'informatique (f) ICT
le jeudi on Thursdays
les langues vivantes foreign languages
le lundi on Mondays
le mardi on Tuesdays
les maths (f) maths

le mercredi on Wednesdays
la musique music
la pause break
la permanence study period
la physique-chimie physics and chemistry
la récréation break
le samedi on Saturdays
les sciences science
la technologie technology
le vendredi on Fridays

2.1b Mes leçons

affreux (-euse) awful
à mon avis in my opinion
amusant(e) funny
chercher to look for
la chimie chemistry
comment how
compréhensif (-ive) understanding
le cours class
discuter to discuss
la dissertation essay
ennuyeux (-euse) boring

facile easy
faire (des exercices) to do (exercises)
l'expérience (f) experiment
génial(e) great
le jeu game
la matière subject
le microscope microscope
le monde world
l'ordinateur (m) computer
parfois occasionally
partager to share

le/la partenaire partner
pénible awful
le roman novel
la semaine week
seul(e) alone
tout le temps all the time
la tablette tablet
le travail pratique practical work
utile useful
utiliser to use

2.1c Mes expériences au lycée

accompagner to accompany
la bibliothèque library
le bruit noise
comprendre to understand
crier to shout
disponible available
l'écrivain(e) writer
ensemble together
essayer to try

les gens people
grâce à thanks to
s'habituer à to get used to
l'informatique (f) IT
l'ingénieur(e) engineer
inoubliable unforgettable
les jeux games
je me souviens I remember
la lecture reading

la licence bachelor's degree
l'ordinateur (m) computer
oublier to forget
la poésie poetry
passer (+ time) to spend
réfléchir to think
le rêve dream

2.2a Mes options pour l'avenir

l'année prochaine next year
l'année sabbatique gap year
dans deux ans in two years
aller to go
arrêter l'école to leave school
chercher un travail to look for a job
continuer to continue

étudier to study
faire un apprentissage to do an apprenticeship
faire/suivre une formation to do a course
faire du bénévolat to do volunteering
gagner de l'argent to earn money

prendre to take
voyager to travel
j'espère I hope
je vais I am going to
je veux I want
je voudrais I would like

2.2b Mes études

l'avenir (m) future
avoir l'intention de to intend to
le baccalauréat général/
   technologique/
   professionnel baccalaureate/AH
le brevet (des collèges) National 4/5
le brevet d'études professionnelles
   (BEP) vocational certificate
le certificat d'aptitude
   professionnelle (CAP) NVQ
le choix choice
décider de to decide to
doué(e) gifted

l'école (f) de langues language school
l'élève pupil, student
l'enseignement (m) teaching
espérer to hope
les études (supérieures) further
   studies
l'examen (m) exam
l'hôtellerie (f) hotel industry
intelligent(e) intelligent/clever
s'intéresser à to be interested in
le lycée senior high school
le métier job/profession
passer un examen to sit an exam

permettre to allow
pratique practical/handy
préparer to prepare
quitter to leave
réaliser to realise
le résultat result
réussir to succeed
savoir to know
secondaire secondary
le stage (en entreprise) (work)
   placement
l'université (f) university

2.2c La vie dans une école en France

améliorer to improve
avoir des difficultés to have difficulty
la chose thing
la connaissance knowledge
le/la correspondant(e) penfriend
donc therefore

enrichissant(e) rewarding
étonnant(e) astonishing
habillé(e) (en) dressed (in)
la journée scolaire school day
obligatoire compulsory
la pause-déjeuner lunch break

presque almost
quinze jours two weeks/fortnight
remarquer to notice
tôt early
tout à fait completely
tout d'abord first of all

2.2d Comment améliorer le système scolaire

les ados teenagers
l'aide (f) help
l'avis (m) opinion
avoir des difficultés à... to have
   difficulty in…
avoir hâte de... to be in a hurry to…
avoir du mal à... to have difficulty in…
en avoir marre de... to have had
   enough of…

beaucoup d'entre eux a lot of them
se concentrer to concentrate on
le cours obligatoire compulsory
   course
demander to ask
l'endroit (m) place
être fort(e) en... to be good at…
être nul(le) en... to be weak at…
expliquer to explain

faire attention to pay attention
gronder to tell off
interdire to forbid/ban
au moins at least
la note mark/grade
la plupart de most of
la règle rule
le règlement scolaire school rules
travailler dur to work hard

3.1a Les métiers

Embarquement

> ★ Types of jobs and workplace; times and hours worked; simple qualities required
> ★ Present tense of common verbs (*travailler, gagner, commencer, finir, faire*); adjectives; question words

1 a Read the sentences and write down in English what job each person has.
>   **1** Bonjour ! Je m'appelle Céline. Je suis coiffeuse.
>   **2** Salut ! Mon nom est Jacques. Je travaille comme boulanger.
>   **3** Bonjour ! Je m'appelle Pablo et je suis secrétaire.
>   **4** Moi, je m'appelle Éloïse et je suis professeur à Paris.
>   **5** Je m'appelle Marc. Je suis mécanicien.
>   **6** Mon nom est Aline et je suis agent de police.
>   **7** Bonjour. Je m'appelle Anne-Marie et je suis médecin.
>   **8** Salut ! Je suis Martin. Le week-end je travaille comme vendeur.

1 b Match each of the jobs above with the correct workplace. Use the words from the box below to help you.
>   **1** Céline travaille dans un ....
>   **2** Jacques travaille dans une ....
>   **3** Pablo travaille dans un ....
>   **4** Éloïse travaille dans un ....
>   **5** Marc travaille dans un ....
>   **6** Aline travaille dans un ....
>   **7** Anne-Marie travaille dans ....
>   **8** Martin travaille dans un ....

commissariat	salon de coiffure	garage	hôpital
bureau	collège	supermarché	boulangerie

1 c Complete the paragraph below in French using the words in the box.

Salut! Je m'appelle Alain. Le week-end je .... dans un petit café en ville comme ....
Je prends .... pour aller en ville parce que je .... à huit heures du matin. Il faut être
.... et .... Le travail est assez .... , mais c'est bien payé. Je .... dix euros de
l'heure. Je finis à .... heures et demie. J'aime mon travail, mais à l'avenir je voudrais
devenir ....

avocat	serveur	travaille	patient
commence	organisé	le bus	
gagne	cinq	ennuyeux	

> *Inclusive job titles:* some people prefer to use a neutral form that combines
> masculine and feminine agreements separated by a full stop, space or hyphen. For
> example, *un.e acteur.ice, un e commerçant e, coiffeur-euse.*

2 Listen to Amélie talking about her part-time job. Complete the sentences below in English.

1 On Saturdays I work in a ....
2 I go to work by ....
3 I am a ....
4 I start at ....
5 I finish at ....
6 I like my work because it is .... and ....
7 I earn ....
8 My .... are all very nice.
9 Sometimes the work is ....
10 I want to be .... in the future.

3 Complete the sentences with the correct present tense verb from the box.

1 Le week-end je .... dans un petit restaurant.
2 J'.......... mon travail.
3 Je .... à huit heures
4 Normalement je .... à cinq heures.
5 Le salaire n'est pas mal. Je .... dix euros de l'heure.
6 Qu'est-ce que tu .... exactement ?
7 Tu .... le travail intéressant ?
8 Je .... que mon travail est un peu fatigant.

finis	travaille	aime	pense
trouves	fais	gagne	commence

4 You are talking to your friend about your part-time job. Answer the questions in French.

1 Tu travailles le week-end ?
2 Qu'est-ce que tu fais comme travail ?
3 Où est-ce que tu travailles ?
4 Tu commences à quelle heure ?
5 Tu finis à quelle heure ?
6 Tu gagnes combien de l'heure ?
7 C'est un travail intéressant ?
8 Qu'est-ce que tu veux faire plus tard ?

5 Write a short paragraph in French about a part-time job you have. You could include the following information:

● where you work and when
● what time you start and finish
● how much you earn
● whether you like or dislike your job

You may wish to start your paragraph with the suggestions below:

Example: Le .... , je travaille dans un(e) .... Je commence le travail à .... heures et je finis à .... heures. Je gagne .... livres de l'heure. J'aime/J'adore mon travail parce que c'est intéressant mais quelquefois c'est un peu .... Je n'aime pas mon travail parce que ....

Décollage

3.1b Les petits boulots

★ **Talking about a summer or part-time job**
★ **Perfect tense of *avoir* verbs; reasons for liking/disliking a job; qualities needed for jobs**

Moi, j'ai beaucoup travaillé pendant toute l'année mais enfin, les grandes vacances sont arrivées. Cependant, je ne vais pas avoir beaucoup de temps libre cet été car j'ai trouvé un petit boulot à Marseille dans le sud-est de la France. Je travaille comme guide touristique. Ce n'est pas pour longtemps, seulement pour les grandes vacances, mais c'est bien pour moi. Je travaille tous les jours pendant quatre heures. Je commence à dix heures et je finis à quatorze heures. Après, j'ai le temps de me relaxer un peu.

Être guide touristique est super parce que je gagne un peu d'argent et je passe du temps dehors. En plus, je rencontre des gens extrêmement intéressants. Comme les touristes, moi aussi, je découvre Marseille. J'ai visité des attractions touristiques et j'ai mangé des spécialités de la région dans des restaurants au Vieux-Port. Avoir un petit boulot est super.

1 Read what Paul says about his summer job. Answer the questions in English.

1 Where exactly does Paul work?   1
2 What kind of job does he do?   1
3 Give **three** details of the hours he works.   3
4 He says the job is great. Why? Give any **two** details.   2
5 What else has Paul been able to do? Give **two** details.   2
6 Which statement best describes Paul's experience? Tick the correct box.   1

Paul has not had a good experience.	
Paul finds his job really difficult.	
Paul has had a great experience.	

2 The letter é ('e acute') is pronounced like the 'ay' in the English word 'say'. Practise saying these words aloud:

travaillé	trouvé	intéressant	découvert
année	visité	spécialité	
arrivé	mangé	différent	

Look out for other words containing the letter *é* and practise saying them aloud. It will really help improve your pronunciation.

3 Listen to Juliette talking about her part-time job. Answer the questions below in English. Try to give three details for each question.

    1 What does Juliette say about where she works?   **3**

    2 When exactly does she work?   **3**

    3 What does she have to do?   **3**

    4 What qualities do you need for a job like this?   **3**

    5 Why would Juliette recommend a job like this?   **3**

    6 Which statement best describes what Juliette thinks of her job? Tick the correct box.   **1**

Juliette is very enthusiastic about her job.	
Juliette does not enjoy her job.	
Juliette thinks her job is boring.	

4 Match up the French sentences with the English equivalent.

1	Je rencontre des gens de différents pays.	**A**	I have to start early in the morning.
2	La plupart des clients sont sympa.	**B**	You have to be honest and polite.
3	Le travail ne m'intéresse pas du tout.	**C**	I get on well with my colleagues.
4	Je dois commencer tôt le matin.	**D**	My boss is very strict.
5	Il faut être honnête et poli.	**E**	I meet people from different countries.
6	Je m'entends bien avec mes collègues.	**F**	The work is very tiring and boring.
7	Mon patron est très sévère.	**G**	Most customers are nice.
8	Le travail est très fatigant et ennuyeux.	**H**	The job does not interest me at all.

5 You have found a part-time job in a café. Your friend is asking you all about it. Work in pairs. Ask and answer the questions.

    1 Où travailles-tu le week-end ?

    2 Comment vas-tu au travail ?

    3 Tu commences et finis à quelle heure ?

    4 Qu'est-ce que tu fais exactement comme travail ?

    5 Combien gagnes-tu ?

    6 Qu'est-ce que tu penses de ton travail ?

6 Write an e-mail in French to your friend in France describing your part-time job. You could include:

- where exactly you work
- how you get to work
- when you start and finish
- how many hours per day you work
- what you have to do in the job
- how much you earn
- why you like/dislike the job

You may wish to start your paragraph with the suggestions below:

Example: Le .... , je travaille dans un(e) .... Je commence le travail à .... heures et je finis à .... heures. Je vais au travail en .... Je gagne .... livres de l'heure. J'aime/J'adore mon travail parce que c'est intéressant mais quelquefois c'est un peu .... Je n'aime pas mon travail parce que ....

En Vol

3.1c Les petits boulots et les études

★ **Talking about something you have already done**
★ **Perfect and imperfect tenses; opinion phrases; conjunctions**

Je suis élève en troisième au lycée Jean-Jaurès à Strasbourg. Pour moi l'année scolaire est très stressante car je n'ai pas beaucoup de temps libre pour sortir avec mes amis.

J'ai quelques amis qui ont un petit boulot. Ils travaillent tous les samedis et même pendant la semaine. J'ai décidé que ce n'était pas pour moi parce que j'ai trop de devoirs à faire. En plus, je pense qu'il est important d'avoir le temps de se détendre un peu le week-end et de trouver un équilibre entre les études et les loisirs.

Si je réussis mes examens, je voudrais continuer mes études de langues l'année prochaine.

Comme je voulais améliorer mes connaissances en anglais, j'ai posé ma candidature pour un poste d'animatrice dans une colonie de vacances aux États-Unis.

J'ai donc passé les dernières grandes vacances dans le nord-est des États-Unis au bord d'un lac près d'une forêt. Ce qui me plaisait énormément, c'est que je partageais une petite cabane avec deux autres jeunes filles. Elles avaient le même âge que moi et on s'entendait très bien.

Je devais me lever tôt le matin pour préparer le petit déjeuner. Ensuite, j'étais responsable des activités pour les enfants, telles que la natation et les randonnées à vélo dans la forêt. Heureusement nous avions un peu de temps libre le dimanche pour nous reposer. Nous passions notre temps à bavarder avec les autres animateurs et à nous bronzer sur la plage.

Je dois dire que j'adorais mon travail, mais de temps en temps c'était très fatigant. Si on veut travailler avec des enfants, il faut avoir beaucoup de patience, avoir plein d'énergie et être très créatif. En plus, on doit être bien organisé et très motivé.

Sinon, ce n'est pas pour vous !

Je recommanderais de travailler à l'étranger. J'ai beaucoup amélioré mes compétences linguistiques et je me suis fait de nouveaux amis. En plus, j'ai gagné de l'expérience dans le monde du travail, ce qui sera bien utile à l'avenir !

1 a Read what Anaïs says about part-time work and studying. Answer the questions in English.

1 Why does Anaïs find this year at school stressful? **1**

2 Why did Anaïs decide a part-time job was not for her? State any **two** things. **2**

3 She wanted to improve her English. What did she do? State **two** things. **2**

4	Where did she spend the summer holidays? State any **two** things.	2
5	What did she really like? Why? State **three** things	3
6	What did she have to do in her job? State **two** things.	2
7	What did she do in her free time? State any **one** thing.	1
8	What does Anaïs say about working with children? State any **three** things.	3
9	What other qualities do you need? State any **one** thing.	1
10	Why would Anaïs recommend working abroad? State **three** things.	3

1 b Note down any new vocabulary and phrases you could use in your talking and writing.

2 Listen to Antoine talking about his part-time job. Answer the questions in English.

1	Where exactly does Antoine work on Saturdays?	1
2	He did not like his job last Saturday. Why was that?	1
3	How long did it take him to get to work?	1
4	What does he say about the hours he worked? State **two** things.	2
5	What did he have to do in his job, apart from serve customers?	2
6	He got on well with one colleague in particular. Why was that?	2
7	What does he say about his boss? State **two** things.	2
8	What did he like most of all about last Saturday? State any **one** thing.	1

3 a Look at grammar section K8 on the perfect tense.
Complete the sentences with the correct form of the perfect tense.

Example: 1. a travaillé

1 L'été dernier Luc .... dans un supermarché. (*travailler*)
2 Il y .... à pied. (*aller*)
3 Parce qu'il pleuvait dimanche, il .... le bus. (*prendre*)
4 Et toi, Marie, qu'est-ce que tu .... comme travail ? (*faire*)
5 Le week-end dernier, Arya a travaillé dans un bureau. Elle .... répondre au téléphone. (*devoir*)
6 En tant que serveuse, j'.......... les repas aux clients. (*servir*)
7 Mes copains .... des glaces aux touristes. (*vendre*)
8 Vous .... à quelle heure le matin pour aller au travail ? (*partir*)

3 b Translate the above sentences into English.

4 You are talking to your friend about a job you had last summer. Ask and answer these questions.

1 Où as-tu travaillé l'été dernier ?
2 Qu'est-ce que tu as fait comme travail ?
3 Tu as travaillé combien d'heures par semaine ?
4 Tu as gagné combien de l'heure ?
5 Tu t'entendais bien avec tes collègues ?
6 Est-ce que c'est un travail que tu recommanderais ?

5 Prepare a short piece of writing in French on a part-time job you had last summer. Use the vocabulary in exercises 1 and 3 to help you. You could include:

- where exactly you worked
- when you started and finished
- what you had to do in your job
- how much you earned
- what you liked/disliked about the job

3.1d Les projets d'avenir (1)

Embarquement   Décollage

★ **Different jobs and future career plans**
★ **Qualities needed for jobs; negative (*ne… pas*)**

1 a Look at some of the qualities you need for particular jobs. Write down what they mean in English.

responsable	ponctuel	travailleur	flexible
honnête	patient	créatif	compréhensif
bien organisé	motivé	indépendant	positif

1 b Now match up the French sentences with their English equivalents.

1 Un professeur doit être patient et calme.
2 Un artiste doit être créatif et artistique.
3 Un agent de police doit être honnête.
4 Un infirmier doit être compréhensif.
5 Un avocat doit être bien organisé.
6 Un interprète doit être indépendant.
7 Une secrétaire doit être ponctuelle.
8 Une mécanicienne doit être responsable.

A A police officer has to be honest.
B A lawyer has to be well organised.
C A secretary has to be punctual.
D An interpreter has to be independent.
E A mechanic has to be responsible.
F A teacher has to be patient and calm.
G A nurse has to be understanding.
H An artist has to be creative and artistic.

2 Alice is talking about possible future jobs. Read the following passage and answer the questions in English.

Les métiers possibles

Je n'ai aucune idée de ce que je veux faire comme métier. Être professeur ne m'intéresse pas car je ne suis ni patiente ni calme. J'aimerais peut-être travailler avec des enfants comme animatrice. Le problème, c'est que ce n'est pas bien payé. Pour moi, le salaire, c'est important.

Ma mère est traductrice, un travail intéressant mais peu stable et pas pour moi qui n'ai jamais aimé les langues. Mon grand-père ne travaille plus mais il était pharmacien. Moi, je suis forte en sciences. Je serai peut-être pharmacienne ou scientifique comme mon père.

Passionné par les animaux, mon frère veut être vétérinaire. Le problème ? Il n'aime pas du tout les sciences. Personnellement, j'ai peur des animaux ! Je n'ai aucune envie d'être médecin – personne ne peut me pousser à étudier pendant neuf ans ! Ce qui est sûr, c'est que je veux avoir un emploi bien payé. Je dois beaucoup travailler.

1 Why is Alice not interested in teaching?   1
2 Why is working with children a problem for Alice? State **two** things.   2
3 What does Alice say about a job in translating? State any **two** things.   2
4 Why does she think a job in pharmacy would suit her?   1

5 Her brother wants to be a vet. Why does she say that is a problem? **1**

6 Alice would not like to be a vet. Why? **1**

7 She does not want to be a doctor. What reason does she give? **1**

8 What does she say is certain? **1**

3 You are going to hear three young people talking about what they plan to do after leaving school. Are the following statements true or false?

1 Georges is artistic and wants to be an artist.

2 Georges does not like music.

3 He says neither job is stable.

4 Valérie's mother is a sports trainer.

5 She thinks the job is boring.

6 The job is well paid.

7 Sarah's father is an engineer.

8 She does not want to be an interpreter.

4 Negatives. Read grammar section F and make the following sentences in French negative by using *ne… pas.*

Example: Mon grand-père n'est pas mécanicien.

1 Mon grand-père est mécanicien.

2 Ma sœur veut être professeur.

3 Ma mère travaille tous les jours.

4 Je sais ce que je veux faire plus tard.

5 Je suis forte en maths.

6 Il est très patient.

7 Elle veut être agent de police.

8 Ils sont motivés.

5 Work with a partner. Ask and answer questions about jobs you would like to do in the future.

1 Qu'est-ce que tu voudrais faire à l'avenir ?

2 Quelles sont tes qualités personnelles ?

3 Où est-ce que ton père/ta mère travaille ?

4 Tu aimerais travailler avec des enfants ? Pourquoi/Pourquoi pas ?

5 Tu voudrais être infirmier/infirmière ? Pourquoi/Pourquoi pas ?

6 Tu préférerais travailler dans un bureau ou en plein air ? Pourquoi/Pourquoi pas ?

6 Complete the following sentences for yourself in French.

- À l'avenir je voudrais travailler comme…
- Ma matière préférée est…
- Je suis patient(e) et…
- Je ne voudrais pas être…
- Je ne suis pas artistique…/Je ne suis ni artistique ni…
- Je voudrais gagner…

3.1e Les projets d'avenir (2)

En Vol

★ **Talking about future plans**
★ **Conditional tense**

Pascal, 18 ans. Pascal est en terminale. Si tout va bien, il aura bientôt son bac technologique. Il voudrait poursuivre ses études à l'université, mais il ne sait pas s'il pourrait survivre à quatre années d'études. Alors, il espère suivre une formation de deux années. « Je pourrai faire des stages en entreprise » dit-il.

Adélaïde et Éloise, 18 ans. Ces jumelles espèrent faire des études mais leurs parents n'ont pas assez d'argent. Elles ont donc décidé d'arrêter leurs études pour le moment pour voyager et gagner de l'argent. Quand elles rentreront, les jumelles iront à la fac pour préparer une licence de sciences.

Guy, 18 ans. Guy, lui aussi, veut poursuivre ses études. Il avait pensé travailler avec son père comme boulanger. Cependant il a choisi de faire un apprentissage. Il passera une partie de son temps chez un employeur et l'autre partie dans un centre de formation d'apprentis.

Anouk, 17 ans. Anouk est en première et prépare son baccalauréat général. « J'ai toujours voulu être professeur dans un collège » dit-elle. « Alors si je réussis à mes examens, j'irai à la fac car je dois avoir une licence pour devenir prof. Je ferai une maîtrise de langues, je pense. Ce sera dur, mais pour moi, ça en vaut la peine. »

1 Read what some young people say they are going to do when they leave school. Answer the questions in English.

Pascal
1 What would Pascal like to do?   1
2 What is he not sure of?   1
3 What is he hoping to do instead?   1

Adélaïde et Éloise
1 Why do they think continuing studying is a problem?   1
2 What have they decided to do instead of studying?   1
3 What will they do after that?   1

Guy
1 What did Guy initially think he would do?   1
2 What has he chosen to do instead?   1
3 What do his studies involve?   1

Anouk
1 What is Anouk doing at the moment?   1
2 What are her future plans? State **two** things.   2

2 Listen to Florence and Isabelle discussing what they want to do when they leave school. Answer the questions in English.

1 What does Florence think she might do when she leaves school?   1
2 What would she be able to do? State any **two** things.   2
3 What would she do afterwards?   1
4 Why does she say her parents would be happy?   1
5 What are Isabelle's plans for the future?   1
6 What does she say about the cost?   1
7 What does she say she will have to do?   1

3 Look at grammar section K10 on the conditional tense. Complete the sentences with the correct form of the conditional tense.

Example: j'irais

1 Moi, j'.......... volontiers à la fac mais ça coûte trop cher. *(aller)*
2 Elle .... plus de temps libre si elle n'était pas à l'université. *(avoir)*
3 Nous .... voyager ensemble. *(pouvoir)*
4 J'ai cru que vous .... bien content de poursuivre vos études. *(être)*
5 Mes parents m'.......... si je voulais m'inscrire à la fac. *(aider)*
6 Et toi, tu .... une licence de langues ou d'histoire ? *(faire)*
7 Si on voyageait ensemble, ce .... super. *(être)*
8 Mes copains .... à tous mes concerts si je devenais chanteuse. *(venir)*

4 Work with a partner. Answer the following questions in French, then change roles.

1 Qu'est-ce que tu voudrais faire après les examens ?
2 Quelle sorte de travail aimerais-tu faire ?
3 Tu voudrais aller à la fac ou faire un apprentissage ?
4 Tu voudrais travailler comme professeur ? Pourquoi/Pourquoi pas ?
5 Quel est ton métier de rêve ?

5 Now write a paragraph in French on what you want to do when you leave school. You could include:

● what kind of job you would like to do
● why you have chosen the job
● whether you would like to go to university or not
● how long you have to study or train

You may wish to start your paragraph with the suggestions below:

Example: Quand je quitterai le lycée, j'ai l'intention d'aller à .... et étudier .... parce que j'adore .... J'aimerais étudier pendant .... ans pour avoir un bon diplôme.

Plus tard, dans .... ans, je voudrais être .... et travailler dans un(e) .... parce que ça m'intéresse beaucoup et l'année dernière j'ai déjà fait un stage dans .... J'ai beaucoup aimé mon stage. Je pense que c'est ma passion.

3.2 Work and CVs

3.2a Je cherche un emploi

Embarquement

★ **Learning about looking for a job**
★ **Using *travailler* and *être* to talk about employability**

Ville de Marseille

Nous cherchons un(e) guide touristique

Période : juillet et août

Salaire : quinze à vingt euros de l'heure

Travail : organiser des activités pour
les touristes, prendre des réservations

Compétences : être poli(e) et créatif(-ive)

Restaurant « La bonne bouffe »

Recherche un(e) aide de cuisine

Période : samedis et dimanches

Salaire : douze à seize euros de l'heure

Travail : préparer les légumes, laver la
vaisselle

Compétences : attentif(-ive) et organisé(e)

---

1 a Read the job adverts and answer the questions below in English for each one.

1	What job is being advertised?	1
2	When would you have to work?	2
3	How much would you earn?	1
4	What would you have to do?	2
5	What qualities do you need for the job?	2

1 b Read the job adverts again. Find the French for the following phrases.

1 looking for (*two versions*)
2 kitchen helper
3 salary
4 per hour
5 organise activities
6 prepare vegetables
7 wash the dishes
8 to be polite

G **2** Use the phrases related to jobs and places of work to describe what other people do. Read the sentences and fill in the gaps in French with the right words from the box below.

1 Tu .... dans une boulangerie. Tu .... boulangère.
2 Mon frère .... dans un bureau et à domicile. Il .... journaliste.
3 Mes parents .... dans une ferme. Ils .... fermiers.
4 Je .... dans une boucherie. Je .... boucher.
5 Mon beau-père et ma mère .... dans un supermarché. Ils .... caissiers.

travaille	es	travailles	suis
travaillent	sont	est	
travaille	travaillent	sont	

3 Three employers have been invited to your school to speak about job vacancies that they have. Listen and fill in as much detail as possible in the table below in English. Some information has already been filled in for you.

	M. Mercier	Mme Rivel	M. Deschamps
Job			shop assistant
Place of work	French restaurant		
Working hours		6 p.m.–midnight	
Working days			
Qualities/skills		speak English and Chinese	

4 Look at the various jobs and working times below. Read them carefully and tell your partner in French what the person's job is, what time they start and finish, and which days they work. You may start your sentences with:

- *Il/Elle est...* (+ job)
- *Il/Elle travaille de .... heures à .... heures* (working hours)
- *Il/Elle travaille le...* (days)

Infirmière de nuit
19 h 00–07 h 00
lundi, mardi, mercredi

Chauffeur de taxi
22 h 00–06 h 00
samedi, dimanche

Boulangère
03 h 00–11 h 00
jeudi, vendredi

Agent de sécurité
23 h 00–08 h 00
du lundi au vendredi

5 Imagine yourself in several jobs and write about them in French, using the prompts below to help you.

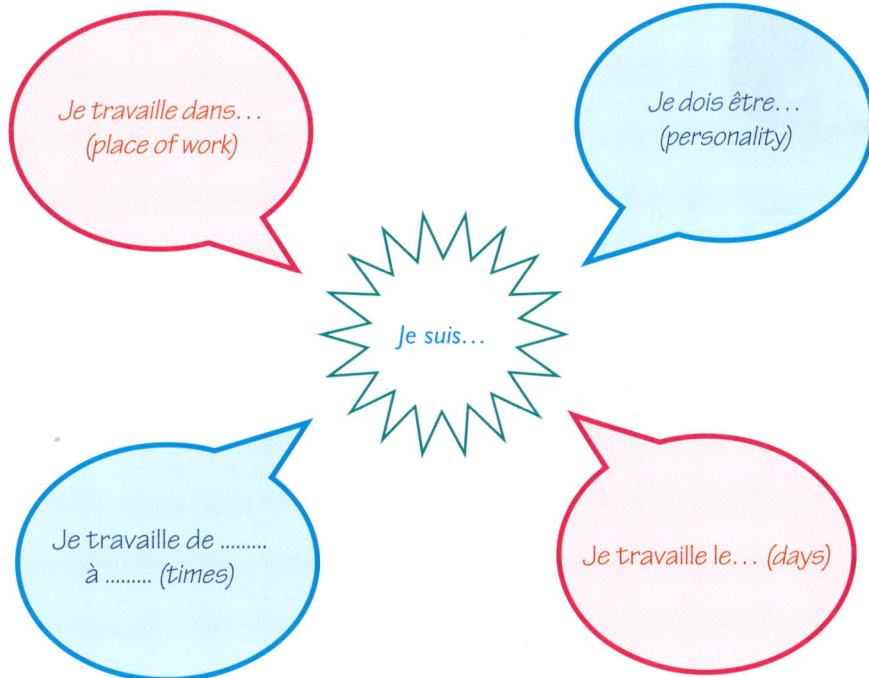

Je travaille dans...
(place of work)

Je dois être...
(personality)

Je suis...

Je travaille de ....
à .... (times)

Je travaille le... (days)

Décollage

3.2b Je cherche un emploi en France

★ **Learning how to apply for a job**
★ **Years**

1 Read the headings from a job application form, and match them with the details.

1	Nom
2	Prénoms
3	Date de naissance
4	Lieu de naissance
5	Nationalité
6	Adresse
7	Qualités personnelles
8	Compétences
9	Loisirs
10	Éducation
11	Expérience professionnelle

A Je suis français.
B Je suis né le quinze juillet 2006.
C Je vais au Lycée Jean Perrin. C'est un grand lycée mixte moderne. Cette année, j'étudie huit matières.
D Mon nom est Marin.
E Je suis très organisé, patient, ponctuel et enthousiaste.
F Kenzo Camil
G J'aime faire de la natation, des randonnées et jouer au rugby.
H Le week-end, je fais du bénévolat dans un magasin de sports avec mon oncle.
I Je suis né à Dijon.
J Je travaille très bien en équipe. J'utilise Excel, PowerPoint, Microsoft Teams, Python.
K 5, rue des Rosiers, 69000 Lyon.

2 Listen to Sophia having a video interview for a part-time job in a cafeteria. Fill in her details in English.

Full name:		2
Date and place of birth:		2
Nationality:		1
Telephone number:		1
Personal qualities:		any 3
Education:		any 8
Leisure activities:		any 4
Professional experience:		2
Why she wants this job:		2
Any questions:		1

3 a Read the three job adverts and match them with the three students looking for a job. Justify your choices in English.

A Vendeuse pâtisserie-chocolaterie

Qualités : patiente, polie, ponctuelle

Contrat : dimanche matin (8h-13h)

B Réceptionniste de camping

Contrat : trois mois (de début début juin à fin août)

Bilingue : anglais/ français

C Jardinier

Contrat : week-end

Expérience non indispensable

1 Adolescent qui adore la nature cherche emploi le week-end.
2 Adolescente polie et sociable cherche emploi le week-end.
3 Étudiant bilingue cherche job avec public pour l'été.

3 b Read the job adverts again. List in English:
    1 the three jobs mentioned
    2 when the successful candidate would work
    3 the qualities required for job adverts A and B
    4 the required experience in job advert C

4 Choose the correct ending for each question. Check that you know what they mean.

1 Comment vous…
2 Quelle est votre date …
3 Quel est votre numéro…
4 Quelles sont vos…
5 Quelles matières…
6 Qu'est-ce que vous aimez…
7 Avez-vous de l'expérience…
8 Pourquoi voulez-…
9 Avez-vous des…

A appelez-vous ?
B professionnelle ?
C questions ?
D étudiez-vous ?
E vous ce travail ?
F de naissance?
G de téléphone ?
H qualités personnelles ?
I faire pendant votre temps libre ?

5 Practise a dialogue in French with a partner. One person is the recruiting agent and the other is the candidate. Use the questions below to help you. Then swap roles.

1 A Comment vous appelez-vous ? B Je m'appelle….
2 A Quelle est votre date de naissance ? B Je suis né(e) le….
3 A Quel est votre lieu de naissance ? B Je suis né(e) à ….
4 A Quel est votre numéro de téléphone ? B Mon numéro de téléphone est le….
5 A Quelles sont vos qualités personnelles ? B En général je suis très/assez …..
6 A Quelles sont vos compétences ? B Je suis très fort(e) en…. J'utilise bien….
7 A Quelles matières étudiez-vous ? B J'étudie…. Ma matière préférée est….
8 A Qu'est-ce que vous aimez faire pendant votre temps libre ? B J'aime … et j'adore ….
9 A Avez-vous de l'expérience professionnelle ? B Oui, j'ai déjà travaillé dans…./ Non, mais j'aide le samedi dans un….
10 A Pourquoi voulez-vous ce travail ? B Je voudrais travailler avec le public et avec des adultes.
11 A Avez-vous des questions ? B Oui, est-ce qu'on doit porter un uniforme ? À quelle heure commence le travail ?

6 Write your own CV in French. Use the headings from exercise 1 to help you.

En Vol

3.2c Je pose ma candidature

★ **Learning how to apply for a job**
★ *quand* + future tense

Gwanaëlle Durand

7, rue du Quinconce

49100 Angers

le 21 juin 2020

Monsieur, Madame,

J'ai vu votre annonce sur Internet. Je voudrais travailler pendant l'été, donc j'ai décidé de poser ma candidature pour le poste de réceptionniste dans votre camping.

Au collège, mes matières préférées sont l'anglais et l'espagnol. L'année prochaine, je voudrais aller au lycée pour étudier les langues. J'ai donc l'intention de les pratiquer pendant les grandes vacances. Quand je serai plus âgée, j'aimerais bien travailler dans le tourisme. J'aime aussi l'EPS et j'ai envie de travailler en plein air. Mon sport préféré, c'est le volley. Je fais partie d'une équipe de volley depuis deux mille seize, ce qui me plaît. J'adore danser aussi.

Je m'entends très bien avec les enfants et je suis très patiente. Ma sœur et moi, nous faisons régulièrement du babysitting pour les voisins le week-end et pendant les vacances quand nous avons plus de temps.

Je pourrai commencer à travailler en juillet quand je serai en vacances. Je serai libre pendant les grandes vacances jusqu'à la fin août.

Merci de m'envoyer des renseignements supplémentaires sur les horaires et la rémunération.

Je vous prie d'agréer, Monsieur, Madame, l'expression de mes sentiments distingués.

Gwanaëlle Durand

---

1 When applying for a job, you send your CV and a cover letter to explain what attracted you to the job and why you are suitable for it. Read Gwenaëlle's cover letter (*lettre de motivation*). Answer the questions in English.

1	What is Gwenaëlle's plan for next year?	1
2	What would she like to do later on in life?	2
3	What does she say about sports? State any **two** things.	2
4	How does she get on with children?	1
5	What does she say about babysitting?	2
6	When is she available to work?	2
7	What further information does she ask for?	2

2 Marc is talking to Noémie about a job with Air France. Listen to their conversation and decide if the statements below are true or false. Give a reason in English as to why the statement is false.

1 Marc wants to work for a year before going to university.
2 Marc will have to explain why he is the best candidate for the job in his covering letter.
3 The Air France advert is asking if you speak several languages.
4 The advert is clear about the wages and the working hours.
5 Marc speaks very good Spanish.
6 Marc has always been keen on travelling and working in hotels.
7 Marc likes working with children.
8 Marc feels he has all the required qualities including patience.
9 Marc has work experience in the world of tourism.
10 Marc's CV is ready to be sent.

3 Now read the sentences and fill in the gaps in French with the correct verbs. There is more than one possibility in some sentences.

1 Je .... cet emploi parce que j'.......... travailler avec le public.
2 L'année prochaine j'.......... l'intention d'aller au lycée.
3 Plus tard dans la vie j'.......... travailler dans l'hôtellerie.
4 Je .... très fort en informatique donc je .... travailler dans un bureau.
5 Je .... trouver un petit boulot l'été prochain pour gagner de l'argent.
6 J'.......... envie de gagner mon propre argent pour être plus indépendante.
7 L'année dernière j'ai .... un stage dans un magasin de vêtements et j'ai .... les clients.

ai	fait	vais	adore
aimerais	suis	veux	
voudrais	ai	aidé	

4 Choose a job you would like to do. Work with a partner. Ask and answer the questions in French.

1 A Quel travail préfères-tu et pourquoi ? B Je préfère… parce que j'aime/ j'adore… .
2 A Quelles qualités as-tu pour ce boulot ? B Je suis très…/assez…/ toujours… .
3 A Quelle expérience as-tu pour ce boulot ? B Je n'ai pas d'expérience./J'ai déjà travaillé dans… .
4 A Quand pourras-tu commencer le travail ? B Je pourrai travailler la semaine prochaine/en juillet/… .

5 Read the three job adverts below and apply for one of the jobs. Write a covering letter in French similar to Gwenaëlle's above, showing that you are the best candidate for the job.

Photographe – portraitiste

Contrat : 6 juillet–28 août

Aimer contact avec clients

Animateur camping

Contrat : 29 juin–2 septembre

Aimer les enfants, créatif

Aide de cuisine

Contrat : 11 juin–23 septembre

Dynamique, motivé, esprit d'équipe

3.2d Mon stage en entreprise

En Vol

★ Talking about work experience you have done
★ Perfect and imperfect tenses; opinion phrases; conjunctions

Je sais ce que je veux faire plus tard. Quand je quitterai l'école, je veux travailler comme infirmière. Donc je voulais gagner de l'expérience dans le monde du travail. Alors l'année dernière, pendant les grandes vacances, j'ai décidé de chercher un petit boulot dans une maison de retraite. J'ai parlé avec mon professeur de sciences et il m'a conseillé d'écrire une lettre et d'envoyer mon CV à plusieurs entreprises locales. Deux semaines plus tard j'ai reçu une réponse positive et j'ai commencé mon travail début juillet.

Je dois dire que le travail m'a énormément plu. Je parlais beaucoup avec les gens, mais je faisais aussi des tâches pratiques comme aider à préparer des repas, organiser des activités de loisirs et ranger les chambres.

J'aimais beaucoup faire de petites promenades dans le jardin avec une vieille dame qui s'appelait Françoise. C'était une ancienne institutrice et elle me racontait des histoires sur sa vie et son travail avec les enfants. C'était vraiment enrichissant.

Je dois aussi dire que ce n'était pas toujours facile. Une fois un vieil homme est tombé malade et j'ai dû téléphoner au médecin, et l'ambulance est venue le chercher. C'était très stressant.

Cependant j'ai beaucoup appris et maintenant je sais que les infirmières doivent avoir certaines qualités comme par exemple la responsabilité, la patience et le respect.

1 Inès talks about work experience she did last summer. Read the text and answer the questions in English.

1	What does Inès want to do when she leaves school?	1
2	What did she decide to do during the summer holidays?	1
3	She spoke to her science teacher. What did he advise her to do?	2
4	When did Inès start work?	1
5	What did she do as part of her job? State any **three** things.	3
6	Why did she like walking round the garden with Françoise?	2
7	Inès says the job was not always easy. What example does she give?	2
8	What did she learn from her job?	2

2 Listen to five young people talking about what they did during the summer. Answer the questions in English.

1	**a**	Why did the girl like her time in India? State **two** things.	2
	b	What problem did she have?	1
2	**a**	The boy especially liked Senegal. Why?	1
	b	What does he now want to do?	1
3	**a**	What did the boy do while travelling in Europe? State any **two** things.	2
	b	What did he dislike and why? State **two** things.	2
4	**a**	What job did the girl do in the USA?	1
	b	Why did she not like the job? State **two** things.	2
5	**a**	Where did the girl work?	1
	b	What does she say about the money she earned?	1

3 Identify the tense used in each sentence 1–8. Then match up the French sentences with the English equivalent.

1 L'année dernière j'ai travaillé comme caissier.

2 Le travail était bien payé.

3 J'ai gagné de l'expérience dans le monde du travail.

4 Il a fait un stage en entreprise.

5 Je n'aimais pas me lever tôt le matin.

6 C'était un travail qui ne m'intéressait pas.

7 Je devais travailler de longues heures.

8 Je ne veux pas faire un tel travail à l'avenir.

A I had to work long hours.

B I did not like getting up early in the morning

C I do not want a job like that in the future.

D It was a job that did not interest me.

E I got experience in the world of work.

F Last year I worked as a checkout operator.

G The work was well paid.

H He did work experience.

4 Ask your partner the following questions in French, then change roles.

1 Tu as fait un stage en entreprise ?

2 Où as-tu travaillé ?

3 Tu as commencé à quelle heure ?

4 Combien d'heures par jour as-tu travaillé ?

5 Qu'est-ce que tu devais faire ?

6 Comment as-tu trouvé le travail ?

5 You have recently completed your work experience. Write a report in French for your teacher and include:

- where you worked
- when you started and finished your job
- what you did during your work experience
- how you got on with the people you worked with
- whether or not you found the job interesting

Décollage

Une année très stressante

Raphaël talks about working and studying. Read what he says and answer the questions below in English.

Je suis élève en terminale dans un grand lycée à Paris. Je dois dire que j'attends avec impatience la fin de l'année scolaire.

Cette année a été vraiment stressante pour moi. Je passe au moins douze heures par semaine à faire des devoirs. En plus, je dois aider mon père trois fois par semaine dans son restaurant. Le jeudi et le vendredi soir je travaille de huit heures jusqu'à dix heures et demie. Le samedi je commence à neuf heures du matin et je finis à quatorze heures.

Le travail n'est pas tellement difficile. J'aide mon père à préparer les plats et je débarrasse les tables. Ce que j'aime le plus, c'est servir les clients. La plupart d'entre eux sont très gentils et parfois je reçois même des pourboires ! Je ne reçois pas de salaire, mais toutes les semaines mon père me donne de l'argent de poche. Donc, ce n'est pas trop mal.

Cependant, je suis toujours fatigué et j'ai du mal à me concentrer sur mes devoirs. Par conséquent, je reçois de mauvaises notes et les profs me grondent. En plus, les examens approchent et je crois que je n'aurai pas assez de temps pour étudier. Je veux vraiment réussir mes examens pour aller à l'université l'année prochaine.

Je vois mes copains seulement pendant les vacances parce que je n'ai jamais le temps de sortir avec eux pendant l'année scolaire. C'est nul !

Je crois qu'il est vraiment important de trouver un équilibre entre les études, le travail et les loisirs !

1	What is Raphaël looking forward to?	1
2	What does he say about homework?	1
3	Raphael also has to help his father in the restaurant. When exactly does he work? State two things.	2
4	What kind of work does he do? State any one thing.	1
5	He likes serving the customers best. Why? State two things.	2
6	In what way does his job affect his school work? State any two things.	2
7	What does he say about his friends? State any one thing.	1
8	What does he think is important?	1

Comment choisir le bon métier ?

En Vol

Choosing the right job can be very difficult. How do you know you have made the correct choice? Here is advice from three different people. Read the following passage and answer the questions below in English.

Cyril, 45 ans

Moi, j'aurais aimé être scientifique. Après tout, j'ai toujours adoré les sciences et je suis plutôt curieux comme personne. Cependant, quand j'étais plus jeune, le plus important était de gagner beaucoup d'argent. C'est pour ça que j'ai choisi le mauvais métier. Moi, j'ai décidé d'être analyste-programmeur, un métier que je n'aurais jamais dû choisir. Je n'aime ni le travail, ni mon patron. Je fais la même chose tous les jours. Comme scientifique, je n'aurais pas gagné beaucoup d'argent et je ne serais peut-être pas parti en vacances tous les ans, mais j'aurais été plus heureux. Il faut absolument faire ce qui vous intéresse.

Françoise, 17 ans

En ce qui me concerne, l'enseignement est aussi une profession importante. Qui ne se souvient pas d'au moins un prof qui l'a inspiré ? Pour être prof il faut être enthousiaste et extrêmement patient. Patiente et enthousiaste moi-même, je voudrais peut-être faire ce métier, mais je n'ai rien décidé.

Jeanne, 18 ans

Le métier que j'admire le plus est celui de vétérinaire. Soigner les chiens ou les chats qui ne peuvent même pas vous expliquer ce qui ne va pas n'est vraiment pas comme soigner des personnes. Ce métier nécessite une réelle passion pour les animaux. Passionnée par les sciences et les animaux, je m'y intéresse vraiment. Je me suis renseignée sur les diplômes qu'il me faudra si je veux faire ce métier et je pense que si je travaille dur, je pourrai les obtenir.

Cyril

1	Why would a job as a scientist have suited Cyril?	2
2	What was the most important thing to him when he was younger?	1
3	Why does he not like his job as a programme analyst? State **two** things.	2
4	What does he say he would not have been able to do as a scientist?	2
5	What piece of advice does he give at the end?	1

Françoise

1	What job is Françoise talking about?	1
2	What qualities do you need for this job?	2
3	Is Françoise planning on doing this job?	1

Jeanne

1	What job does Jeanne admire?	1
2	What does this job require?	1
3	Why is Jeanne interested in this job?	1
4	What will she need to do to be able to do this job?	1

Magazine

En Vol

Comment réussir un entretien d'embauche

Vous avez vu une annonce pour le petit boulot de vos rêves. Vous avez posé votre candidature et obtenu un entretien et vous devez maintenant vous y préparer. Voici quelques conseils.

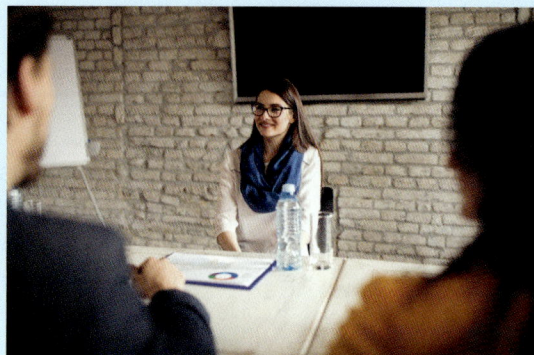

1. Préparez vos réponses

Vous devez montrer pourquoi vous êtes le meilleur candidat. Il faut donc être prêt. Vous êtes allé chez tous vos copains pour leur annoncer la bonne nouvelle, et maintenant vous devez commencer le travail de préparation. Le recruteur vous posera plusieurs questions.

- Expliquez pourquoi vous voulez ce poste. Écrivez quelques phrases pour expliquer vos motivations. Pensez à vos études, à vos projets d'avenir et à vos centres d'intérêts. Par exemple Kevin aime beaucoup les sciences et veut les étudier à l'université. Il est donc guide au musée des sciences.

- Pensez aux qualités qui font de vous le meilleur candidat. Êtes-vous travailleur ? Aimez-vous le sport ? Que recherche l'employeur ?

- Avez-vous de l'expérience ? Si possible, parlez d'un petit boulot qui ressemble au poste que vous voulez. Sinon, parlez de votre expérience professionnelle. Voici l'exemple d'Anna. Elle fait du babysitting toutes les semaines depuis un an donc elle comprend l'importance de l'écoute. Une qualité indispensable pour une bonne candidate.

2. Habillez-vous correctement

Pensez à vos vêtements. Un jean sale et un sweat déchiré ne sont pas acceptables. Vous devez avoir l'air élégant et soigné avec un pantalon noir et une chemise blanche.

3. Arrivez un peu en avance

Il vaut mieux arriver en avance. Vous aurez le temps de respirer un peu et de réviser vos notes. Isabella nous raconte : « Je suis arrivée à un entretien en retard, je ne pouvais pas me concentrer. »

Read the text about how to have a successful interview. Answer the questions in English.

a	What must you show when you prepare your answers?	1
b	What must you explain?	1
c	What must you think about? State any **two** things.	2
d	What four questions are mentioned?	4
e	Give two details about Anna.	2
f	Mention two things about how to dress for an interview.	2
g	What does it advise about when you arrive? Why?	2
h	What happened to Isabella?	2

En Vol

Ma vocation de journaliste

Alexandre Bonjour Maryse.

Maryse Bonjour Alexandre.

Alexandre Alors, vous êtes depuis peu présentatrice sur France Culture mais vous n'avez pas toujours été à la radio.

Maryse C'est ça. Après avoir fait mes études de journalisme, j'ai travaillé en tant que reporter. J'aimais mon métier de reporter puisque je pouvais rencontrer de nouvelles personnes, mais après avoir passé trois ans en tant que reporter international, j'ai voulu changer de travail car je n'étais pas souvent chez moi.

Alexandre Alors, selon vous, quels sont les avantages et les inconvénients de votre travail actuel en tant que présentatrice radio ?

Maryse Il y a beaucoup d'avantages dans ce métier. Pour moi, c'est une passion alors j'aime tout ce que je fais. Après avoir travaillé seule en tant que reporter, je suis ravie de parler directement à mes auditeurs et de faire du direct. En effet, la radio implique de travailler en direct tous les jours, même si l'on risque à tout moment d'avoir des problèmes techniques. L'autre inconvénient est qu'après m'être levée de très bonne heure pour préparer les gros titres, je suis très fatiguée à la fin de la journée !

Alexandre Et pour le métier de journaliste en général ?

Maryse Le métier de journaliste est un métier fabuleux parce que tu apprends des choses nouvelles tout le temps, et que tu peux rencontrer des personnes célèbres ! Par exemple, quand j'étais journaliste pour un quotidien national, j'ai interviewé de nombreux chefs d'état, rois, reines et vedettes de cinéma ! L'inconvénient, c'est que tu manques toujours de temps ; il n'y a jamais assez d'heures dans la journée !

Maryse is being interviewed about her job as a radio presenter on *France Culture*. Read what she says and answer the questions in English.

1	Maryse used to work as a reporter. What did she like about her job?	1
2	Why did she decide to change jobs?	1
3	According to Maryse, what are the advantages of working as a radio presenter?	2
4	What does she say are the disadvantages?	3
5	What does she say about a journalist's job in general?	3
6	What examples does she give?	3
7	What final disadvantages of the job does she mention?	2

Magazine

Coin révision 3.1

Writing

It is important to get as much practice at writing in French as you can. Start off with simple sentences that you know well and gradually add more detail to improve your writing.

Examples

1 Your teacher has asked you to write a few sentences in French about the following part-time job.

Serveur/Serveuse dans un restaurant

vendredi/samedi

16:00–21:00

Your answer might read something like this:

Je suis serveur/serveuse dans un restaurant. Je travaille le vendredi et le samedi. Je commence à quatre heures et je finis à neuf heures. Je gagne dix euros de l'heure.

You could improve on this by joining sentences together, starting them differently and adding more detail in French.

Le vendredi et le samedi je travaille dans un restaurant comme serveur/serveuse. Je travaille cinq heures chaque soir. Je commence à seize heures et je finis à vingt et une heures. Au travail je gagne dix euros de l'heure. C'est génial.

Now write a few sentences in French about each of the following jobs, using the example above to help you.

Supermarché

Vendeur/Vendeuse

jeudi/vendredi 18 h 00–20 h 00

Travailleur/Travailleuse

Camping

Animateur/Animatrice

juillet/août

Patient(e)/Organisé(e)

Café

Serveur/Serveuse

samedi 09h00–17h00

€10 euros de l'heure

2 As you gain more confidence in your writing in French, you should try and add a bit more detail. Now write about each of the jobs in exercise 1 adding more detail. You could use some of the suggested phrases below.

- how you get to work

> J'y vais à vélo/en bus/en train/en voiture.

- how you get on with people you work with

> Mon patron est sympa./Mes collègues sont gentils.

- what you have to do in your job

> Je dois faire la vaisselle/servir les clients/jouer avec les enfants.

- what qualities you need

> Il faut être travailleur/travailleuse/organisé(e)/patient(e).

- what you think of your job

> J'adore/Je déteste mon travail. C'est super/nul/....

3 You may be asked to fill out a form in French as in the following example.

Décollage

You are going to France to do work experience. You have been asked to fill out a form in French with some personal details.

Nom	
Âge	
Date de naissance	
Qualités personnelles	
Matières étudiées	
Expérience	
Quelle sorte de travail voulez-vous ?	

En Vol

4 In the National 5 exam you will be asked to write a response to a job advert. You will have 1 hour 30 minutes to complete your answer. You will have had plenty of practice in class at this, but here are some ideas to help you.

- → Read the job advert carefully. Make sure you understand the details. Refer to the job in your answer.
- → There are six bullet points. You must address all six of them. Do not be tempted to leave any of them out or you will lose marks.
- → You have to write 120–150 words in French. Try to write an equal amount for each bullet point if you can.
- → The first four bullet points will normally be the same each year. Make sure you practise these bullet points as much as possible.
- → The last two bullet points will be less predictable. Make sure you have a bank of phrases and questions you can use so that you answer them well.
- → Do not be tempted to use your dictionary to make up sentences. That rarely works well!

Example

You are preparing an application for the job advertised below and you write an e-mail in French to the company.

Hôtel Mercure Lyon

Cherche: serveur/serveuse ; réceptionniste

Profil: connaissance du français et de l'anglais essentielle

Envoyez CV et lettre de motivation à amélie.dupont@mercurelyon.fr

---

To help you to write your e-mail in French, you have been given the following checklist. You must include all of these points:

- personal details (name, age, where you live)
- school/college/education until now
- skills/interests you have which make you right for the job
- related work experience
- dates you are available to work
- questions about the job

Use all of the above to help you write the e-mail in French. The e-mail should be approximately 120–150 words. You may use a French dictionary.

Chère Madame Dupont,

Suite à votre annonce sur Internet, je voudrais poser ma candidature pour le poste de serveur/serveuse* dans votre hôtel.

Mon nom est .... J'ai seize ans, mais j'aurai dix-sept ans en juillet. J'habite un petit village dans le sud-est de l'Écosse près de .... C'est un endroit très joli et en été il y a beaucoup de touristes.

Cette année je suis en troisième et j'étudie sept matières, dont le français et l'anglais. Je suis fort(e) en langues et j'espère recevoir de bonnes notes aux examens que je vais passer au mois de juin.

Ce poste m'intéresse car je voudrais gagner de l'expérience dans le monde du travail. Je suis travailleur/travailleuse, patient(e)* et sociable. En plus, j'aime le contact avec le public.

L'été dernier j'ai travaillé dans un petit café dans mon village. Je devais servir les clients et aider en cuisine. Je trouvais le travail très intéressant car je pouvais parler français avec les touristes. Je dois dire que j'ai vraiment amélioré ma connaissance de la langue.

Les examens finissent à la fin de juin, donc je serai disponible au début de juillet. Je peux travailler jusqu'à la rentrée mi-août. Après la rentrée je serai disponible le week-end.

Je voudrais savoir combien d'heures par semaine je dois travailler et si je dois porter un uniforme.

Je vous prie d'agréer, Madame Dupont, l'expression de mes sincères considérations.

* If you are female, make sure you use the feminine form of the job. Any adjectives you use should also be in the feminine form.

* Where the addressee is generic, you need to start the letter with *Madame, Monsieur* and finish the letter with *Je vous prie d'agréer, Madame, Monsieur, l'expression de mes sincères considérations*.

Checklist

Leave some time at the end of the exam to check over what you have written.

The checklist below will help you ensure that you have missed nothing out.

> → Have you addressed the e-mail to the name of the person in the job advert?
> → Have you addressed the person appropriately (*Monsieur* or *Madame*)?
> → Have you applied for the job advertised?
> → Have you addressed all six bullet points?
> → Have you used your dictionary wisely?

Make sure you check:
- → spelling and accents
- → verb endings
- → adjective endings
- → genders
- → plurals

Now write an e-mail in French in response to the following job advert.

Office de Tourisme Rouen

Poste: Guide touristique

Compétences: bien organisé, responsable, connaissance de l'anglais et de l'allemand

Envoyez CV et lettre de motivation à marcleclerc@officedetourismerouen.fr

To help you to write your e-mail, you have been given the following checklist. You must include all of these points:

- personal details (name, age, where you live)
- school/college/education until now
- skills/interests you have which make you right for the job
- related work experience
- reason you are applying for the job
- request for information about salary and hours you will have to work.

Use all of the above to help you write the e-mail in French. The e-mail should be approximately 120–150 words. You may use a French dictionary.

Coin révision 3.2

Listening

It is important to get as much practice as possible at listening throughout the year. Your teacher may ask you to do one or two assessments to check your progress in this skill. They will want to check that you are able to understand the main points of the listening and give some more details. This will help you to develop your listening skills throughout the year.

Here are some practice tasks to get you started.

Embarquement

1 You listen to Jean-Luc talking about his part-time job.

   1 What kind of jobs are available where Jean-Luc lives? Give details (where you can you work, what you can do).

   2 What does Jean-Luc say about his job? (Where does he work? What does he do? When does he work? How much does he earn? Does he like/dislike his job?)

   3 Which statement best describes what Jean-Luc is saying? Tick the correct statement.

      A There are lots of part-time jobs in Toulouse.

      B There are very few part-time jobs in Toulouse.

      C There are no part-time jobs in Toulouse.

Décollage

2 You listen to a podcast in which Adèle talks about her work experience.

   1 What does Adèle tell you about her work experience? Give details (where she worked, what days and hours she worked, what she had to do).

   2 Is Adèle mainly positive or negative about her work experience? Give reasons for your answer.

   3 Which statement best describes what Adèle thinks of work experience?

      A She recommends work experience.

      B She does not recommend work experience.

      C Work experience is not worthwhile.

En Vol

The listening paper in the National 5 exam is worth 20 marks. It is then scaled to a mark out of 30. There are two parts to the paper — a monologue worth 8 marks and a conversation worth 12 marks. These will cover one of the four contexts you have studied: Society, Learning, Employability or Culture. Questions are in English and you should answer in English. You are not allowed a dictionary. Here are some ideas to help you in this part of the exam.

- You will have 1 minute to study the questions before the listening starts. Use this time wisely to read the questions carefully. This will give you a good idea of what to listen for.
- Underline the question words in the question so that you have a good idea of what you are listening for, e.g. if the question asks 'when' you will be listening for a day, month, date, or time.
- Don't panic if you don't get the answers to all the questions first time. You will hear each recording three times.
- Take notes while the recording is playing, then go back and complete your answers. You have 2 minutes between the monologue and the conversation to write out your answers.

- If the topic is something you know a lot about, do not be tempted to answer the question from your own knowledge of the topic. It is important that you listen to what you hear and answer the questions accordingly.
- Make sure you know basic vocabulary such as numbers, times, days of the week, months of the year, seasons, common adjectives, nationalities, school subjects, weather expressions and question words. If you are unsure, read the question again, think about what you have heard and make an intelligent guess.

1   Sabine talks about the work she did last summer in Senegal. Listen to what she says and answer the questions in English.

   a   Why did Sabine decide to look for a job?   **1**

   b   Why did she go to Senegal? State any **one** thing.   **1**

   c   What did she like about her job? State any **one** thing.   **1**

   d   What did she not like about her job? State **two** things.   **2**

   e   She says it is an experience she will never forget. Why? State **two** things.   **2**

   f   What does she say she is going to do in the future?   **1**

2   Now listen to Amir talking to his friend about his new job. Answer the questions in English.

   a   Where exactly is Amir working?   **1**

   b   What did he do to find the job?   **1**

   c   What questions was Amir asked at the interview?   **2**

   d   In what way did working in his father's bakery help him get the job? State any **two** things.   **2**

   e   What else does he say helped?   **1**

   f   What does he have to do in his job? State any **two** things.   **2**

   g   How many hours a week does he work?   **1**

   h   What does he want to do with the money he earns?   **2**

Vocabulary

3.1a Les métiers

l'analyste-programmeur (-euse) program analyst
l'animateur (-trice) activity leader
l'archéologue (m/f) archeologist
l'artiste-peintre (m/f) painter
l'avocat(e) lawyer
le/la banquier (-ière) banker
bien payé(e) well-paid
le bureau office/desk
calme calm
le/la chanteur (-euse) singer
le/la chercheur (-euse) researcher
le/la chirurgien(ne) surgeon
le/la chômeur (-euse) unemployed person
le/la coiffeur (-euse) hairdresser
le maçon builder
le/la créateur/créatrice de sites Internet web designer
le/la commerçant(e) shopkeeper
le/la danseur (-euse) dancer
en plein air in the fresh air/outside
l'entraîneur (-euse) trainer
l'hôtesse de l'air (f) flight attendant
l'ingénieur(e) engineer
l'interprète (m/f) interpreter
le/la moniteur (-euse) de ski ski instructor
le/la musicien(ne) musician
la patience patience
patient(e) patient
le/la peintre painter
le/la pharmacien(ne) pharmacist/chemist
le/la photographe photographer
la profession profession
professionnel(le) professional
le salaire salary
le/la scientifique scientist
le/la secrétaire secretary
le soldat/la femme soldat soldier
le steward air steward
le tribunal court
le/la traducteur (-trice) translator
l'usine (f) factory
le vendeur (-euse) sales assistant
le/la vétérinaire vet

3.1b Les petits boulots / 3.1c Les petits boulots et les études

améliorer to improve
l'annonce (f) advert
au bord de on the edge of
au chômage unemployed
l'avantage (m) advantage
la colonie de vacances holiday camp
la compétence skill
la connaissance knowledge
connaître to know
la culture culture
découvrir to discover
depuis since
économiser (de l'argent) to save (money)
embauché(e) employed/hired
embaucher to take on/to hire
l'employé(e) employee
employer to employ
l'équilibre (m) balance
l'esprit (m) (ouvert, d'équipe) open/team-minded
à l'étranger abroad
faire des économies to save
gagner to gain (experience)/to earn (money)
le/la guide (touristique) tourist guide
les grandes vacances summer holidays
l'inconvénient (m) disadvantage
manquer à qqn to be missed by someone
le monde du travail world of work
négatif (-ive) negative
passionnant(e) exciting/engaging
persuader to persuade
le petit boulot holiday job/casual work
positif (-ive) positive
le poste post/position
la randonnée hike
réfléchir à to reflect on/to think about
se renseigner sur to find out about
se reposer to rest

3.1d/3.1e Les projets d'avenir (1) et (2)

l'apprentissage (m) apprenticeship
au moins at least
avoir envie de to feel like/to want to/to fancy
le/la bachelier (-ière) someone who has passed the *baccalauréat*
compréhensif (-ive) understanding
la faculté university
la formation training
la licence bachelor's degree
la maîtrise master's degree
le marché du travail work place
le master master's degree
le niveau level
poursuivre to pursue
sélectif (-ive) selective
supporter to support/tolerate
temporairement temporary
le travail work
les travaux pratiques (m) practical work
le trimestre term
universitaire university/academic

3.2a Je cherche un emploi / 3.2b Je cherche un emploi en France

Comment vous appelez-vous ? What is your name?

Quelle est votre date de naissance ? What is your date of birth?

Quel est votre lieu de naissance ? What is your place of birth?

Quel est votre numéro de téléphone ? What is your telephone number?

Quelles sont vos qualités personnelles ? What are your personal qualities?

Quelles sont vos compétences ? What are your skills?

Quelles matières étudiez-vous ? What subjects do you study?

Qu'est-ce que vous aimez faire pendant votre temps libre ? What do you like to do in your spare time?

Avez-vous de l'expérience professionnelle ? Do you have any professional experience?

Pourquoi voulez-vous ce travail ? Why do you want this job?

Avez-vous des questions ? Do you have any questions?

3.2c Je pose ma candidature

aider to help
le babysitting babysitting
bilingue (m/f) bilingual
la candidature application
chercher to look for
communiquer to communicate
la communication communication
contacter to contact
le curriculum vitae (CV) curriculum vitae (CV)
la date de naissance date of birth
décider to decide
dehors outside
la description description
devoir (doit) must
donner to give

en équipe as a team
écrire to write
enthousiaste (m/f) enthusiastic
envoyer to send
faire partie de to be part/a member of
il faut one must
honnête (m/f) honest
les horaires (m) hours
la langue maternelle mother tongue
la lettre de motivation covering letter
libre free
organisé(e) organised
par semaine per week
à partir de from
le pays de résidence country of residence

la période (estivale) (summer) period
poser sa candidature to apply
les qualités (f) qualities
rechercher to look for
la rémunération pay/remuneration
les renseignements (supplémentaires) (additional) information
répondre to respond/to answer
responsable responsible
sociable social
travailler to work
travailleur (-euse) hard working
le voisin neighbour

3.2d Mon stage en entreprise

conseiller to advise
enrichissant(e) rewarding
faire une promenade to go for a walk/hike
la jeune fille au pair unqualified nanny from abroad

l'instituteur (-trice) primary teacher
malade ill
la maison de retraite nursing home
plus tard later (on)
plusieurs several
raconter to tell

la retraite retirement
la tâche task

Embarquement

4.1a On va loger où ?

★ Talking about different types of accommodation; what they are like; facilities; where they are

★ Prepositions (*près de, loin de, à côté de*); places + *au, à la, à l', aux; en/aux* followed by a country; *à* + town

Hôtel Mercure
Hôtel quatre étoiles****
Près de la plage
Wifi gratuit
Chambre double 93 euros par nuit

Auberge de jeunesse
49 chambres avec lits superposés
Près du centre-ville
Bar/terrasse
Petit déjeuner compris
25 euros par nuit

Villa
Villa spacieuse
Idéal pour les familles
Piscine privée
700 euros par semaine

Camping Cent Chênes
Situé à 22 km de Nice
Idéal pour les enfants
Calme
Restaurant/barbecue
Supermarché
399 euros par semaine

1 a You are planning a holiday to France. You find an online advert for accommodation in Nice. Complete the sentences in English.

Hôtel Mercure
1 The Hotel Mercure has four ………. .
2 It is near ………. .
3 Wifi is ………. .
4 A ………. costs 93 euros.

Auberge de jeunesse
1 There are 49 rooms with ………. .
2 It is near ………. .
3 It has a ………. and a ………. .
4 ………. is included.

Villa
1 The villa is ………. .
2 It is ideal for ………. .
3 It has a ………. .
4 It costs 700 euros ………. .

Camping Cent Chênes
1 It is located ………. .
2 It is ideal for ………. .
3 It has a ………. and ………. .
4 There is also a ………. .

1 b You decide to stay at the youth hostel. Complete the form with your details.

Fiche de réservation	
Nom :	
Prénom :	
Adresse :	
Téléphone :	
E-mail :	
Date d'arrivée :	
Date de départ :	
Nombre de nuits :	

2 Listen to five young people talking about their holiday accommodation. Complete the table in English.

	Type of accommodation	Where
1	campsite	in the countryside
2		
3		
4		
5		

G

3 Look at grammar sections J and A3.1 on prepositions. Complete the eight sentences with *du* (masculine); *de la* (feminine); *de l'* (words beginning with a vowel); *des* (plural).

Example: 1 du

1 L'hôtel est situé près .... lac. (*masculine*)
2 L'auberge de jeunesse est à un kilomètre .... ville. (*feminine*)
3 Notre caravane est au milieu .... terrain de camping. (*masculine*)
4 Le gîte qu'on a loué est à côté .... école. (*feminine*)
5 Notre appartement est loin .... magasins. (*masculine plural*)
6 Le terrain de camping est en face .... terrain de foot. (*masculine*)
7 Notre chambre d'hôte est au bord .... mer. (*feminine*)
8 On a laissé notre camping-car au parking près .... plage. (*feminine*)

4 Work with a partner to ask and answer questions about where you are going on holiday. Use the table below to help you.

1 Où vas-tu passer tes vacances ?
2 Où vas-tu loger ?
3 C'est où exactement ?
4 Pourquoi as-tu choisi ce logement de vacances ?

5 Imagine you are going on holiday. E-mail your friend and tell them where you are going to stay. Use words and phrases from exercise 1 to help you.

Je vais	au bord de la mer/à la campagne/à la montagne	en France/en Espagne/au Canada.
Je vais loger	dans un appartement/un camping/un gîte/un hôtel/une auberge de jeunesse/une caravane.	
C'est	près/loin/en face/à côté	de la plage/du centre-ville/des magasins/des montagnes.
J'ai choisi ce logement de vacances/cet hôtel	parce que (qu')/car	il y a un restaurant/une piscine/un supermarché. c'est calme/très bien/super.

4.1b À l'office de tourisme

Embarquement

★ Talking about places in the town; talking about what there is and is not; giving and understanding simple directions
★ *il y a un/une..., il n'y a pas de...*; places + *au, à la, à l', aux*; command forms (*allez, tournez, prenez*)

le château
les magasins
la poste
le parking

les restaurants

l'office de tourisme

le stade
le garage
l'hôpital
l'hôtel

1 a You pick up a map at the tourist office showing you places in the town. Look at the map and write down whether the sentences below are true or false.

1 Il y a une piscine dans la ville.
2 Il y a un grand parc.
3 Les touristes peuvent visiter le château.
4 Il n'y a pas de poste dans la ville.
5 Il y a des restaurants et des cafés.
6 Il y a beaucoup de magasins.
7 On peut aller au stade.
8 Il n'y a pas d'hôtel.

1 b You ask for directions to various places in the town. Match up the French and English sentences.

1 Où se trouve la piscine ?
2 Où est le musée ? Il est situé près de l'hôtel.
3 Pour aller au stade ? Prenez le bus.
4 Où est la poste ? Tournez à gauche.
5 Est-ce qu'il y a une patinoire ici ?
6 Pour aller au garage, prenez la première rue à droite.

A Where is the post office? Go left.
B Is there a skating rink here?
C To go to the garage, take the first street on the right.
D Where is the swimming pool?
E To get to the stadium? Take the bus.
F Where is the museum? It is near the hotel.

2 You are going to hear three conversations in which people discuss where to go and how to get there. Write down two letters for each conversation.

(A)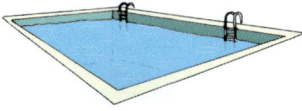

(B)

(C)

(D)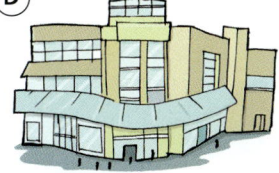

(E)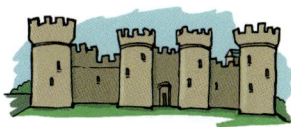

(F)

(G)

(H)

3 Look at grammar section A3.1. Complete the eight sentences with *au* (masculine), *à la* (feminine), *à l'* (words beginning with a vowel) or *aux* (plural).

Example: 1 aux

1 « Excusez-moi, pour aller ..... match, s'il vous plaît. Où est le stade ? » (*masculine*)
2 « Pardon, comment je fais pour aller ..... bibliothèque ? » (*feminine*)
3 « Monsieur, s'il vous plaît, pour aller ..... château ? » (*masculine*)
4 « Vous voulez aller ..... parc national ? Alors, c'est tout droit. » (*masculine*)
5 « Pour aller ..... magasins les plus proches, s'il vous plaît ? » (*plural*)
6 « Excusez-moi, pour aller ..... cinéma, c'est loin d'ici ? » (*masculine*)
7 « Pour aller ..... hôtel, s'il vous plaît ? » (*masculine*)
8 « Pour aller ..... gare, s'il vous plaît ? Mon train part dans 10 minutes. » (*feminine*)

4 a You are at the tourist office. Work in pairs and practise the following role play.

A Bonjour, madame/monsieur, je peux vous aider ? **B** Oui, pour aller au château, s'il vous plaît ?

A Vous sortez d'ici et vous tournez à droite. **B** Et quel est le chemin pour aller au Vieux-Port ?

A C'est à un kilomètre. Tournez à gauche et continuez tout droit. **B** Où est-ce qu'il y a un bon restaurant ?

A Allez au centre-ville. **B** Je voudrais aussi visiter la cathédrale.

A Allez tout droit jusqu'au petit rond-point et prenez la deuxième rue. **B** Merci. Au revoir, madame/monsieur.

4 b Now choose three places in the town and ask your partner how to get to them.

5 You are meeting a friend at a place in town. They are not sure how to get there. Write a short e-mail giving them directions. You can use the other activities to help you.

4.1c Quel genre de vacances ?

Décollage

★ **Talking about different types of holiday; revision of means of transport**
★ *au, en, aux + country; à + town; places in town + au, à la, à l', aux*

(A) (B) (C) (D)

(E) (F) (G) (H) ROMA NAPOLI

1 a Read what people have to say about various types of holiday. Which type of holiday does each person prefer? Choose the correct image. Careful! There are three images not mentioned.

1 Avec un camping-car, on peut aller où on veut. Ça, c'est un gros avantage. (*Jade*)
2 Moi, j'aime bien me baigner. J'adore les vacances au bord de la mer. (*Jules*)
3 Nous, nous prenons nos vacances à l'étranger. Cette année nous sommes allés en Italie. (*Clément*)
4 J'aimerais bien partir en vacances avec mes copains. (*Ali*)
5 Faire des randonnées en été et du ski en hiver, c'est super. C'est pour ça qu'on va toujours à la montagne. (*Enzo*)

1 b Read the comments again and note down three holiday destinations and three activities.

1 c Now read what the following people say about travelling to their holiday destination. Complete the table.

1 On prend l'avion parce que c'est rapide.
2 Nous y allons en voiture parce qu'on visite beaucoup de sites touristiques.
3 Moi, je préfère y aller en train. Je peux me relaxer.
4 Cette année on va en France en car. C'est moins cher que si on prenait l'avion.
5 Ma mère préfère y aller en voiture. Elle pense que le voyage en avion coûte trop cher.

	Means of transport	Reasons
1		
2		
3		
4		
5		

2 Listen to six people talking about their favourite type of holiday. Complete the table below.

	Type of holiday	Destination	Activities	Reasons
1				
2				
3				
4				
5				
6				

3 Look at grammar section A3. Complete the eight sentences with the correct word(s).

Example: 1 Elle a pris **des** vacances **au** bord de la mer **en** Espagne.

1 Elle a pris .... vacances .... bord de la mer .... Espagne.
2 Il est parti .... Belgique avec ses copains.
3 Elle est allée .... Inde avec sa famille.
4 Ils ont passé une semaine .... campagne .... Canada.
5 Il va faire une croisière .... îles Caraïbes.
6 Ils vont loger quelques jours .... hôtel .... Australie.
7 Nous allons faire un safari .... Kenya.
8 On a décidé d'aller .... Bordeaux, ... France.

4 Work in pairs. Ask and answer the following questions. Use the table to help you. Add extra details if possible.

1 Tu préfères quelle sorte de vacances ?
2 Tu aimes aller au bord de la mer ? Pourquoi/Pourquoi pas ?
3 Quelle est ta destination préférée pour les vacances ? C'est dans quel pays ?
4 Avec qui aimes-tu aller en vacances ?
5 Qu'est-ce que tu aimes faire en vacances ?

Je préfère J'aime Je n'aime pas	aller partir	au bord de la mer à la campagne à la montagne en Espagne / Italie… en vacances	parce que	j'adore je déteste	nager. faire du vélo / cheval.
			avec	ma famille.	
	jouer	au foot / au volley sur la plage.			
	faire	du ski.			

5 Send a message to your French friend about a holiday you are going on. You could include:

- where you are going on holiday
- what kind of holiday it is
- how you will get there
- what you are going to do
- what you think of it

4.1d Qu'est-ce que tu fais en vacances ?

Décollage

★ Talking about different holiday activities; weather expressions
★ Present/perfect tense of *faire; faire + du, de la, de l', des*

1 Read the following blog and answer the questions below in English.

Les jeunes et les vacances

Joli-coeur
J'aime être en plein air. D'habitude je fais des randonnées et je fais du sport comme de l'escalade ou du kayak. **En famille** nous faisons souvent du camping. L'année dernière nous avons trouvé un superbe emplacement pour notre tente au bord d'un lac à la montagne ! Un soir on a fait un barbecue sous la pluie ! **L'année prochaine on va louer** un camping-car.

Pirate10
Les vacances au bord de la mer c'est l'idéal. J'adore me faire bronzer. J'aime aussi faire des châteaux de sable avec mes petits frères ! Sur la plage **c'est facile de faire la connaissance d'autres ados**. Mais les vacances à la mer ce n'est pas bien **quand il fait mauvais**.

Roi du Surf
J'aime les vacances actives. Par exemple, l'année dernière, j'ai fait du ski nautique et pendant mes prochaines vacances je ferai de l'alpinisme. **Je n'aime pas faire la grasse matinée ! D'autre part, ce que je n'aime pas c'est** faire et défaire ma valise !

Joli-coeur
1 What activities does Joli-coeur normally do on holiday? State any **two** things.   2
2 What type of holiday does he often have with his family?   1
3 Where exactly did they go last year?   2
4 What did they do one evening?   1
5 What are they planning to do next year?   1

Pirate10
1 What is Pirate10's ideal holiday?   1
2 What does he like doing? State **two** things.   2
3 What does he say is easy to do?   1
4 When does he not like this type of holiday?   1

Roi du Surf
1 What kind of holiday does Roi du Surf like?   1
2 What did he do last year?   1
3 What is he going to do next year?   1
4 He does not like having a long lie-in. What else does he not like doing?   1

2 Listen to eight young people talking about their holidays. Choose the correct statement.

   1 **A** Moassim loves spending his holidays on the beach.
      B Moassim hates spending his holidays on the beach.
   2 **A** Pauline had a great holiday. She was able to do her favourite activities.
      B Pauline did not enjoy her holiday as her family spent all their time shopping.
   3 **A** Raoul went horse riding and his sister went windsurfing.
      B Raoul did not do any activities on holiday.
   4 **A** Nora does not like sunbathing and swimming in the sea.
      B Last year she spent every day in the campsite. It was boring.
   5 **A** Youssouf went hiking in the mountains with his parents.
      B Youssouf went windsurfing.
   6 **A** Leila did not enjoy her holiday and would not go back.
      B Leila had a great holiday and wants to do the same next year.
   7 **A** Hugo did lots of really great activities on holiday.
      B Hugo does not want to have another holiday like that. It was boring.
   8 **A** Maella had great weather on holiday.
      B Maella often had to stay in the hotel because it rained a lot.

3 Complete the following sentences with the correct part of the present tense of the verb *faire*.

   1 En vacances je .... beaucoup de sport.
   2 En été il .... beau presque tous les jours.
   3 Mes amis .... de l'escalade.
   4 Tous les samedis, mon frère et moi, nous .... du cheval.
   5 Elle ne .... pas beaucoup de sport.
   6 Ma mère .... du lèche-vitrine avec ma sœur.
   7 Pendant les vacances, vous .... de la planche à voile ?
   8 Mon ami, Jean .... du ski nautique avec son père.

4 Work in pairs. Ask and answer the following questions. Add extra details if possible.

   1 Quelles activités fais-tu en général pendant les vacances ?
   2 Qu'est-ce que tu fais quand il fait beau ?
   3 Qu'est-ce que tu fais quand il pleut ?
   4 Qu'est-ce que tu voudrais faire l'année prochaine ?
   5 Qu'est-ce que tu as fait pendant tes dernières vacances ?

5 Now write a short paragraph saying what activities you did when you were on holiday. Use the table below to help you.

J'ai fait Nous avons fait	du lèche-vitrine/du sport/du camping/du vélo/du ski nautique/du cheval/de la voile/ de la planche à voile/de la natation/des châteaux de sable/des achats/des randonnées/ des promenades.	
il fait/il a fait	beau/chaud/mauvais/froid	tout le temps/tous les jours/souvent.
il a plu		

4.1e Comment étaient tes vacances ?

Décollage

★ Talking about past holiday activities; weather; seasons
★ Perfect tense of *avoir* verbs; perfect tense of *aller (je suis allé(e))*

Corinne

Mon ami et moi avons visité la province du Québec en été, et c'était super. Nous avions vu des vidéos et voulions faire du kayak et voir des baleines. On ne pouvait pas sortir tous les jours. Il a beaucoup plu et il y a même eu de l'orage. On a, bien sûr, exploré la région et nous l'avons bien appréciée. Je voudrais bien y retourner mais en automne.

Michel

L'hiver dernier, j'ai fait du ski dans l'ouest du Canada avec mes parents. La saison de ski est longue là-bas. J'avais entendu dire qu'elle dure de décembre à mai. On a donc réservé nos vacances pour le mois de février. Non seulement il y avait beaucoup de neige sur les pistes, mais il y avait aussi du soleil presque tous les jours. Il n'a pas fait mauvais temps une seule fois. Évidemment, il faisait plus frais la nuit. C'était vraiment bien. Mon père aimerait y retourner mais en été, quand il fait chaud.

1 a Read the blog above and answer the questions in English.

Corinne
1 When did Corinne and her friend go to Quebec?   1
2 They had seen some videos. What did this make them want to do?   2
3 Why could they not go out every day?   2
4 What did they think of the area?   1
5 When would they like to go back?   1

Michel
1 Where did Michel go last winter to ski?   1
2 How long does the ski season last?   1
3 When did the family go?   1
4 What does he say about his holiday? State **two** things.   2
5 What was the weather like at night?   1
6 What does his father want to do?   2

1 b Read again what Corinne and Michel say about their holidays. Find the French for the following phrases in the past tense.

1 My friend and I visited
2 It was super
3 We could not go out
4 It rained (a lot)
5 We explored
6 I went skiing
7 We booked our holiday
8 There was
9 It was cooler at night.
10 It was really good.

2 Listen to Henri talking about last year's holiday. Are the statements true or false?

1 Last year he went to the west coast of Canada.
2 He stayed in a hotel at the beach.
3 They stayed there for a week in March.
4 It was cold on the coast.
5 In the interior of the country it was freezing at night.
6 They had taken winter clothes.
7 They could not go out because it was so cold.
8 Henri would not like to go back to Canada next year.

3 Look at grammar section K8 on the perfect tense. Complete the sentences with the correct part of the verb *avoir*.

1 L'année dernière on .... passé les vacances en Italie.
2 Nous .... logé dans un hôtel cinq étoiles.
3 J'.......... fait beaucoup d'activités différentes.
4 Un jour nous .... fait une randonnée à la montagne.
5 Mon père .... fait de l'escalade.
7 Mes petits frères .... nagé dans la piscine.
8 Tu .... déjà visité l'Espagne ?

4 Work in pairs. Ask and answer the following questions. Use the table below to help you. Add extra details if possible.

1 L'année dernière, où as-tu passé tes vacances ?
2 Combien de temps as-tu passé là-bas ?
3 Quel temps faisait-il ?
4 Où as-tu logé ?
5 Tu as aimé la région ? Pourquoi/Pourquoi pas ?

5 Now write a short paragraph saying where you went on holiday last year and what you thought of it. Use the table below to help you.

L'année dernière/L'été dernier/L'hiver dernier	nous avons visité	la France/le Canada/les États-Unis.
	j'ai passé mes vacances/je suis allé(e)/nous sommes allé(e)s	en France/en Italie/en Espagne. au Canada. aux États-Unis.
On a logé	dans un hôtel/un chalet/une villa	près d'un joli lac/à côté d'une forêt/sur la côte.
Il a fait	du soleil/du vent. un temps splendide/affreux.	
Il a plu./Il a neigé.		

137

4.1f Pourquoi partir en vacances ?

En Vol

★ Talking about why holidays are important; expressing opinions and giving reasons
★ Opinion phrases; adjectival agreement; future tense

Pourquoi les vacances sont-elles si importantes ? Pour un tas de raisons !

Marianne

Pour moi, les vacances sont essentielles. Je travaille de longues heures dans un hôpital et je n'ai pas beaucoup de temps pour faire ce que je veux. Je dois absolument m'éloigner du stress de travail, même si c'est seulement pour quelques jours. Rien de mieux que de s'asseoir à la terrasse d'un café avec un cocktail ou de goûter des spécialités de la région. C'est le vrai paradis ! La semaine prochaine j'irai en Italie et je passerai quinze jours chez ma copine. Ça me fera du bien d'échapper à la routine quotidienne.

Pierre

Pour moi, les vacances sont l'occasion de découvrir de nouveaux pays et d'autres coutumes. L'année dernière je suis allé en Guadeloupe aux îles Caraïbes. Cela a été une expérience inoubliable qui m'a permis de connaître une culture tout à fait différente de la culture française. Un gros avantage ? On parle français là-bas, donc j'ai pu parler avec les gens de la région. L'année prochaine je travaillerai là-bas comme guide touristique. Ce sera une expérience inoubliable.

Madeleine

Je suis étudiante en espagnol à l'université de Nantes. Donc, pour moi, les vacances sont indispensables. Il est essentiel que j'aie l'opportunité de pratiquer la langue. J'essaie d'éviter les grandes villes et les lieux touristiques et d'explorer les petits villages loin de la côte. Comme ça, je peux améliorer ma connaissance de la langue et mieux comprendre la culture espagnole. En plus, je crois qu'à l'avenir, grâce à mon espagnol, je trouverai plus facilement un emploi. C'est génial !

1 Read the magazine article about holidays. Answer the questions in English.

Marianne
1 Why are holidays essential to Marianne?   3
2 What does she say there is nothing better than doing?   2
3 What will she be doing next week?   1
4 What does she say about it?   1

Pierre
1 What do holidays mean for Pierre?   1
2 Where did he go last year?   1

3 Why was it an unforgettable experience?   1
4 What was the big advantage of going there?   2
5 What are his plans for next year?   1

Madeleine

1 Why are holidays indispensable to Madeleine?   1
2 What does she do on holiday?   2
3 Why does she do this?   2
4 In what way does she think this will help her in the future?   1

2 Listen to three people talking about life in Madagascar. Answer the questions in English.

1 Malgache is one of the official languages of Madagascar. What else is said about it?   2
2 What is the main type of food eaten in Madagascar?   1
3 What else do they eat as a main course? State any **two** things.   2
4 What do they eat for dessert?   1
5 What is celebrated on 26 June?   1
6 What happens in the capital on that day?   1

3 Look at grammar section K5 on the future tense. Complete the sentences below using the correct form of the verb in brackets.

1 L'année prochaine nous .... en Afrique. (*aller*)
2 Ma famille .... trois semaines là-bas. (*passer*)
3 La première semaine nous .... un safari. (*faire*)
4 J'espère qu'on .... beaucoup d'animaux exotiques. (*voir*)
5 Mon père .... de belles photos. (*prendre*)
6 Les autres semaines nous .... nous relaxer à la plage. (*pouvoir*)
7 J'.......... l'occasion de faire de la planche à voile. (*avoir*)
8 Je pense que les vacances .... incroyables. (*être*)

4 Work in pairs. Ask and answer the following questions about the importance of holidays.

1 Tu crois que les vacances sont importantes ? Pourquoi/Pourquoi pas ?
2 Pourquoi vas-tu en vacances ?
3 Où voudrais-tu aller ? Pourquoi ?
4 Quelle est ta destination de rêve ?
5 L'année prochaine, tu partiras en vacances ? Où iras-tu ?

5 Write a paragraph about the importance of holidays. Use the table below to help you.

On va en vacances	pour	se détendre/se relaxer. oublier la routine. connaître une autre culture. découvrir de nouveaux pays/de nouvelles coutumes. goûter des spécialités régionales. se faire de nouveaux amis. apprendre une autre langue. élargir tes/ses horizons.
Les vacances sont importantes	si tu veux/si on veut	
L'année prochaine	j'irai/je partirai	en/au/aux…
	je visiterai	le/la/les…

En Vol

4.1g Un voyage inoubliable

★ **Talking about a trip that has already happened**
★ **Perfect tense of *avoir/être* verbs; *venir de* + infinitive**

Les vacances au paradis

Où as-tu passé tes vacances cette année, Eugénie ?
Je viens de passer trois semaines inoubliables en Nouvelle-Calédonie, une île française qui se trouve dans le Pacifique Sud.

Quel temps a-t-il fait ?
Il a fait chaud et le soleil brillait la plupart du temps. Il a plu beaucoup aussi parce que c'est une île tropicale. On a passé beaucoup de temps dehors, mais normalement on sortait seulement le matin et le soir. Il faut faire attention parce qu'en été il fait très chaud pendant la journée.

Et qu'est-ce que tu as fait pour t'amuser ?
J'ai fait beaucoup de sport. J'adore me bronzer ou bien nager dans la mer, mais on peut faire beaucoup d'activités. Il y a quelque chose pour tout le monde : balades, planche à voile, plongée sous-marine. On peut bien sûr se reposer et admirer le magnifique paysage.

Tu as goûté beaucoup de spécialités régionales ?
Oui, bien sûr. J'ai mangé beaucoup de poisson et de fruits de mer. Je dois dire que la cuisine est délicieuse. Le seul problème, c'est que certains produits coûtent assez cher.

Tu recommanderais de passer des vacances en Nouvelle-Calédonie ?
Sans aucun doute ! C'était incroyable. La culture est complètement différente de la culture française. La journée commence très tôt. Il y a des gens qui se lèvent vers quatre heures du matin, par exemple. Après s'être levées si tôt, ces personnes déjeunent vers onze heures et demie et dînent vers dix-huit heures trente. Elles se couchent tôt aussi, vers vingt heures trente.

1 Eugénie has just returned from an unforgettable trip. She is being interviewed about her experiences. Read what she says and answer the questions in English.

1	Where exactly did Eugénie spend her holidays?	1
2	What is the weather like there?	2
3	What does she say about spending time outside?	1
4	Why is this the case?	1

5 What examples does Eugénie give of activities you can do? State any **two** things.   2

6 What else could you do? State any **one** thing.   1

7 She goes on to talk about the food. What problem does she mention?   1

8 The culture is very different in New Caledonia. Give details. State any **three** things.   3

2 You are going to hear Mme Depeyre, M. Morin and Mme Vernon saying what they thought of last year's holiday. Answer the questions in English.

1 What did Mme Depeyre think of her holiday?   2

2 What did she particularly like?   1

3 Why did she find the visit to New Delhi tiring?   1

4 M. Morin says the first week of his holiday was exceptional. Why?   1

5 Why did he not like the second week so much?   1

6 What does he say about the journey?   2

7 Mme Vernon spent her holiday travelling by train. What does she say about it?   1

8 What does she say about the hotels?   2

9 Why did she not go on organised trips? State **one** thing.   1

3 Perfect tense. Look at grammar section K8. Complete the following sentences with the correct form of the perfect tense.

1 L'année dernière je .... en Italie avec ma famille. (*aller*)

2 Nous .... en avion. (*voyager*)

3 Nous .... trop tôt à l'aéroport. On a attendu quatre heures avant de partir ! (*arriver*)

4 Le voyage .... trois heures. C'était ennuyeux. (*durer*)

5 On .... dans un hôtel cinq étoiles. (*loger*)

6 Nous .... beaucoup d'activités. (*faire*)

7 Ma sœur .... plein de souvenirs. (*acheter*)

8 J'adore la cuisine italienne. J'.......... des spécialités régionales. (*goûter*)

4 Work in pairs. Ask and answer the questions.

1 Où es-tu allé(e) en vacances et pour combien de temps ?

2 Avec qui et comment as-tu voyagé ?

3 Qu'est-ce que tu as fait comme activités ?

4 Qu'est-ce que tu as aimé ? Qu'est-ce que tu n'as pas aimé ?

5 Est-ce que tu y retourneras l'année prochaine ?

5 Write one paragraph describing your last holiday. You could include:

- where you went and who you went with
- how you travelled and what the journey was like
- what you did during your holiday
- what you thought of the food
- whether you would go back next year or not

4.2a Au restaurant

Embarquement

> ★ Talking about items of food and drink; ordering snacks/meals in a café/restaurant; likes/dislikes of food and drink; asking cost of items
> ★ Understanding questions in the *vous* form; present/conditional tense of *vouloir*; numbers

1 You are ordering food and drinks in a café. Match the pictures with the sentences.

1 A *Qu'est-ce que vous désirez, madame ?*
  B *Un sandwich au fromage, s'il vous plaît.*
2 A *Et pour vous, monsieur ?* **B** *Je voudrais un croque-monsieur, s'il vous plaît.*
3 A *Qu'est-ce que tu veux, Alain ?* **B** *Moi, je prends une pizza.*
4 A *Et toi, Aline ?* **B** *Moi, je veux des frites, s'il te plaît, papa.*
5 *Maman, je peux avoir une salade ?*
6 A *Vous prendrez un dessert, monsieur ?* **B** *Oui, une glace à la fraise, s'il vous plaît.*
7 *Et pour moi, une crêpe à l'orange.*
8 A *Vous désirez des boissons ?* **B** *Oui, une limonade, s'il vous plaît, monsieur.*

2 You are going to hear a conversation between three young people and a waiter in a café. Listen to what they order and choose the correct answer.

  1 The first girl orders **a salad | a pizza | a ham and cheese toastie**.
  2 She asks for **an orange juice | a cup of tea | a coffee**.
  3 The second girl asks for **chips | a pizza | a cheese sandwich**.
  4 She wants **water | coke | lemonade** to drink.
  5 The boy orders **a salad | a caramel ice cream | a pizza**.
  6 **He does not order a drink. | He orders an orange juice. | He orders milk.**

3 Match up the French sentences with the English equivalent.

1 Comme plat principal je voudrais du poulet rôti.
2 Qu'est-ce que vous désirez, madame ?
3 Vous voulez un dessert ?
4 Je peux avoir l'addition, s'il vous plaît ?
5 Je prends un steak-frites.
6 Pour commencer, je prends la soupe à la tomate.
7 Je peux avoir le menu, s'il vous plaît ?
8 Une table pour quatre personnes.

a I'll have steak and chips.
b To start with, I'll have the tomato soup.
c Can I have the menu, please?
d What would you like, madam?
e A table for four people.
f Would you like a dessert?
g Can I have the bill, please?
h As a main course I would like roast chicken.

4 Work in pairs to do a role play. A customer is in a café and is speaking to the waiter/waitress. One person plays the role of the waiter/waitress (A) and the other plays the customer (B).

A Bonjour, madame/monsieur. C'est pour combien de personnes ?
B Une table pour <u>quatre</u> personnes, s'il vous plaît.
A Voici le menu. Nous avons <u>des sandwichs grillés</u> et <u>des omelettes</u>. Et comme plat principal <u>du poisson</u> ou <u>du poulet</u>.
B Je voudrais un sandwich grillé, s'il vous plaît.
A Très bien, monsieur/madame. Nous avons des sandwichs grillés <u>au fromage</u> ou <u>au poulet.</u>
B Je prends un sandwich grillé <u>au poulet</u>, s'il vous plaît.
A Et qu'est-ce que vous voulez boire ? B <u>Un café noir</u>, s'il vous plaît.
A Vous voulez autre chose ? B Non merci. Ça fait combien ?
A <u>Dix</u> euros. B Voilà, merci. Au revoir.
A Merci. Au revoir, madame/monsieur.

Change roles and do the dialogue again. This time change the underlined words, choosing items of food and drink from the table below.

5 Write a few sentences in French saying what you eat and drink. Use the table below to help you.

D'habitude	le matin à midi le soir pour le petit déjeuner pour le déjeuner pour le diner en dessert	je mange je bois je prends	du poulet / du poisson / du fromage / du lait / du café / du chocolat chaud / du thé / du jus d'orange. des pâtes / des légumes / des fruits / des tartines. de la pizza / de la glace. de l'eau.
Mon repas préféré, c'est… Je n'aime pas manger…	le petit déjeuner le déjeuner le dîner du poulet avec du riz du poisson avec de la salade des pâtes / des lasagnes	parce que c'est bon / délicieux / bon pour la santé. parce que c'est horrible / trop sucré / trop salé / mauvais pour la santé.	

4.2b Vivre dans un autre pays (1)

Décollage

★ **Talking about other countries: where they are; features; languages; people; customs**
★ **Points of the compass; weather; food**

Fiche info ✓

Le Sénégal

1   Le Sénégal, un pays d'environ 13.7 millions d'habitants, se trouve dans l'ouest de l'Afrique. En fait, sa capitale, Dakar, est la ville la plus à l'ouest de l'Afrique. Voici un pays vraiment ensoleillé avec plus de 3 000 heures de soleil par an !

Le paysage sénégalais est varié, du désert dans le nord aux forêts denses dans le sud-ouest, où le climat est tropical, sans oublier bien sûr les lacs salés dans la savane. Quatre fleuves traversent ce pays : le fleuve Sénégal dans le nord, le fleuve Casamance dans le sud, le Gambie et le Saloum.

2   La langue officielle du Sénégal, c'est le français. Et c'est cette langue que parlent les élèves à l'école. Il y a aussi six langues nationales : le wolof, le pulaar, le sérère, le mandingue, le soninké et le diola.

3   Les Sénégalais sont vraiment accueillants et respectueux. Ils disent bonjour à tout le monde, même aux gens qu'ils ne connaissent pas. Saviez-vous qu'en plus de la musique, ils adorent la lutte sénégalaise, sport où il faut faire tomber son adversaire ? Ce sport est aussi populaire au Sénégal que le foot.

4   Les Sénégalais mangent par terre. Ils utilisent leur main droite et partagent tous un plat commun. Un repas typique ? Du riz avec des légumes et de la viande ou du poisson.

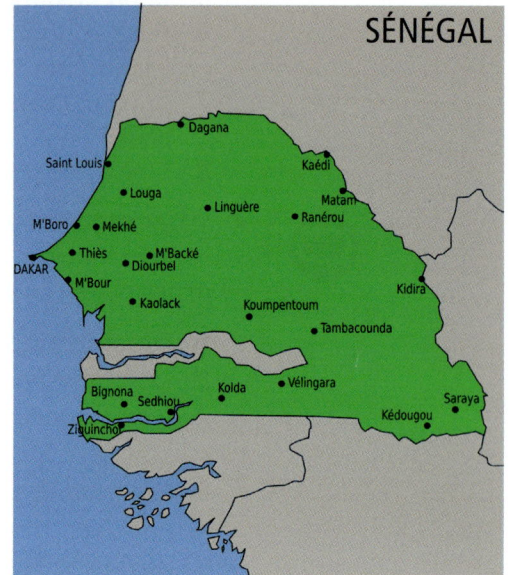

1   Read the article about Senegal and answer the questions in English.

1   What is the purpose of this article? Choose one option.
   a   to persuade you to go on holiday to Senegal
   b   to give you information about Senegal
   c   to tell you about life in Senegal
2   What does the article say about Senegal? Give details, e.g. where exactly it is; what you are told about its capital; what the weather is like.
3   What does the article say about the landscape? Give details.
4   What languages are spoken in Senegal? Give details.
5   What are you told about the people? Give details.
6   What does the article say about food? Give details.

2 Malik has just returned from a visit to Senegal. Listen to what he says and decide whether the statements are true or false.

1 Malik went to Senegal to see his parents and his aunts and uncles.
2 He says Senegal is an interesting country and it is very cultural.
3 It was very hot in Senegal.
4 He says everyone was very kind.
5 He went to the market with his grandmother.
6 His cousin took him fishing.
7 The films at the cinema weren't great.
8 In the evening he ate with the family.

3 Complete the sentences with words from the box.

1 Tous les ans je .... au Maroc, un pays situé dans le nord de l'Afrique.
2 Il .... très chaud là-bas.
3 Mes grands-parents .... à Casablanca.
4 Normalement je .... trois semaines chez eux.
5 Au Maroc les gens .... au marché pour faire leurs achats. C'est très amusant.
6 J'.......... la nourriture marocaine, surtout les fruits et les légumes.
7 Je .... aussi parler arabe avec mes copains qui habitent là-bas.

passe	habitent	vont	fait
peux	vais	adore	

4 Work in pairs. Imagine that your grandparents live in Quebec in Canada. Ask and answer the following questions.

1 Où habitent tes grands-parents ?
2 Combien de temps passes-tu chez eux ?
3 Quand est-ce que tu vas chez eux ?
4 Comment fais-tu le voyage ?
5 Quel temps fait-il normalement ?

5 Now write a few sentences in French about staying with family. Use the table below to help you. You could include:

- where they live
- when you go and see them
- what you do when you are there
- what the weather is like
- what the food is like

Mes grands-parents/Ma tante et mon oncle/Mes cousins	habitent	au Canada/au Maroc/au Sénégal/ en Suisse/en Belgique.
J'y vais	au mois de juin/juillet/août/ pendant les vacances/en été.	
Je fais beaucoup d'activités	par exemple/comme	la natation/la pêche/le surf.
Normalement il fait	beau/chaud/un temps splendide/ du soleil/du vent.	
J'aime la nourriture	surtout	le poisson/les hamburgers/les fruits.

En Vol

4.2c Vivre dans un autre pays (2)

★ Talking about the way of life in another country, traditions and customs
★ Perfect tense; relative pronouns (*qui/que/qu'*); adjectives

1 Read what Farida says about life in Casablanca. Answer the questions below in English.

Vivre à Casablanca

Moi, j'habite à Casablanca. C'est la ville la plus prospère du Maroc. C'est une ville moderne en pleine expansion. On y construit beaucoup de nouvelles maisons et maintenant c'est devenu un peu trop grand. Il y a aussi beaucoup d'industries, ce qui n'arrange rien. À cause de cela il y a trop de circulation sur les routes et la pollution y est importante. Bien sûr, il y a la mer… heureusement !

Casablanca vue de la mer

Casablanca n'est pas une belle ville mais la plupart de ceux qui y vivent l'adorent. Cependant, il est vrai que la pauvreté est évidente dans certains quartiers à l'extérieur de la ville. Casablanca est en effet une ville de contrastes où la richesse et la pauvreté coexistent, ainsi que l'ancien et le moderne, la vie occidentale et la vie africaine, le monde musulman et le monde laïque. Ces différents aspects de la ville la rendent unique au Maroc.

Tout cela est peut-être un peu chaotique mais c'est aussi fascinant. Le week-end, ce qui me plaît le plus, c'est de me promener et de voir comment vivent les gens. Ici, je me sens libre de vivre comme je veux et le fait que ce n'est pas une ville touristique est aussi quelque chose de positif, à mon avis.

1 What does Farida say about Casablanca?	1
2 What shows the city is expanding?	2
3 What has this caused?	2
4 What does she say about the outskirts of the city?	1
5 Why does she say Casablanca is a city of contrasts?	4
6 What effect does this have? State any **one** thing.	1
7 What does Farida like doing at the weekend?	2
8 What are the positive aspects of living in Casablanca?	2

2 Listen to Anaïs talking about her life in Fort-de-France in Martinique. Answer the questions below in English.

1 Where exactly does Anaïs work? Give details.	1
2 What does she do at the weekend?	1
3 What does this allow her to do? State any **one** thing.	1
4 She says people are really nice. What is the only problem?	1
5 What has she done to help to overcome that?	1
6 What does she say about the food? State any **two** things.	2
7 What does she say there is to do?	1
8 What is there to do in the evening? State any **one** thing.	1
9 What does she do in her free time?	1

3 Read grammar section D7 on relative pronouns. Complete the sentences using *qui, que* or *qu'*.

1 Le Maroc est un pays .... attire beaucoup de touristes.
2 Les souvenirs .... on vend au marché sont très chers.
3 Il y a beaucoup d'attractions .... les touristes peuvent visiter.
4 L'église .... est au centre-ville date du quatorzième siècle.
5 La plupart des gens .... habitent ici sont très gentils.
6 La langue .... on parle sur l'île est difficile à comprendre.
7 Le château .... tu vois est fermé au public.
8 Je n'aime pas les villes .... sont très animées.

4 You have returned from a trip to Martinique. Your friend asks you about it. Answer the questions below. Use the other activities to help you.

1 Le voyage s'est bien passé ?
2 Quelle langue est-ce qu'on parle en Martinique ?
3 Qu'est-ce qu'on mange là-bas ?
4 La cuisine martiniquaise t'a plu ? Pourquoi/Pourquoi pas ?
5 Qu'est-ce qu'il y a à faire le soir ?

5 Write a paragraph about a trip you have gone on recently. You could include:

- what your trip was like
- which tourist attractions you visited
- what local food you tried
- what the people were like
- what you did in the evening

You may wish to start your paragraph with the suggestions below:

Example: Le mois dernier/La semaine dernière, je suis allé(e) à .... en .... avec mon/ma/mes .... J'ai voyagé en .... Le voyage a duré .... heures. J'ai logé dans un(e) .... J'ai visité les sites touristiques. J'aime beaucoup l'histoire donc j'ai visité .... J'adore la nature donc je suis allé(e) à / au / à la .... Je pense que c'était génial. J'ai aussi goûté les spécialités locales, par exemple .... et c'était délicieux. Cependant, je n'ai pas beaucoup aimé .... parce que c'était trop .... J'ai rencontré des personnes très gentilles, adorables et accueillantes. Le soir, j'allais au restaurant pour goûter des plats différents et je suis aussi allé(e) à / au / à l'.......... .

Celebrations and events

4.3a On fait des achats

Embarquement

★ **Shopping for souvenirs and other items; names of shops**
★ **Verb *acheter*; use of *on*; asking questions; numbers and prices**

1 a While on holiday you go to the shopping centre in town to buy souvenirs. You have made a list of what you would like to buy. Choose the correct options by referring to the French phrases in the box.

1 You are going to buy **a jumper | a bracelet | perfume** for your mother.
2 For your father you are going to buy **a T-shirt | socks | perfume**.
3 You are going to buy chocolates for your **grandmother | grandfather | cousin**.
4 You are going to buy **a tie | a book | chocolates** for your grandfather.
5 For Adèle you are going to buy **a watch | a ring | a bracelet**.
6 You are going to buy **sweets | a T-shirt | a sweatshirt** for Luc.

un pull-over pour maman	des chocolats pour grand-père
du parfum pour papa	un bracelet pour Adèle
un livre pour grand-mère	un tee-shirt pour Luc

1 b Complete each sentence with a phrase from the box to say where you buy the items.

1 On achète du parfum ....
2 On trouve des chocolats ....
3 On va .... pour acheter un bracelet.
4 On achète des tee-shirts ....
5 On va .... pour acheter des livres.
6 On achète des pull-overs ....

à la bijouterie	au magasin de sport
à la parfumerie	à la librairie
à la confiserie	au magasin de vêtements

2 It is Adèle's birthday and her parents are discussing a surprise for her. Listen to their conversation and say whether the following sentences are true or false.

1 They are planning a picnic on the beach.
2 They are going to the supermarket to buy a birthday cake.
3 They need to buy bread at the bakery for sandwiches.
4 Adèle's mother also wants to buy a pizza and crisps.
5 They will go to the shopping centre to get them.
6 Adèle's mother also wants to buy coke and beer.
7 Adèle's father tells her not to forget the balloons.
8 They need to go to the chemist's to buy some suntan cream.

3 Read the sentences 1–8 that you might hear between a customer and a shop assistant in France. Match them up with the English equivalent (A–H).

1 Ce livre coûte combien, monsieur ?
2 Vous désirez autre chose ?
3 Vous avez des cartes d'anniversaire ?
4 Je cherche un cadeau d'anniversaire.
5 Vous voulez un sac, madame ?
6 Ça coûte vingt-cinq euros, madame.
7 Je peux vous aider, madame ?
8 Le cadeau d'anniversaire est pour qui ?

A That costs twenty-five euros, madam.
B I am looking for a birthday present.
C Can I help you, madam?
D How much is this book, sir?
E Who is the birthday present for?
F Would you like anything else?
G Do you have any birthday cards?
H Would you like a bag, madam?

4 Work in pairs to do a role play. A customer in a shop is speaking to the shop assistant. One person plays the role of the shop assistant (A) and the other plays the customer (B).

A Bonjour, madame/monsieur. Je peux vous aider ? **B** Bonjour, ce livre coûte combien, s'il vous plaît ?
A Trente euros, madame/monsieur. **B** Très bien.
A Vous voulez autre chose ? **B** Oui, je prends cette carte d'anniversaire.
A Voilà, madame/monsieur. **B** Ça fait combien ?
A Ça fait trente-cinq euros, s'il vous plaît. **B** Merci madame/monsieur. Au revoir.

Change roles and do the dialogue again. This time change the words underlined choosing items from the table below.

Je voudrais/Je vais acheter/Je prends	un livre/un bracelet/un tee-shirt/un pull-over/un sac une boîte de chocolats/une bouteille de parfum des chocolats/des bonbons
C'est combien ? / Ça fait combien ?	
C'est/Ça fait	vingt/vingt-cinq euros. trente/quarante/cinquante euros.

5 Write some sentences in French to say what you are going to buy for friends and family. Use the other activities on the page to help you.

Example: Pour ma mère je vais acheter une boîte de chocolats.

Décollage

4.3b Les festivals et les traditions dans d'autres pays (1)

★ Talking about festivals and traditions in other countries
★ Past tense – perfect; imperfect; *vouloir* + infinitive; numbers/prices

Les meilleurs festivals néo-calédoniens ?

Sophie s'intéresse aux festivals de Nouvelle-Calédonie. Lis les suggestions.

voyageuse1

Ici Sophie. Je vais passer du temps en Nouvelle-Calédonie et je m'intéresse beaucoup aux festivals. Il y a des festivals néo-calédoniens que vous recommanderiez ?

jeuneetjolie

La fête néo-calédonienne la plus intéressante, c'est la fête de l'omelette géante, en avril, à Dumbéa. J'y suis allée l'an dernier et c'était super marrant. On aide des chefs à faire une grande omelette de 7 000 œufs dans une grande poêle. Et on peut la déguster après !

cinéphile_400

Le festival du film de Nouméa est très bien. On y voit des films internationaux en version originale.

momo_500

Moi, je suis allé à la fête de la mandarine et des fruits qui a lieu en juillet. Je n'ai pas trop aimé mais les animations étaient bien.

1 Sophie is asking about festivals in New Caledonia. Read the online chat and answer the questions below in English.

Jeuneetjolie
1 According to jeuneetjolie, what is the most interesting festival?   1
2 What do people do at the festival?   2
3 What happens afterwards?   1

cinéphile_400
1 What kind of festival does cinéphile_400 recommend?   1
2 What can you see there?   1

momo_500

1 Which festival did momo_500 go to?   **1**

2 What did he think of it?   **2**

2 Listen to Gaby and Henri discussing the Avignon Festival. Say whether the statements are true or false.

1 Gaby says the price of hotel rooms and meals are good value.

2 She says there is a great atmosphere in the town.

3 Henri thinks the price of tickets for the shows are too expensive.

4 Gaby thinks some of the shows are not very good.

5 She stayed in a hotel on the outskirts of the town.

6 Henri thinks if you want to see a great show, you have to be prepared to pay for it.

7 He would rather see one exceptional show.

8 Gaby likes the shows better than the atmosphere in the town.

3 Match up the French and English sentences.

1 Il y a un grand festival de musique en juin.

2 Les chambres d'hôtels coûtent très cher l'été.

3 Je veux aller au festival de jazz à La Nouvelle-Orléans.

4 Les spectacles de danse sont exceptionnels.

5 En février on va au Carnaval de Rio.

6 En janvier, il y a la fête des neiges à Montréal.

7 Il y a une bonne ambiance dans la ville.

8 Les billets sont trop chers.

A The dance shows are exceptional.

B In January there is the Snow Festival in Montreal.

C There is a good atmosphere in the town.

D The tickets are too expensive.

E There is a big music festival in June.

F In February we are going to the carnival in Rio.

G Hotel rooms are very expensive in summer.

H I want to go to the New Orleans jazz festival.

4 You recently attended a festival. Your friend asks you about it. Answer the questions below. Use the table to help you.

1 Où était le festival ?

2 C'était quand ?

3 C'était quelle sorte de festival ?

4 Le billet coûtait combien ?

5 Tu vas y retourner l'année prochaine ?

5 Write a few sentences about the festival you attended. Use the table below to help you.

Le festival avait lieu	à Glasgow/Édimbourg/Londres/Paris.	en Écosse/en Angleterre/en France.
C'était	en été/pendant les vacances	en/au mois de mai/juin/juillet.
C'était un festival	de musique/de jazz/de rock/de danse	traditionnel(le)/folklorique.
Le billet coûtait	vingt/trente/ quarante/cinquante	euros/livres.
Je vais/Je voudrais y retourner Je ne vais pas/Je ne voudrais pas y retourner	l'année prochaine parce que/qu'	c'était trop cher. ce n'était pas bon. il y avait trop de monde.

En Vol

4.3c Les festivals et les traditions dans d'autres pays (2)

★ Talking about traditions and festivals in other countries; understanding more detailed texts
★ Revision of conditional tense; adjective endings

Découvrez le Québec !

Située dans l'est du Canada, la province du Québec attire chaque année des milliers de touristes qui veulent découvrir la culture et les traditions de cette belle région historique.

Histoire

Au dix-septième siècle le Québec était une colonie française. Les Français ont eu une influence profonde sur la culture québécoise. La plupart des habitants parlent français, langue officielle de la province. L'influence française est également évidente dans l'architecture de la vieille ville et dans les spécialités régionales qu'on sert dans de nombreux petits restaurants au centre-ville.

Traditions

Les Québécois ont une passion pour leurs traditions et leurs festivals qui ont lieu tout au long de l'année. En février a lieu le célèbre Carnaval de Québec. C'est le festival le plus connu de la région. On y trouve des activités pour adultes et enfants de tous âges. Les incroyables sculptures de neige, dans plusieurs quartiers de la ville, sont à ne pas manquer. Pour une expérience inoubliable, on doit visiter l'unique Hôtel de Glace : vous pouvez passer la nuit dans une chambre faite entièrement de glace.

La fête nationale du Québec, appelée la Saint-Jean-Baptiste, est célébrée le vingt-quatre juin chaque année. Dans presque toutes les villes, il y a des défilés dans les rues, un feu d'artifice et des concerts musicaux. Cette date correspond aussi à la fin de l'année scolaire.

Venez passer quelque temps chez nous pour vraiment apprécier notre culture et nos traditions !

1 Read the brochure about Quebec and answer the questions in English.

1 What attracts thousands of tourists to Quebec each year? 1
2 What does the brochure say about the history of Quebec? 1
3 In what way did this have a profound influence on the culture of Quebec? 2
4 Where else is this influence evident? 2

Traditions
5 What does it say about the *Carnaval de Québec*? State any **two** things. 2
6 What should you not miss? 1
7 What should you do if you want an unforgettable experience? Give details. 2
8 What happens during the festival of Saint-Jean-Baptiste? State any **two** things. 2
9 What is also special about this date? 1
10 What does the article advise you to do? 1

2 Listen to Assa, Omar, Aziz and Mayatta discussing two festivals that take place in Senegal. Answer the questions in English.

1. What kind of festival did Assa go to last year?   1
2. What does Omar say about last year's festival? State any **two** things.   2
3. How long does Assa normally have to wait to be served?   1
4. What did she find different last year?   1
5. Aziz went to a dance festival this year. What does he say about it?   1
6. According to Mattaya, in what way was the festival different from normal?   2
7. What does Aziz say about the firework display? State any **two** things.   2

G **3** Read the paragraph and complete the sentences with the correct adjective from the box below.

Il est .... de comparer nos traditions avec celles d'un .... pays. On remarque la façon de vivre des habitants, leur nourriture et leurs habitudes. Les fêtes et jours .... peuvent également être très .... de ceux de notre pays. Quand je suis allé étudier au Québec l'année .... j'ai vu les élèves faire une .... fête le 24 juin pour célébrer la fin de l'année scolaire ainsi que la fête .... Les traditions sont très ....

différents	intéressant	autre
importantes	fériés	nationale
dernière	grande	

4 Work in pairs. You see a programme for a winter festival. Answer the questions below and then swap roles, replacing the underlined phrase with a different activity.

Programme

Date	Événement	Heure	Prix
lundi 2 février	Pêche sur glace	10 h 30	40 euros
mardi 3 février	Construction d'iglou	14 h 00	gratuit
mercredi 4 février	Spectacle de danse	20 h 30	15 euros
jeudi 5 février	Concert musical	19 h 30	25 euros
vendredi 6 février	Défilé de nuit	20 h 00	gratuit
samedi 7 février	Feu d'artifice	22 h 00	gratuit

1. Qu'est-ce que tu voudrais faire ?
2. Ça commence à quelle heure ?
3. Ça coûte combien ?
4. Tu voudrais <u>aller faire de la pêche sur glace</u> ? Pourquoi/Pourquoi pas ?

5 You would love to go to the winter festival in Quebec. Write a short paragraph about what you would do if you were there. You could include:

- how long you would spend there
- who you would go with
- where you would stay
- which activities you would/would not do

153

4.4a J'aime lire

Embarquement

★ **Talking about what people read and personal opinions**
★ **Talking about different types of books**
★ **Key time phrases and rooms in a house**

1 Match the pictures with the words in the box.

1 les bandes dessinées	**5** les magazines de sport	**9** les romans de science-fiction
2 les romans policiers	**6** sur une liseuse	**10** les romans d'aventures
3 les magazines de mode	**7** les romans d'épouvante	
4 les journaux	**8** les histoires d'amour	

2 Amélie is answering questions about reading habits of the people around her. Read the statements. Are they true or false?

1 Amélie's father reads stories to her little brother every evening.
2 Her big brother likes to read comics, science fiction stories and sports magazines.
3 Her big brother finds science fiction stories frightening.
4 He likes to read in the garden when the weather is nice.
5 Her cousin likes to read detective novels in his room.
6 Her grandmother likes to read horror stories in her lounge.
7 Amélie reads adventure stories in the first ten minutes of her French lessons.
8 She reads her phone messages at break.
9 She likes to read fashion magazine online on her phone.
10 In the morning she reads newspapers on her computer with her mother in the kitchen.

3 Read the poem about what family members do in their spare time and find the vocabulary listed.

> **Chez moi**
> J'habite dans une maison très jolie.
> Elle se trouve assez loin de Paris.
> Voici une petite description.
> Mon frère est dans le salon
> Où il regarde la télévision.
> Ma sœur est dans la salle à manger
> Où elle boit un délicieux café.
> Maman est dans le bureau
> Où elle achète des gâteaux.
> Mon père est avec les voisins
> Ils lisent un magazine de sport dans le jardin.
> Mon chien ? Il se promène sur la plage
> Parce qu'il n'aime pas être dans le garage.
> Ma grand-mère lit des bandes dessinées
> En janvier et février.
> Mon grand-père voyage en moto,
> Surtout quand il fait beau et chaud.
> Ma tante aime faire du camping
> Mais mon oncle adore le shopping.
> Et moi ? Je préfère jouer du violon
> Sur le grand balcon.

In the poem, find:
1 family members (9)
2 places at home (6)
3 leisure activities (9)
4 means of transport (1)
5 weather phrases (2)
6 verbs of opinion (4)
7 adjectives (6)
8 months (2)

4 Do a survey of six people in your class, asking about their reading habits.

A Est-ce que tu lis des livres/des magazines… ? **B** Oui, je lis…
A Qu'est-ce que tu préfères lire ? **B** Je préfère lire des… parce que c'est…
A Quand lis-tu ? **B** Je lis le matin/le week-end/le soir/au collège…
A Où lis-tu ? **B** Je lis dans ma chambre/dans le salon/dans le jardin/au collège…
A Qu'est-ce que tu détestes/n'aimes pas lire ? **B** Je déteste/Je n'aime pas ….

5 Write a minimum of 40 words in French describing your likes and dislikes about reading. You can use phrases from exercises 1 and 4.

J'adore/Je déteste les J'ai horreur des Je préfère les J'aime/Je n'aime pas les	bandes dessinées. magazines de mode/de sport/d'informatique… . romans policiers. journaux. romans d'aventures/de science-fiction/d'épouvante. histoires d'amour.
D'habitude, je lis	dans ma chambre/le jardin/le salon/le bus/ le tram. le week-end/le matin/le soir/au collège. sur une liseuse/ma tablette/mon ordinateur.

En Vol

4.4b Mes lectures

★ Talking about your reading habits and your opinions of reading
★ Quantifiers

Mon collège est grand : il y a mille trois cent cinquante élèves et plus de cent professeurs. La directrice encourage tout le personnel et les élèves à lire tous les jours. En septembre elle a commencé un nouveau projet qui est très intéressant.

À quatorze heures, après la pause-déjeuner, le lundi, le mardi, le jeudi et le vendredi, la cloche sonne et tout le monde s'arrête pour lire pendant quinze minutes. Alors les professeurs, les élèves, les concierges, le personnel de la cantine, les secrétaires etc. prennent un livre, une bande dessinée ou un magazine dans leur sac, leur poche ou leur tiroir et lisent pendant quinze minutes.

Résultat ? C'est un succès complet.

Pourquoi ? Les réponses : après le déjeuner, c'est relaxant ; l'après-midi, le collège est très calme.

La directrice est ravie : les élèves et les professeurs sont maintenant moins stressés l'après-midi et il y a moins de problèmes de discipline.

Aimée

---

1 Aimée tells us about a new reading scheme in her school. Read her blog and answer the questions in English.

1	How big is Aimée's school?	2
2	What does the headteacher encourage?	1
3	What happens on Mondays, Tuesdays, Thursdays and Fridays? State any **three** things.	3
4	Who is involved in this scheme? State any **three**.	3
5	What do they take out of their bag, pocket or drawer?	3
6	What is the result?	1
7	What do the responses say about it?	2
8	Why is the headteacher delighted?	2

2 Four people are being interviewed about their reading habits. Listen and fill in the table in English.

	What they like reading	Why	Where	When	What they don't like reading	Why
1						
2						
3						
4						

---

enrichissant rewarding
le club de lecture book club
les vêtements clothes
il fait beau the weather is nice

les yeux eyes
il y a trop de photos there are too many photos

3 a Look at grammar section C4.2 on quantifiers. Insert the quantifier in the correct place.

1 Je lis dans mon jardin en juillet et août. (*beaucoup*)
2 J'aime les romans de science-fiction. (*un peu*)
3 Mon frère aime les bandes dessinées. (*assez*)
4 Les magazines d'informatique sont intéressants mais compliqués. (*très, vraiment*)
5 Je pense que les journaux sont déprimants quelquefois. (*extrêmement*)
6 Les magazines de cuisine sont populaires. (*de plus en plus*)
7 Ma mère n'aime pas lire sur la plage. (*beaucoup*)
8 Ma petite sœur aime les romans d'épouvante. (*énormément*)

3 b Translate the eight sentences above in English. Be careful because the word order may be different in English.

4 With a partner, use grids for a battleship game. Choose phrases related to reading habits and then place the nine ships for your choices. Say the sentences in French. Respond to your partner's sentences with:

Raté (Missed)   Coulé (Sunk)   Touché (Hit)

	dans mon salon le week-end	dans ma chambre le soir	souvent à la plage en juillet	parce que c'est très relaxant	car c'est vraiment amusant	avec mon chien dans le parc
J'aime lire des bandes dessinées	⛵					⛵
J'adore lire des romans policiers			⛵			
Je préfère lire des magazines scientifiques	⛵	⛵				
J'aime beaucoup lire des journaux						⛵
J'aime vraiment lire des romans d'aventures				⛵	⛵	⛵

5 Now write a minimum of 50 words in French describing your reading habits. You may choose to write about someone else if you prefer. You would need to change *Je* into *Ma mère, Mon père, Ma grand-mère, Mon grand-père, Ma copine, Mon meilleur copain*… and continue the sentences. You may use phrases from exercise 4.

En Vol

4.4c Lire pour le plaisir

★ **Describing the importance of reading in your life**
★ **Talking about a book you have recently read or a film you have seen**

Tous les ans, Paris propose un festival du livre qui dure environ une semaine. Cet événement invite les élèves et leurs professeurs à célébrer le livre.

Pendant ce festival du livre il y a des débats sur toutes sortes de lecture comme les polars et les bandes dessinées parmi beaucoup d'autres. On y organise des conférences pour tous les âges. Environ cinquante pays y sont représentés. Des chèques-livres sont offerts aux élèves. L'entrée est gratuite aux moins de dix-huit ans.

En général 3000 auteurs sont présents. Ils parlent de leurs créations et répondent aux questions des lecteurs. Ils encouragent le public à découvrir de nouvelles choses à lire ; ils veulent lui ouvrir l'esprit sur d'autres genres. Certains visiteurs redécouvrent les grands auteurs classiques de la littérature. Ils disent tous que lire est un moyen de se détendre et de s'évader.

J'ai assisté à un atelier « critique d'un livre » : c'était génial. J'ai appris à raconter l'histoire du livre, à parler des personnages principaux, des thèmes principaux, de la fin de l'histoire et de l'interaction entre les personnages principaux. Cet atelier m'a beaucoup inspirée car maintenant j'ai décidé de faire des études de littérature à l'université. Je commence à écrire des critiques sur les réseaux sociaux à propos des livres que je lis.

Jasmine

1 a Jasmine went to a book festival with her school. Read about her experience and answer the questions in English.

1	How often does the book festival take place and how long does it last?	2
2	Who is it aimed at and why?	2
3	What does Jasmine say about the debates and the conferences at the festival?	2
4	How many countries are represented?	1
5	What does she say about the book tokens?	1
6	Give details about the entry fee.	2
7	State any **two** things that the 3000 authors do there.	2
8	What do all the visitors say about reading?	2
9	What did Jasmine learn in her workshop? State any **three** things.	3
10	What impact did this workshop have on Jasmine?	2

1 b Find the French for the following phrases.
1 detective novels
2 they encourage
3 the great classics of literature
4 to tell the story of the book
5 the main characters
6 the main themes
7 the end of the story
8 to write reviews

2 Mouna tells Léo about what she has been reading recently. Listen to the dialogue. Are the statements true or false?

1 Mouna started reading a book this weekend because it was raining.
2 It is a novel for teenagers and it has had great public success.
3 The story is about 17-year-old Hazel, who meets Augustus who is 16.
4 The story mainly takes place in the USA.
5 Hazel and Augustus meet at a support group.
6 They exchange their favourite book in a park while they are having a picnic.
7 They go to Amsterdam and visit Anne Frank's house.
8 In Amsterdam, Augustus declared his love for Hazel.
9 The main themes are love, hate, respect and friendship.
10 She would recommend it to everyone.
11 Mouna has already seen the film and she finds it just as good.

3 Match the starts and ends of the sentences.

1 En ce moment je lis…
2 L'histoire se passe…
3 C'est l'histoire d'…
4 Les personnages principaux sont…
5 Arsène, le personnage principal, est…
6 À la fin de l'histoire, Arsène est…
7 J'aime ce livre parce que…
8 J'aime beaucoup le personnage principal parce qu'…
9 Je voudrais recommander ce livre …

A Arsène et sa femme.
B un cambrioleur qui vole les riches.
C l'histoire est captivante et amusante.
D parce que c'est une histoire très relaxante et facile à lire.
E il me fait rire mais de temps en temps j'ai peur pour lui.
F très habile, intelligent et se transforme vite en personnes différentes.
G toujours libre (pour une autre histoire).
H un roman policier qui s'appelle *Arsène Lupin gentleman cambrioleur.*
I en France.

4 Work in pairs. Talk about a book you have recently read or a film you have recently seen. You may follow these questions and answers as a guide.

1 A Quel livre/Quel film as-tu lu/vu récemment ? **B** J'ai lu un livre/film qui s'appelle…
2 A C'est quel genre de livre/film ? **B** C'est …
3 A C'est l'histoire de quoi ? **B** C'est l'histoire de…
4 A Où se passe l'histoire ? **B** L'histoire se passe à (+ *town*), en/au/aux (+ *country*) dans les années…
5 A Qui sont les personnages principaux ? **B** C'est un homme/une femme/un enfant/un chien…
6 A Que penses-tu (de la fin) du livre/film ? **B** Je trouve le livre/ film très… mais aussi un peu…
7 A. Et le thème principal, c'est quoi, à ton avis ? **B** Le thème principal, c'est…
8 A Qu'est-ce que tu aimes dans ce film/livre ? **B** J'aime beaucoup…
9 A Qu'est-ce que tu n'aimes pas dans ce film/livre ? **B** Je n'aime pas…

5 Make a poster or write a review about a book or play you have read or are reading at the moment, or a film you have watched. You may use some phrases from tasks 3 and 4.

4.5a La télé et le cinéma

Embarquement

★ **Talking about programmes on television and personal opinions**
★ **Talking about different types of films and agree on a cinema outing**
★ **Key time phrases and days of the week**

1 Mozdan describes what she and her friends watch on TV and why. Read the passage and choose the correct answers.

J'ai beaucoup d'amis et on regarde souvent la télévision le soir après dix-neuf heures. J'aime regarder la télé dans le salon avec ma famille le week-end, de préférence avec un chocolat chaud. Je préfère regarder les émissions sportives, surtout le rugby et le basket.

Mon ami Sam déteste les dessins animés parce qu'ils sont stupides. En revanche il adore les documentaires scientifiques et historiques parce qu'ils sont intéressants.

Ma copine Ingrid ne regarde pas vraiment la télé : elle préfère écouter la radio avec Alexa. De temps en temps elle regarde les émissions de musique parce que c'est relaxant. Elle regarde aussi les informations parce que sa mère est journaliste. Mais elle pense qu'aux informations il y a trop d'images violentes.

Ma meilleure copine, Amina, déteste les jeux télévisés parce qu'il y a trop de publicité et que c'est ennuyeux. Par contre, elle adore les séries policières parce que plus tard elle veut devenir agent de police. Elle aime regarder des films d'horreur en ligne avec moi parce que c'est amusant.

Mozdan

1 Mozdan likes to watch TV:
   A in the lounge | in the bedroom | in the kitchen
   B on her own | with her sister | with her family
   C when it is warm | when eating chocolate | when having a hot chocolate   3
2 She prefers to watch **sports programmes | play sports | play and watch sports**.   1
3 Now fill in the gaps in English with phrases from the box:
   a Her friend Sam hates .... because they are   2
   b He loves .... because they are   2
   c Her friend Ingrid prefers to   1
   d From time to time she watches .... because it is   1
   e She also watches .... because her mother .... but she thinks the images are   3
   f Her best friend Amina hates .... because there is too much .... and it is   3
   g She loves .... because she wants   2
   h She likes to watch .... because it is   2

cartoons	advertising	boring
violent	the news	is a journalist
stupid	listen to the radio	funny
historic and scientific	music programmes	detective series
documentaries	relaxing	to be a police officer later on
game shows	horror films	interesting

2 Samira discusses with Francis the films that are on at the cinema. Answer the questions below.

1 Samira says there are new films on at the cinema. Which ones does she mention?

A action film	**B** drama	**C** adventure film
D western	**E** science fiction film	**F** musical comedy **3**

2 Francis does not like science-fiction films because he finds them:

A violent	**B** entertaining	**C** stupid
D rubbish	**E** funny	**1**

3 Francis thinks that adventure films are:

A violent	**B** boring	**C** stupid
D rubbish	**E** funny	**1**

4 Francis finds action films:

A violent	**B** entertaining	**C** stupid
D rubbish	**E** funny	**1**

5 His favourite type of film is comedies because they are:

A violent	**B** entertaining	**C** stupid
D rubbish	**E** funny	**1**

6 Samira cannot go to the cinema on Wednesday at 17:00 because:

A she has homework	**B** she has a judo class	**C** she goes cycling **1**

7 They agree to go on:

A Saturday at 14.00	**B** Saturday at 16.00	**C** Sunday at 16.00 **1**

8 The cinema ticket costs:

A 6.40 € for under 16 years old	**B** 6.70 € for under 15 years old
C 7.30 € for under 16 years old	**D** 7.20 € for under 14 years old **1**

3 Match up the French and English sentences. Remember that you need to use the word for 'the' in French (*le/la/les*) after opinion phrases.

1 Ma sœur adore les feuilletons.	**8** Mon petit frère aime les dessins animés.
2 Je préfère regarder des films.	**A** My little brother likes cartoons.
3 Je déteste les documentaires.	**B** I hate documentaries.
4 Je n'aime pas les jeux télévisés.	**C** I don't like game shows.
5 Mon père préfère les émissions sportives.	**D** I watch the news at 8 o'clock.
	E I prefer watching films.
6 La télé-réalité est amusante.	**F** My sister loves soaps.
7 Je regarde les informations à huit heures.	**G** My father prefers sports programmes.
	H Reality TV is funny.

4 Do a survey in your class about what type of films and TV programmes your classmates like/dislike. You could ask the following questions.

Qu'est-ce que tu aimes/n'aimes pas comme émission ?	J'aime les …/Je déteste les … parce que…
Quelle est ton émission préférée ? Pourquoi ?	Mon émission préférée est…
Quel genre de film aimes-tu/adores-tu ? Pourquoi ?	J'aime les …/J'adore les… parce que…
Quel genre de film détestes-tu ? Pourquoi ?	Je déteste les… parce que c'est…
Quel genre de film n'aimes-tu pas ? Pourquoi ?	Je n'aime pas les… parce que c'est…
Quel genre de film préfères-tu ? Pourquoi ?	Je préfère les… parce que…

5 Write a minimum of 40 words in French saying what TV programmes and films you like and dislike and why. You may use phrases from exercises 1 and 4.

4.5b Je suis fana de films

Décollage

★ Talking about viewing habits and opinions on watching films
★ Present tense of *-er* verbs

Les ados français et les films

Regarder des films reste un passe-temps populaire parmi les jeunes en France. Alors, quels sont, aujourd'hui, les films préférés des jeunes Français et où préfèrent-ils les regarder ?

Claire, 15 ans, adore regarder des films. Et les films qu'elle préfère ? Les comédies romantiques. Comme beaucoup de ses amis, elle regarde souvent des films sur l'ordinateur car c'est pratique et pas cher. Cependant, le week-end prochain, elle célèbre son anniversaire et elle espère aller au cinéma en ville avec quelques amis.

Xavier et Lucas, des jumeaux de 17 ans, adorent aussi les films. Leurs goûts diffèrent de ceux de Claire car eux, ils préfèrent les films d'action. Par contre, ils ne vont pas au cinéma. Selon Xavier ça coûte trop cher et le cinéma est loin de la maison. « Nous préférons regarder des films à la télé. » précise-t-il. Lucas répète ce que dit Xavier et ajoute « On est plus confortables à la maison. »

Sandrine, elle, aime plutôt les films d'horreur et les télécharge pour les regarder sur son ordinateur. Ses parents, eux, préfèrent les films d'aventures. Elle aime aussi aller au cinéma et y va une fois par mois avec ses copains. Elle achète les billets en ligne.

1 a Read the article about how and where young people watch films. Are the statements true or false?
  1 Nowadays few young people watch films.
  2 Claire likes action films.
  3 Claire often watches films on her computer.
  4 She is hoping to watch a film at home with a few friends for her birthday.
  5 Xavier says that watching films at home is cheaper.
  6 Lucas thinks that watching films at home is more comfortable.
  7 Sandrine likes horror films and her parents prefer adventure films.
  8 She likes going to the cinema twice a month with her friends.
  9 She buys her tickets online.

le ciné-club	film club
J'ai horreur de	I loathe
le grand écran	big screen
nul(le)	rubbish

1 b Correct the statements that are false.

2 Listen to seven young people talking about films. Copy the table and write down the film and people's opinions of it.

  1 Paul   **5** Fatima   **9** Élodie's family
  2 Paul's sister **6** David   **10** Gaspard
  3 Marion   **7** David's friends
  4 Martin   **8** Élodie

Name	Type of film	Opinion
1 Paul		
...		

G **3 a** Look at the verbs *espérer* and *acheter* in grammar section K2. Paying attention to the accents, write the correct form of the verb in brackets.

   1 Cependant mes amis et moi, nous .... (*préférer*) tout de même aller au cinéma.
   2 On .... (*acheter*) les billets en ligne.
   3 Personnellement, je .... (*préférer*) les films d'aventures.
   4 Mes amis .... (*suggérer*) toujours de regarder une comédie ou un film d'amour.
   5 Je déteste les films d'amour ; je les .... (*considérer*) comme bêtes.
   6 Dans les comédies américaines, les acteurs .... (*répéter*) toujours les mêmes phrases stupides.
   7 Mes amis et moi .... (*espérer*) que ma sœur aime aussi les films de science-fiction.

3 b Now read the article in exercise 1. List a minimum of four sentences that use the verbs *espérer*, *préférer*, *répéter*. Write their meaning in English.

4 Work with a partner. Tell them what type of films you like and dislike and why. Then swap roles. Use the examples below to help you.

   1 A *Qu'est-ce que tu aimes regarder comme films ? Pourquoi ?* **B** *J'adore/J'aime regarder les… parce que c'est…*
   2 A *Où préfères-tu regarder… en général ? Pourquoi ?* **B** *Je préfère regarder les films sur mon ordinateur… parce que c'est moins… et plus…*
   3 A *Avec qui regardes-tu les films en général ?* **B** *Je les regarde avec… au cinéma/dans le salon/en ligne…*
   4 A *Est-ce que tu vas souvent au cinéma voir des films ? Pourquoi ?* **B** *J'y vais de temps en temps/toutes les semaines. Je pense qu'aller au cinéma, c'est très bien mais c'est cher.*
   5 A *Quel genre de films est-ce que ta famille aime regarder ?* **B** *Mon (beau-)père/Ma (belle-)mère aime beaucoup voir… et moi aussi ; c'est…*
   6 A *Quel genre de films est-ce que tes copains aiment regarder ?* **B** *Mes copains aiment plutôt regarder… mais pas moi, je préfère…*

5 Now write a few sentences in French giving details about the type of films you/ your family/your friends watch and why. Use the table below to help you. You can also use the phrases in the exercise 4 answers and in the text in exercise 1.

Moi, je regarde souvent/ rarement la télé	le soir/le week-end.		
J'adore/Je déteste (regarder) Ma famille aime/n'aime pas (regarder) J'ai horreur de regarder Je préfère (regarder) Mes parents préfèrent (regarder)	les feuilletons/les informations/les séries/les jeux télévisés/les émissions sportives/les émissions musicales/les dessins animés/les documentaires	parce que	c'est passionnant/génial/ intéressant/marrant/ennuyeux/bête. ça me fait trop peur.
D'habitude, je regarde	des films d'action/d'amour/ d'aventures/de guerre/ d'horreur/romantiques des comédies (romantiques)	chez moi chez mon copain/ma copine au cinéma seule/avec des copains/ma famille	parce que	ça coûte moins cher. j'adore aller au cinéma. j'ai un grand écran. ils aiment les mêmes films que moi. ils adorent aussi aller au cinéma.

En Vol

4.5c J'aime regarder...

★ **Describing favourite types of films and give reasons**
★ **Irregular verbs in the present tense**

1 a Doria talks about her favourite leisure time activity. Read the article and answer the questions in English.

Salut ! Ici Doria. Moi, j'ai quinze ans et j'adore vraiment regarder des films. En fait, mes amis disent que j'y suis accro. C'est vrai que j'essaie d'aller au cinéma aussi souvent que possible. Cependant, comme les billets coûtent assez cher, je regarde plus souvent des films chez moi ou bien chez un ami. Mes films préférés ? Ce sont sans aucun doute les comédies, surtout les comédies américaines. Je les regarde avec des copains et nous rions beaucoup ensemble. Les films passionnants me plaisent énormément aussi, les policiers et les films d'aventures par exemple, ainsi que les histoires d'amour. Par contre, mes parents m'interdisent de regarder des films d'horreur. Ils n'aiment pas ça.

Mon frère, lui, préfère les films de science-fiction mais moi, j'ai horreur de ça. Ça ne m'intéresse pas du tout. On peut toujours deviner ce qui va se passer. Mes parents, eux, n'aiment même pas les films. Ils lisent plutôt des romans. Ça, je ne comprends pas du tout !

En fait, sur mon blog, j'écris souvent des articles où je critique un film récent. J'essaie toujours de dire quelque chose de positif, même si le film ne me plaît pas, mais je dois avouer que parfois c'est difficile.

1	What does Doria really love to do?	1
2	What do her friends say about it?	1
3	How often does she go to the cinema?	1
4	She says that cinema tickets are expensive. What does she do instead?	2
5	What does she say about American comedies? State any **two** things.	2
6	What does she say about horror films?	1
7	What is her opinion of science-fiction films?	2
8	What do her parents do?	1
9	What does she do after she has watched a film? State any **two** things.	2

1 b Find the equivalent French phrases in the article.
 1 I really love watching films.
 2 My friends say that I am hooked on it/them.
 3 It is true that I try…
 4 without a doubt
 5 On the other hand, my parents forbid me to …
 6 I am not interested in this at all.
 7 My parents do not even like films.
 8 even if I do not like the film

2 Sébastien talks about what he and his family like watching on TV. Match up the two parts of the sentences.

1	Sébastien does not…	**A**	watches documentaries.
2	He really likes…	**B**	forbids him to spend too much time in front of a screen.
3	He rarely…	**C**	is hooked on cartoons.
4	He finds…	**D**	really have a favourite TV programme.
5	His small brother…	**E**	reality TV programmes are ridiculous.
6	His older sister…	**F**	documentaries a bit boring.
7	His mother…	**G**	loves TV films.
8	His parents say that…	**H**	game shows.
9	He finds that other…	**I**	programmes such as reality TV are stupid.

3 a Irregular verbs in the present tense. Study grammar section K3. Fill in the gaps with the verbs.

Example: 1 payons

1 Nous ………. pour avoir plus de chaînes de télévision.
2 Elle est très drôle, l'émission que vous regardez ? Vous ………. beaucoup.
3 Mes parents me ………. constamment que regarder trop de télé est mauvais pour la santé.
4 J'………. toujours de regarder des documentaires parce qu'ils sont intéressants.
5 Aujourd'hui au collège, nous ………. un paragraphe au sujet de notre émission préférée.
6 La présentatrice est extrêmement souriante. Elle ………. constamment.
7 Tu regardes beaucoup la télé mais est-ce que tu ………. des romans ?
8 Ma mère m'………. de regarder la télé après 21 heures.
9 Ma sœur ………. ses devoirs et en même temps elle regarde un film.
10 Je ………. souvent un café quand je regarde les informations.

3 b Read Doria's story again. List the irregular verbs in the present tense and translate them into English.

essaie	lis	fait	disent	écrivons	riez	sourit	payons	interdit	prends

4 Work in pairs. Ask and answer questions about favourite programmes.

1 A Quelles sont tes émissions préférées et c'est quel genre d'émissions ? **B** Mes émissions préférées sont les feuilletons/les téléfilms/les jeux télévisés.
2 A Quand est-ce que tu regardes… ? **B** Je regarde…
3 A Pourquoi est-ce que tu les aimes ? **B** Je les aime parce que…
4 A Est-ce que ta famille et tes amis aiment les mêmes émissions que toi ?
 B Oui, en général mais mon…/ma… aime plutôt…/préfère…. Ça crée des disputes quelquefois.
5 A Où regardes-tu la télé d'habitude et avec qui ? **B** D'habitude je regarde la télé en ligne avec…
6 A Quelles émissions trouves-tu stupides ? **B** Je pense que les… sont vraiment stupides. Ça ne m'intéresse pas du tout.
7 A Est-ce que tes parents t'interdisent certains programmes à la télé ?
 B Oui, ils m'interdisent de regarder… parce qu'ils disent que c'est trop…./ Non, ils ne m'interdisent aucun programme parce que je suis responsable et qu'on discute des programmes que je regarde.

5 Write a blog in which you answer the questions from exercise 4. You may wish to use phrases from Doria's story in exercise 1.

Décollage

Ski Canada

Si vous aimez le ski, venez au Canada ! La compagnie Ski Canada vous propose huit jours inoubliables à Whistler. Située à cent vingt kilomètres au nord de Vancouver, Whistler a plus de deux cents pistes de ski où vous avez la possibilité de faire du ski de fond, du ski nordique ou bien du snowboard. Neige garantie. Vol direct Paris–Vancouver. À partir de 1 200 euros.

Logement

Si vous souhaitez être indépendant, choisissez un appartement ou un chalet de ski. Tous nos appartements et chalets ont deux chambres, une salle de bains et une cuisine. Si vous préférez, il y a un grand choix d'hôtels qui vous proposent la demi-pension (petit déjeuner et dîner inclus).

Activités

Si vous ne savez pas skier, prenez des cours de ski ou de snowboard. Réservez votre place à l'école de ski. Vous recevrez quatre heures d'instruction par jour (de huit heures à dix heures et de quatorze heures à seize heures).

Si vous aimez le patinage, la grande patinoire est ouverte tous les jours. Vous pouvez également faire de la natation à la piscine municipale. Si vous désirez profiter du paysage spectaculaire, vous pouvez faire un tour en motoneige (réservations à canadasnowmobile.ca).

Restauration

Il y a un grand choix de cafés-bars. Après une journée de ski, relaxez-vous avec un vin chaud ou un grand chocolat chaud. Il y a aussi de nombreux restaurants où vous pouvez goûter des spécialités régionales. Quelques restaurants proposent un service à emporter si vous préférez dîner dans votre appartement.

1 Read the magazine advert about Canada. Answer the questions in English.

   1 What is the purpose of this advert? Tick one option.

      A To persuade you to book a ski holiday to Canada.

      B To give you information about the ski resort of Whistler.

      C To show you how beautiful Whistler is.

   2 What is being advertised? Give details (e.g. how long it is for, where it is, how you get there, cost).

   3 What choice of accommodation do you have? Give details.

   4 What activities are available? Which activity would you choose? Give reasons.

   5 What are you told about the café-bars and restaurants? Give details.

On va aller en Bretagne ?

parisienne01

Coucou ! Moi, j'ai 16 ans et ma famille et moi ne pouvons pas décider où partir en vacances cette année. Mon père veut loger dans un gîte près de Quimper en Bretagne. Dites-moi, peut-on passer de bonnes vacances en Bretagne ?

Sportif_700

Tout à fait, il y a beaucoup à faire en Bretagne, surtout près de Quimper, au bord de la mer. Si vous aimez les sports extrêmes, comme moi, pourquoi ne pas faire du parapente ou du jet ski ? Ça ne vous intéresse pas ? Amusez-vous donc sur la plage ou profitez des magasins et des cafés.

accrodushopping

Ça dépend. Si vous aimez la nature, les plages sauvages et faire des randonnées, c'est parfait. La cuisine est super aussi. Cependant, si vous préférez les grandes villes très branchées, vous allez peut-être être déçu.

Belge2000

Pour moi, Quimper est un peu trop tranquille. Choisissez une ville bretonne plus animée comme Rennes. Vous y trouverez de grands magasins, de petites boutiques originales et une grande variété de cafés.

gourmande123

Moi, je dirais que non. Il n'y a pas grand-chose à faire pour les jeunes. En plus, il ne fait pas toujours très beau en Bretagne. À mon avis, il vaut mieux aller dans le sud de la France où il fait toujours très beau.

2 A few friends are discussing where to go on holiday. Read the messages and say whether the statements are true or false.

Parisienne 01

1 My family and I have not decided where to go on holiday this year.

2 My father wants to stay in a campsite near Quimper in Brittany.

Sportif_700

3 There is not much to do in Brittany, especially near Quimper.

4 If you like extreme sports you should try paragliding or jet skiing.

5 You can enjoy yourself on the beach or in the restaurants.

accrodushopping

6 It is perfect if you like nature, wild beaches and hiking.

7 The food is not great.

Belge2000

8 For me, Quimper is too noisy.

9 It is better to stay in a quiet town like Rennes.

gourmande123

10 The weather is always good in Brittany.

À la découverte d'Avignon

Vue du pont d'Avignon et du palais des Papes

A Ville historique

Vous serez surpris par cette ville provençale. Vous y verrez non seulement le fameux pont, bien connu de tous grâce à la célèbre chanson « Sur le pont d'Avignon, on y danse, … » mais aussi le palais des Papes qui a accueilli les papes au quatorzième siècle. Vous pourrez vous promener sur les anciens remparts toujours intacts qui entourent la ville.

B Promenades

Il y a bien des manières de visiter la ville. Vous prendrez peut-être le petit train qui passe dans les rues commerçantes de la vieille ville. Après cela, vous irez sans doute vous promener dans le jardin du Rocher des Doms qui domine la ville où vous aurez alors, à vos pieds, toute la vallée du Rhône et sa région. N'oubliez pas de faire une promenade en bateau sur le Rhône, vous ne le regretterez pas.

C Ville européenne de la culture

Nommée ville européenne de la culture en l'an 2000, Avignon reste la ville du spectacle. Chaque été, des dizaines de milliers de visiteurs de tous pays y viennent pour assister au festival d'Avignon. Vous pourrez assister à des spectacles de danse, d'opéra, de musique classique, des pièces de théâtre. Le festival, quant à lui, vous permettra d'explorer des formes artistiques moins traditionnelles. Tous les jours du festival, vous aurez un choix de spectacles énorme. Que ce soit le cinéma, la chanson, le théâtre, la danse, toutes les formes d'expression artistique y sont représentées.

D Accès

Avec son aéroport, sa liaison en Eurostar avec Londres et l'autoroute A7 tout près, notre ville est facile d'accès.

Bienvenue à tous et à toutes. Nous vous souhaitons un agréable séjour.

1 Read the extract from a tourist brochure on Avignon. Answer the questions in English.

   A Ville historique

      1 Why is the famous bridge in Avignon well known?   1

      2 What are you told about the *Palais des Papes*?   1

      3 What other attraction is mentioned? Give details.   2

   B Promenades

      1 You can take the little train to visit the town. Where does it go?   1

      2 What are you told about the *Jardin du Rocher des Doms*?   2

      3 What else does the brochure recommend you do?   1

C Ville européenne de la culture

1 How many visitors come each year for the Avignon festival? 1

2 The festival offers dance, opera, classical music and theatre shows. What else can you explore? 1

3 What final comment is made about the festival? 1

D Accès

1 Apart from flying, what other ways are there of getting to Avignon? 2

La télé-réalité

De nos jours, la télévision joue un rôle très important dans notre vie. Après tout, on peut regarder des émissions de télé n'importe où et à n'importe quelle heure.

De plus, les émissions de télé-réalité deviennent de plus en plus populaires, surtout parmi les jeunes. Marine explique pourquoi elle aime tellement ces émissions.

« En rentrant de l'école à la fin d'une longue journée, j'aime me détendre un peu devant la télé. Je sais que certains disent que les émissions de télé-réalité sont bêtes, mais à mon avis elles sont seulement un moyen de divertissement et on ne doit pas les prendre au sérieux. »

Pourtant, beaucoup de gens ne sont pas d'accord et pensent que la télé-réalité peut exercer une mauvaise influence sur les jeunes. « Il faut faire très attention à ce qu'on regarde à la télé » dit la mère de David. « Je pense que les célébrités ont une grande influence sur les jeunes. En partageant les secrets de leur vie privée, ils encouragent les jeunes à acheter des choses dont ils n'ont pas besoin. Par exemple, certaines jeunes filles pensent que porter des vêtements d'une marque particulière ou acheter un certain type de maquillage les rendront plus belles. Quant aux garçons, ils sont persuadés qu'il faut avoir un corps musclé pour attirer de belles femmes. C'est tout à fait ridicule ! »

Doit-on limiter le nombre d'émissions de télé-réalité ? C'est à vous de décider !

2 You find an article in a French magazine about reality TV shows. Read the passage and answer the questions below in English.

1 What does the article say about reality TV? 1

2 Why does Marine like watching reality TV? 1

3 What does she say about it? State **three** things. 3

4 What do some people think? 1

5 a What does David's mother say about TV in general? 1

   b She goes on to talk about celebrities sharing secrets of their private life. What does this encourage young people to do, according to her? 1

6 What specific examples does she give? State **three** things. 3

7 What does the writer ask at the end of the article? 1

169

Coin révision 4.1

Reading

Décollage

Added Value Unit

If you are sitting National 3 or 4 you should have completed, or almost completed, one assessment in reading, listening, talking and writing. Practice for these assessments can be found in previous sections of this textbook. If you are a National 4 student, you should also have completed an Added Value Unit (AVU). If you have not already done so, you could use the example below to help you prepare this.

Requirements

1 Choose a topic from one of the four contexts and at least two relevant written texts in French.
2 Read the texts and answer questions in English to show you have understood them.
3 Choose relevant information and give a presentation in French on the topic.
4 Answer questions about the topic in French.

Example

1 Read the text *Ski Canada* (p. 166) and answer the questions in English.
2 Read the text *On va aller en Bretagne ?* (p. 167) and answer the questions in English.
3 Note down words and phrases you could use in a presentation.
4 Make a presentation and answer questions on it in French.

You could use the following words and phrases. Just make sure you understand what they mean and how to pronounce them.

Ski Canada	On va aller en Bretagne ?
huit jours inoubliables	aller en Bretagne
un appartement	partir en vacances
faire de la natation	un gîte
la piscine	il y a beaucoup à faire
Il y a un grand choix de cafés-bars	le parapente
Il y a aussi de nombreux restaurants	la cuisine est super
vous pouvez goûter des spécialités régionales	il fait toujours très beau

Presentation

En juin je vais en Bretagne avec ma famille. Je vais passer huit jours inoubliables dans un gîte. Super !

Le gîte est près de la plage. Il y a beaucoup à faire pour les jeunes. J'adore le sport et je pourrai faire de la natation tous les jours ou bien du parapente.

Il y a un grand choix de cafés-bars dans la ville et il y a aussi de nombreux restaurants.

La cuisine est super. Vous pouvez goûter des spécialités régionales, comme les crêpes.

Il fait toujours très beau en Bretagne. C'est génial.

Possible questions

1 Qu'est-ce qu'il y a à faire en Bretagne ?

2 Tu as aimé la région ? Pourquoi/ Pourquoi pas ?

3 Qu'est-ce que tu as mangé ?

4 Quel était ton plat préféré ?

5 Quel temps a-t-il fait ?

En Vol

If you are a National 5 student, this section will allow you to gain practice in exam-style questions.

Text 1

You see an advert for holidays that appeals to you.

Ce voyage est organisé par Vacances Plus

Paysage de l'Inde

Huit jours en pension complète avec guide accompagnateur parlant français – à partir de 1200 euros.

L'Inde est un pays immense où les populations vivent en harmonie. Venez visiter la capitale et surtout la vieille ville, dont les bâtiments sont des merveilles d'architecture.

Dans le nord du pays, on aime bien faire la fête et s'amuser dans la rue. Tout ceci contribue à une bonne ambiance. On doit reconnaître qu'il y a du bruit dans les villes. Il y a tellement de voitures que la circulation en ville est pratiquement impossible. Si vous souhaitez un peu de calme, détendez-vous à l'hôtel.

Ces vacances vous sont proposées par Europtrain

Une vue de Prague

Faites-vous plaisir, faites le tour de l'Europe en train ! Ça vous dit ? Passez deux jours dans chacune des sept villes mentionnées sur l'itinéraire et explorez-les. À chacune de ces destinations, vous serez libre de découvrir la ville seul(e) si vous le souhaitez ou bien de participer à une de nos excursions. Le but de chaque excursion est de vous montrer ce qu'il ne faut pas manquer dans cette ville. Vous logerez dans des hôtels trois étoiles et le repas du soir est compris. À partir de 2200 euros.

Questions

1	What does the holiday to India offer?	2
2	What should you visit in the capital?	1
3	What are you told about the north of the country. State any **one** thing.	1
4	What does the advert say about the towns? State any **one** thing.	1
5	What is the second advert offering?	1
6	What exactly will you do on this holiday?	2
7	What choice do you have when you reach your destination? State any **one** thing.	1
8	What is included in the price?	1

Text 2

Anne-Laure talks about her experience of living with a French family.

Questions

L'été dernier Anne-Laure a passé quinze jours chez une famille française qui habitait un petit village dans le sud-est de la France. Elle parle de son séjour. Elle nous raconte : « C'était une expérience que je n'oublierai jamais. Au début c'était très difficile car ma famille me manquait et j'avais du mal à comprendre ce qu'on me disait. Pour m'aider un peu, la famille a fait l'effort de parler plus lentement et après quelques jours je me sentais plus à l'aise. Ce que j'ai vraiment apprécié, c'est qu'ils cuisinaient de petits plats à base de poisson et de légumes verts, car je ne mange pas de viande. Je dois dire que la cuisine était délicieuse ! En plus, tous les soirs, j'adorais manger dehors sur la terrasse parce qu'il faisait si beau. En effet, à cause du mauvais temps et des moustiques, dîner à l'extérieur est rarement possible en Écosse. Je dois dire que j'ai fait énormément de progrès en français et que j'arrive de mieux en mieux à participer aux conversations. Personnellement je recommanderais une telle expérience. »

1	Where did Anne-Laure's host family live?	1
2	She found it difficult at the beginning. Why was this the case?	2
3	What did the family do to help her?	1
4	What difference did this make to her?	1
5	What did she really appreciate?	1
6	What else did she really like?	1
7	Why was this the case?	2
8	In what way did Anne-Laure benefit from her stay? State any **one** thing.	1

Text 3

Pierre gives some advice on finding work experience abroad.

Pierre vient de passer trois mois en France avant d'aller à l'université. Il raconte ce qu'il a fait pour trouver un emploi. « Si vous voulez travailler à l'étranger, il faut commencer à chercher un poste deux ou trois mois avant de partir. On ne va pas vous répondre tout de suite. Normalement il faut attendre quelques semaines.

Tout d'abord, j'ai cherché sur des sites web pour voir s'il y avait des postes qui m'intéressaient. Je vous recommanderais de vérifier que le site web est sécurisé avant de poser votre candidature et de télécharger des documents. Sinon vous risquez de partager vos renseignements personnels avec des personnes que vous ne connaissez pas.

Si vous réussissez à trouver un emploi, pratiquez le français autant que possible avant de partir et n'hésitez pas à demander de l'aide si vous en avez besoin. Il est parfois difficile de bien s'intégrer sans une bonne connaissance de la langue. Après plusieurs semaines vous vous sentirez plus à l'aise. Travailler à l'étranger en vaut vraiment la peine. Vous améliorerez votre connaissance de la langue et vous vous ferez de très bons amis en même temps. »

Questions

1	What does Pierre say you should do if you want to work abroad?	1
2	Why should you do this?	1
3	Pierre describes how he looked for a job abroad. What did he do first of all?	1
4	What does he recommend you do and why?	2
5	What should you do if you succeed in getting a job?	2
6	Why might you find it difficult to settle in to the job?	1
7	Why does he say working abroad is really worth it?	2

Coin révision 4.2

Writing

You are preparing an application for the job advertised below and you write an e-mail in French to the company.

Jobs d'été au camping de la plage

Cherche animateur/animatrice pendant juillet/août

Le candidat/la candidate idéale doit :
- travailler en équipe avec des adultes/enfants
- être responsable, patient(e), plein(e) d'énergie
- pouvoir camper (gratuitement) sur le site
- parler deux ou trois langues

Contactez jobsdété@campingplage.fr

To help you to write your e-mail, you have been given the following checklist. You must include all of these points

- personal details (name, age, where you live)

- school / college / education experience until now

- skills/interests you have which make you right for the job

- related work experience

- which activities you would organise for the adults and children

- why you would like to work in France

Use all of the above to help you write the e-mail in French. The e-mail should be approximately 120–150 words. You may use a French dictionary.

Listening

Item 1

Listen to Marc, a French student, talking about a school exchange.

a When does Marc's school exchange take place?   **1**

b What do the pupils know about their partner before they leave for France?   **1**

c In what way is the French school different from the school in Scotland? State any
   one thing.   **1**

d What do they do twice a week? State any **two** things.   **2**

e Marc talks about going to a restaurant at the weekend. What does he say about it?   **1**

f Why did Marc think his experience was unforgettable? State any **one** thing.   **1**

g What is the main benefit of taking part in a school exchange? Tick the correct
   statement.   **1**

You get to know a bit about the culture of another country.	
It is less stressful than school in Scotland.	
It is like going on holiday without your parents.	

Item 2

David speaks to Élodie about her recent school exchange to France.

a Why is Élodie tired? State **two** things.   **2**

b What does Élodie say about the French school? State any **two** things.   **2**

c Élodie took part in lessons in France. What does she say about them?   **1**

d What difficulties did she have in classes?   **2**

e Élodie liked the 2-hour lunch break. Why was this the case? State any **two** things.   **2**

f Why would Élodie recommend a school exchange?   **2**

g What is Élodie's impression of French schools? Tick the correct statement.   **1**

She thinks there are good and bad points.	
The pupils in France are more stressed than in Scotland.	
She prefers the French school system to the Scottish one.	

Assignment–writing

You may have already completed your assignment–writing by this stage in the course book. However, if you have already covered the context of Culture earlier in the course, you could use the scenario below to prepare an assignment on this context.

You will find details of requirements for the assignment–writing in the *Coin révision* on pages 93–95.

Task

You have recently returned from France. You write a blog about the area you visited.

Write 120–200 words in French. You could include:

- where exactly you went in France
- what the area was like and what you liked/disliked about it
- what the food was like
- what tourist attractions you would recommend to visitors
- any excursions available to places nearby

Performance–talking

You may have completed your performance–talking by this stage in the textbook. However, you may wish to prepare a presentation on the context of Culture. Remember you must move onto another context in the conversation part of the assessment.

You will find details of requirements for the performance–talking in the *Coin révision* on pages 90–92.

Task

Presentation

You have chosen to make a presentation on a holiday you have recently spent in France (Culture context) and then to talk about family relationships (Society context).

You could use the preparation you did for the Assignment–writing for your presentation, as you will probably have completed it before the performance–talking.

It is a good idea to keep a note of words and phrases you come across in reading and listening activities that you could use in your performance–talking. Just make sure you understand what they mean and that you know how to pronounce them properly.

Conversation

Now prepare answers to the following questions:

1 En général, tu t'entends bien avec ta famille?

2 Est-ce que tu te disputes quelquefois avec ta famille ?

3 Tu aimes partir en vacances avec tes parents ? Pourquoi/Pourquoi pas ?

4 Quel type de logement préfères-tu ? L'hôtel ? Le gîte ? Le camping ? Pourquoi ?

5 Qu'est-ce que tu aimes faire pendant les vacances ?

6 Qu'est-ce que tu n'aimes pas faire ?

7 Tu aimes visiter des sites historiques ? Pourquoi/Pourquoi pas ?

8 Quels sont les avantages des vacances en famille ?

9 Quels sont les inconvénients ?

10 Où est-ce que tu voudrais passer tes vacances l'année prochaine ? Pourquoi ?

Vocabulary

4.1a On va loger où ?

l'appartement (m) apartment
l'auberge (f) de jeunesse youth hostel
à la campagne in the country
le camping campsite
la caravane caravan
le centre-ville town centre
la chambre room
compris included
à côté de next to
en face de opposite
l'étoile (f) star
la fiche de réservation booking form
la gare station
le gîte holiday home
gratuit(e) free
le lac lake
le lit superposé bunk bed
loin de far from
louer to rent
la nuit night
la plage beach
près de near
privé(e) private
semaine week
spacieux (-euse) spacious
tranquille quiet

4.1b À l'office de tourisme

la bibliothèque library
le centre commercial shopping centre
le château castle
le magasin shop
le musée museum
l'office (m) de tourisme tourist office
la patinoire ice rink
la piscine swimming pool
le pont bridge
la poste post office
le stade stadium
allez tout droit go straight on
tournez à droite turn right
tournez à gauche turn left
prenez la première/ deuxième rue take the first/ second street
le rond-point roundabout
la ville town

4.1c Quel genre de vacances ?

au bord de la mer at the seaside
le camping-car camper van
la croisière cruise
découvrir to discover
éducatif (-ive) educational
à l'étranger abroad
l'endroit (m) place
explorer to explore
faire du cheval to go horse riding
la montagne mountain
le pays country
la randonnée walk
les vacances holiday
le voyage journey

4.1d Qu'est-ce que tu fais en vacances ?

l'alpinisme (m) climbing
le château de sable sand castle
l'emplacement (m) place
l'équitation (f) horse riding
l'escalade (f) climbing
la natation swimming
le parapente hang-gliding
en plein air in the open air
faire des achats to go shopping
faire la connaissance de to get to know
faire la grasse matinée to have a long lie
faire du lèche-vitrine to go window shopping
faire/défaire sa valise to pack/unpack a suitcase
la planche à voile windsurfing
le ski nautique water skiing
se faire bronzer to sunbathe
se faire des amis to make friends
s'ennuyer to be bored

4.1e Comment étaient tes vacances ?

la baleine whale
la côte coast
durer to last
entendre dire to hear
il fait frais it is chilly
il fait beau/mauvais the weather is nice/bad
il fait froid/chaud it is cold/hot
il gèle it is freezing
il fait du soleil it is sunny
la fois time
l'hiver winter
la matinée morning
l'orage (m) thunderstorm
l'ouest (m) west
la piste slope
les vêtements clothes

4.1f Pourquoi partir en vacances ?

améliorer to improve
s'asseoir to sit down
avoir le temps de to have time to
le carnaval carnival
connaître to know/to get to know
la coutume custom
défiler to parade
s'éloigner to get away from
éviter party/festival

la fête party/festival
les fruits de mer seafood
goûter to taste
inoubliable unforgettable
là-bas over there
l'occasion (f) opportunity
les lieux touristiques tourist areas
la noix de coco coconut
la nourriture food

le pays country
quelque some
la raison reason
rien de mieux nothing better
un tas de a load/pile of
utiliser to use
les vacances holiday
la viande meat

4.1g Un voyage inoubliable

s'amuser to enjoy oneself
avoir l'habitude de to be used to
la balade walk
le car coach
cher/chère expensive
la circulation traffic
se coucher to go to bed

dehors outside
expliquer to explain
l'île (f) island
la journée day
nager to swim
la plongée sous-marine deep sea
diving

la plupart du temps most of the time
reconnaître to recognise
se reposer to rest
tôt early
venir de to have just

4.2a Au restaurant

l'addition (f) bill
boire to drink
la boisson drink
le café noir/crème/au lait black/white/
milky coffee
ça coûte... that costs...
Ça fait combien ? How much is it?
C'est tout ? Is that all?

**la crêpe au chocolat/à
l'orange** chocolate/orange crepe
le croque-monsieur ham and cheese
toastie
l'eau (f) (minérale) (mineral) water
les frites (f) chips
le fromage cheese

la glace à la fraise strawberry ice
cream
Je vous sers ? Can I help you?
le jus d'orange orange juice
le plat principal main course
le poisson fish
le poulet chicken

4.2b La vie dans un autre pays (1)

accueillant(e) welcoming
l'adversaire opponent
avoir envie de to feel like (doing…)
ensoleillé(e) sunny
environ around
dormir to sleep
le fleuve river
grandir to grow up

l'habitant (m) inhabitant
la langue language
la lutte fight
même even
oublier to forget
partager to share
par terre on the ground
à peine scarcely/hardly

plus de more than
salé(e) salty
la savane plain
savoir to know
soit... soit ... either... or …
tomber to fall
tout le monde everyone
traverser to cross

4.2c La vie dans un autre pays (2)

l'ancien (m) the ancient (the old part)
animé(e) lively
attirer to attract
la boîte de nuit nightclub
le boulot job
ce qui n'arrange rien which does not
help
construire to build
le créole creole (language)
se débrouiller to manage
déranger to bother
entouré(e) de surrounded by
les épices spices
à l'extérieur de on the outskirts of

heureusement fortunately
il n'y a pas grand-chose there is not
much
l'infirmier (-ière) nurse
s'inscrire à to enrol in
laïque non-religious
libre free
le Maroc Morocco
le monde world
occidental(e) western
à part except
la pauvreté poverty
profiter de to take advantage of
se promener to walk

prospère prosperous
le quartier district/area
la richesse wealth
se sentir to feel
le siècle century
vendre to sell
la vie life
vivre to live

4.3a On fait des achats

acheter to buy
l'anniversaire (m) birthday
la bijouterie jeweller's
la boulangerie baker's
le cadeau present
la confiserie sweet shop

le centre commercial shopping centre
la crème solaire sun cream
faire des achats to go shopping
fêter to celebrate
le gâteau cake
la librairie bookshop

le livre book
le magasin de sport sports shop
le parfum perfume
la parfumerie perfume shop
la pâtisserie cake shop
la pharmacie chemist's

4.3b Les festivals et les traditions dans d'autres pays (1)

d'ailleurs from elsewhere
l'ambiance (f) atmosphere
assister to attend
avoir raison to be right
le billet ticket
déguster to taste
élevé(e) high

être prêt à to be ready to
géant(e) giant
s'intéresser à to be interested in
la mandarine mandarin orange
marrant(e) crazy
les meilleurs... the best...
néo-calédonien(ne) New Caledonian

plutôt que rather than
la poêle frying pan
le prix price
le repas meal
le spectacle show
en version originale in the original
version

4.3c Les festivals et les traditions dans d'autres pays (2)

apprécier to appreciate
avoir lieu to take place
bouger to move
celui/celle/ceux/celles the one/the
ones
connu(e) well-known
le défilé parade
le feu d'artifice fireworks

la glace ice
d'habitude normally
les habitudes habits/customs
incroyable unbelievable
manquer to miss
des milliers thousands
moins less
nombreux (-euse) numerous

plusieurs several
presque almost
profond(e) deep/profound
québécois(e) from Quebec
remarquer to notice
servir to serve
tout au long de throughout

4.4a J'aime lire

le balcon balcony
la bande dessinée comic
au bord de la mer at the seaside
le bureau study (room)
la chambre bedroom
le cours lesson
la cuisine kitchen
en ligne online
l'histoire (f) d'amour love story
le jardin garden
le journal newspaper

lire to read
la liseuse e-reader
le lit bed
loin far (away)
le magazine de mode fashion
magazine
le magazine de sport sports magazine
l'ordinateur (m) computer
la plage beach
la pause-déjeuner lunch break
la récréation break (at school)

le roman d'aventures adventure story
le roman d'épouvante horror story
le roman de science-fiction science-
fiction story
le roman policier detective story
la salle à manger dining room
le salon lounge
le soir evening
la tablette tablet
le voisin neighbour

4.4b Mes lectures

le/la concierge caretaker/janitor
la cloche bell
le club de lecture book club
dangereux (-euse) dangerous
déprimant(e) depressing
le/la directeur/directrice head teacher
enrichissant(e) rewarding

le magazine d'informatique IT/
computing magazine
nouveau/nouvel/nouvelle new
la poche pocket
le personnel staff
le sac bag
le/la secrétaire secretary

le tiroir drawer
les vêtements (m) clothes
les yeux eyes

4.4c Lire pour le plaisir

l'atelier (m) workshop
l'auteur(e) author
captivant(e) gripping/riveting
célèbre famous
célébrer to celebrate
le chèque-livre book token
découvrir to discover
se dérouler to take place
la détente relaxation
durer to last
écrire to write
l'évasion escape

la fin end
gratuit(e) free (of charge)
le groupe de soutien support group
l'histoire (f) story
le lecteur/la lectrice reader
le personnage character
le pays country
se passer to take place
penser to think
le personnage principal main character
le poème poem

à propos de/d' about
raconter to tell (a story)
réaliste realistic
recommander to recommend
rencontrer to meet
répondre to answer
la revue review
le succès success
le thème theme
tout le monde everyone
triste sad

4.5a La télé et le cinéma

la chaîne (de télévision) (television) channel
la comédie musicale musical comedy
divertissant(e) entertaining
le documentaire documentary
le petit écran the small screen (TV)
l'émission (f) programme/broadcast
l'émission musicale/sportive music/ sports programme
l'émission (f) de télé-réalité reality TV programme

ennuyeux (-euse) boring
le feuilleton soap opera
le film d'action/d'amour/ d'aventures/de guerre/d'horreur/ policier action/romantic/adventure/ war/horror/detective film
les informations (f) news
marrant(e) funny
nul(le) rubbish
le jeu télévisé game show
le journal télévisé news
la personnalité personality

préférer to prefer
le présentateur/ la présentatrice presenter
la pub(licité) adverts
relaxant(e) relaxing
en revanche on the other hand
la série series
surtout especially
la télécommande remote (control)
vraiment really
le western western film
zapper to hop channels

4.5b Je suis fana de films

acheter to buy
bête stupid
le billet ticket
(pas) cher/chère (not) expensive
le ciné-club film club
la comédie (romantique) (romantic) comedy
doublé(e) dubbed
l'écran (m) screen

les effets spéciaux special effects
émouvant(e) moving
fana fan(atic)
fanatique de fanatic about
le genre de film type of film
avoir horreur (de) to loathe
nul(le) rubbish
parmi amongst
avoir peur (de) to be afraid (of)

la place space/place
plutôt rather
pratique practical/handy
sous-titré(e) subtitled
le téléfilm TV film
regarder to watch
voir (un film) to see (a film)

4.5c J'aime regarder…

accro hooked/addicted
l'acteur (-trice) actor/actress
américain(e) American
en anglais in English
le comédien/ la comédienne actor/comic actor
comme like/as
diffuser to broadcast

drôle funny
essayer to try
français(e) French
en français in French
le genre type
interdire de to forbid
passer to be on (television) / to spend (time)

passionnant(e) fascinating
préféré(e) favourite
rarement rarely
reposer to rest
ridicule ridiculous
rire to laugh

Grammar

Grammar section contents

A Nouns and articles *Les noms et les articles*

A noun is:

- a person (e.g. the teacher)
- an object (e.g. guitar)
- a place (e.g. cinema)
- a name (e.g. Mary)
- a concept/idea (e.g. luck)

A1 Gender *Le genre*

All nouns in French are either masculine or feminine. In the dictionary, masculine nouns are usually indicated with (*m*) and feminine nouns with (*f*).

In the singular, the definite article ('the') is *le* in the masculine and *la* in the feminine, both changing to *l'* before a vowel:

le chapeau	the hat
le sac	the bag
le stylo	the pen
l'œuf	the egg

la fille	the girl
la porte	the door
la gare	the station
l'idée	the idea

The indefinite article (the word for 'a' or 'an') is *un* in the masculine and *une* in the feminine.

The most common way to make the feminine form of a masculine noun is to add *-e* to the end:

un ami	*une amie*	a friend

If a noun ends in *-e* in the masculine form, it does not generally change in the feminine form:

un élève	*une élève*	a student

The examples below show how other masculine nouns change in the feminine form:

un boulanger	*une boulangère*	a baker
un jumeau	*une jumelle*	a twin
un époux	*une épouse*	a husband/wife
un danseur	*une danseuse*	a dancer
un moniteur	*une monitrice*	a supervisor
un technicien	*une technicienne*	a technician
un lion	*une lionne*	a lion/lioness

Some nouns are traditionally always masculine, even when referring to a female:

un médecin	a doctor

In general, words for animals only have one gender, although there are some exceptions:

un chien	*une chienne*	a dog/bitch
un chat	*une chatte*	a cat

The word for 'a person' is *une personne* and is always feminine.

Some words have a separate masculine and feminine form:

un fils	*une fille*	a son/daughter
un mari	*une femme*	a husband/wife
un roi	*une reine*	a king/queen
un copain	*une copine*	a male friend/female friend

Some words have two genders; their meaning depends on the gender:

un livre	a book	*une livre*	a pound
un manche	a handle	*une manche*	a sleeve
un poste	a job	*une poste*	a post office
un voile	a veil	*une voile*	a sail

The endings of words can sometimes be used to determine the gender of a noun. In general, words ending in *-age, -aire, -é, -eau, -eur, -ier, -in, -isme, -ment* and *-o* are masculine:

un garage	a garage
un bureau	an office
le bonheur	happiness

The following feminine nouns are exceptions to this rule:

une clé	a key
une image	a picture
l'eau	water
la fin	the end
la météo	the weather forecast
la plage	the beach
la radio	the radio

Words ending in *-ade, -ance, -ation, -ée, -ère, -erie, -ette, -que, -rice, -sse* and *-ure* are generally feminine:

une limonade	a lemonade
la natation	swimming
la fermière	the farmer's wife

The following masculine nouns are exceptions to this rule:

un lycée	a secondary school
un musée	a museum
le dentifrice	toothpaste
un kiosque	a newspaper stand

A2 Plurals *Les pluriels*

For the majority of nouns, plurals are made by adding *-s* to the singular form:

une porte	*des portes*	door(s)

Nouns ending in *-s, -x* or *-z* stay the same:

un bras	*des bras*	arm(s)
un nez	*des nez*	nose(s)
une voix	*des voix*	voice(s)

Nouns ending in *-eau* or *-eu* add *-x*:

un jeu	*des jeux*	game(s)

Exception:

un pneu	*des pneus*	tyre(s)

Some nouns ending in *-ail* change to *-aux*:

un travail	*des travaux*	work(s)

Some nouns ending in *-al* change to *-aux*:

un animal	*des animaux*	animal(s)

Nouns ending in -ou add -s:

un cou	*des cous*	neck(s)

Exceptions include:

un bijou	*des bijoux*	jewel(s)
un caillou	*des cailloux*	stone(s)
un chou	*des choux*	cabbage(s)
un genou	*des genoux*	knee(s)

Note: some nouns are singular in form but plural in meaning, and take a singular verb. These include *la famille*, *la police* and *la foule*:

La famille est dans la maison.
The family is in the house.

La police arrive.
The police arrive.

A3 Definite article *Les articles définis*

The word for 'the' in French has four forms: *le*, *la*, *l'* and *les*. *Le* is used for masculine nouns that start with a consonant:

le cahier   the exercise book

La is used for feminine nouns that start with a consonant:

la fleur   the flower

L' is used for nouns that begin with a vowel or a silent 'h', whether they are masculine or feminine:

l'ennemi (m)   the enemy
l'huile (f)   the oil

Les is used with all nouns in the plural:

les cahiers	*les huiles*
les fleurs	*les ennemis*

Instead of *le* and *la*, some people prefer to use non-gender specific articles:

lae or *læ* (or *la.le*, *la.e*)

The definite article is used:

● to refer to a particular object or person

Le sac est sur la table.
The bag is on the table.

● with a noun used in a general sense

Il aime beaucoup le chocolat, mais il n'aime pas les bonbons.
He likes chocolate a lot, but he does not like sweets.

● with countries and languages

La Belgique est très petite.   *J'étudie l'allemand.*
Belgium is very small.   I study German.

● with parts of the body

J'ai les mains propres.
I have clean hands.

● with people's names or titles

la petite Hélène   little Helen

le roi Charles   King Charles

● with days of the week to convey 'every':

Le jeudi je sors avec mes amis.
On Thursdays I go out with my friends.

A3.1 Changes to the definite article *Comment changer les articles définis*

Le and *les* contract to *au* and *aux* when used with *à* ('to'/'at'):

Incorrect: *Je vais à le magasin.*
Correct: *Je vais au magasin.*
I'm going to the shop.

Incorrect: *Ils sont à les magasins.*
Correct: *Ils sont aux magasins.*
They are at the shops.

There are no changes with *la* or *l'*:

Il est à la poste.
He is at the post office.

Tu vas à l'église.
You are going to the church.

Note how these forms are used when describing flavours:

un sandwich au fromage   a cheese sandwich

une glace à la vanille   a vanilla ice cream

and ailments:

J'ai mal au pied et à la jambe.
I have a bad foot and a bad leg.

You will also find them with compass directions:

Il habite au nord/sud de la ville.
He lives to the north/south of the town.

Elle habite à l'est/l'ouest de la région.
She lives to the east/west of the area.

However, to say you are going to a country, use *en* for feminine countries and *au* for masculine ones. Use *à* to say you are going to a named place.

Je vais à Montréal au Canada, mais Paul va à Rome en Italie.
I'm going to Montreal in Canada, but Paul is going to Rome in Italy.

Le and *les* contract to *du* and *des* when used with *de*:

Incorrect: *Elle est près de le cinéma.*
Correct: *Elle est près du cinéma.*
She is near the cinema.

Incorrect: *Vous partez de les magasins.*
Correct: *Vous partez des magasins.*
You are leaving the shops.

There are no changes with *la* and *l'*:

Elle est près de la gare.
She is near the station.

Elle est près de l'église.
She is near the church.

A4 Indefinite article *Les articles indéfinis*

There are two words for 'a' and 'an'; *un* is used for masculine nouns and *une* is used for feminine nouns:

un perroquet   a parrot

une maison   a house

There are specific occasions when an indefinite article is not used:

● with a person's job   ● with a negative

Il est facteur.   *Je n'ai pas de chat.*
He is a postman.   I don't have a cat.

A5 Partitive article *Les articles partitifs*

The word for 'some'/'any' in French has four forms: *du, de la, de l'* and *des.*

Du is used for masculine nouns:

du pain   some bread

De la is used for feminine nouns:

de la confiture   some jam

De l' is used for nouns that begin with a vowel or a silent 'h', whether masculine or feminine:

de l'eau   some water

de l'huile   some oil

Des is used for plural nouns:

Ils ont vu des girafes.
They saw some giraffes.

There are specific occasions when a partitive is not used:

● with a verb in the negative

Il n'y a pas de légumes.
There are no vegetables.

● with an adjective in front of the noun

Ils ont vu de belles plages.
They saw some beautiful beaches.

● after expressions of quantity

beaucoup de pain   a lot of bread

un peu de beurre   a little butter

un litre de lait   a litre of milk

500 grammes de fromage   500 grammes of cheese

une bouteille de limonade   a bottle of lemonade

un paquet de chips   a packet of crisps

une boîte de tomates   a tin of tomatoes

A5.1 *Jouer à/jouer de*
Jouer can be followed by *à* when talking about playing a sport or game, but by *de* when talking about playing an instrument:

*Il joue **au** foot. Elle joue **du** violon.*

B Adjectives and pronouns *Les adjectifs et les pronoms*

B1 Adjective agreements *L'accord des adjectifs*

Adjectives describe nouns. In French, you usually need to change the spelling of an adjective to agree with the noun that it is describing. The most usual way is to:

● add *-e* to make it feminine singular

● add *-s* to make it masculine plural

● add *-es* to make it feminine plural

For example:

Le chapeau est bleu.
The hat is blue.

La robe est bleue.
The dress is blue.

Les chapeaux sont bleus.
The hats are blue.

Les robes sont bleues.
The dresses are blue.

(See p. 12 for use of inclusive adjective endings.)

Exceptions
Adjectives ending in *-e* remain the same in both the masculine and the feminine singular:

Le livre est rouge.
The book is red.

La porte est rouge.
The door is red.

Adjectives ending in *-s* do not add an extra *s* in the masculine plural:

Le pull est gris.
The sweater is grey.

Les pulls sont gris.
The sweaters are grey.

Adjectives with the following endings change as shown below:

affreux, affreuse   awful

cher, chère   dear

indien, indienne   Indian

sportif, sportive   sporty

gros, grosse	large, fat
bon, bonne	good
gentil, gentille	nice

Three adjectives have a special form that is used when the noun is masculine singular and begins with a vowel or silent 'h':

● *beau* becomes *bel*

un bel homme	a handsome man

● *vieux* becomes *vieil*

un vieil hôtel	an old hotel

● *nouveau* becomes *nouvel*

un nouvel hôtel	a new hotel

The following adjectives are irregular:

blanc, blanche	white
complet, complète	complete, full
doux, douce	soft, gentle
favori, favorite	favourite
faux, fausse	false
frais, fraîche	fresh
long, longue	long
public, publique	public
roux, rousse	red (hair)
sec, sèche	dry
secret, secrète	secret

Some adjectives of colour do not change, for example:

cerise	cherry
marron	brown
noisette	hazel
orange	orange
paille	straw-coloured
pêche	peach-coloured
des robes orange	orange dresses

Similarly, compound adjectives of colour do not change:

bleu clair	light blue
bleu marine	navy blue
bleu foncé	dark blue
des chaussures bleu foncé	dark-blue shoes

B2 Position of adjectives *La position des adjectifs*

Most adjectives are placed after the noun they are describing:

Elle a un chien noir.
She has a black dog.

Some more common adjectives are placed before the noun:

beau	beautiful, handsome	*joli*	attractive, pretty
bon	good	*long*	long
gentil	nice	*mauvais*	bad
grand	big	*nouveau*	new
gros	large	*petit*	small
haut	high	*premier*	first
jeune	young	*vieux*	old

C'est une jolie robe.
That's a pretty dress.

If you are using two adjectives to describe a noun, they are usually put in their normal position, and in alphabetical order if both come in front or after the noun:

une jolie robe rouge	a pretty red dress
une jolie petite voiture	an attractive little car

Note: some adjectives can be placed either before or after a noun and have a different meaning according to their position:

un ancien docteur	a former doctor
une maison ancienne	an old house
un cher oncle	a dear uncle
un livre cher	an expensive book
le dernier disque	the latest record
jeudi dernier	last Thursday
un grand homme	a great man
un homme grand	a tall man
mon pauvre oncle	my poor uncle
un oncle pauvre	a poor (i.e. 'not rich') uncle
ma propre maison	my own house
ma maison propre	my clean house

B3 Comparisons *Les comparaisons*

To compare one thing with another, use *plus, moins* or *aussi* in front of the adjective and *que* after:

plus...que	more...than
moins...que	less...than
aussi...que	as...as

Le château est plus grand que la maison.
The castle is bigger than the house.

Les pommes sont moins chères que les oranges.
Apples are less expensive than oranges.

Mes amis sont aussi sportifs que moi.
My friends are as sporty as me.

Exceptions: *bon* ('good') becomes *meilleur* ('better'):

Elle a un bon portable, mais, moi, j'ai un meilleur portable.
She has a good mobile, but I have a better mobile.

Mauvais ('bad') becomes *pire* or *plus mauvais* ('worse'):

Ce poisson est mauvais, mais la viande est pire (or *plus mauvaise*).
This fish is bad, but the meat is worse.

Note: the use of *si* after a negative.

Ce n'est pas si facile.
This is not so easy.

B4 Superlative *Les superlatifs*

To say that something is the best, biggest, smallest etc., use *le*, *la*, or *les* with *plus/moins* followed by an adjective:

le livre le plus cher	the most expensive book
la maison la moins propre	the least clean house
les hommes les moins intelligents	the least intelligent men

If the adjective normally goes in front of the noun, the superlative also goes in front of the noun:

la plus petite robe	the smallest dress

Note that the superlative in French is followed by *de* whereas English uses 'in':

le plus grand magasin de Paris	the largest shop in Paris

Exceptions include:

le/la meilleur(e)	the best
le/la plus mauvaise or *le/la pire*	the worst
le/la moindre	the least

B5 Demonstrative adjectives *Les adjectifs démonstratifs*

In French there are four forms of the demonstrative adjective (meaning 'this', 'that', 'these', 'those'):

ce livre (m sing)	this/that book
cette robe (f sing)	this/that dress
cet avion (m; beginning with a vowel)	this/that aeroplane
cet homme (m; beginning with a silent 'h')	this/that man
ces livres (pl)	these/those books

To give further emphasis, add the endings *-ci* or *-là*:

ce livre-ci et ce cahier-là	this book here and that exercise book there

B6 Demonstrative pronouns *Les pronoms démonstratifs*

There are several forms of the demonstrative pronoun: *ce, cela, ça, celui* (m sing), *celle* (f sing), *ceux* (m pl) and *celles* (f pl).

Ce (*c'* before a vowel) means 'it', 'that' or 'those'.

Ce sont mes chaussures préférées.
Those are my favourite shoes.

Ça is used in various phrases:

Ça va bien.
I'm fine.

C'est ça.
That's right.

Ça ne fait rien.
It doesn't matter.

Celui, celle, ceux and *celles* mean 'the one(s)' and agree with the noun to which they refer. The endings *-ci* or *-là* can be added for emphasis.

Quel magasin est-ce que tu préfères ? Celui qui est à gauche. Celui-là est trop petit.
Which shop do you prefer? The one that is on the left. That one is too small.

Quelles voitures aimes-tu ? Celles-ci. Je n'aime pas celles qui sont bleues.
Which cars do you like? These. I don't like the blue ones. (i.e. 'Those which are blue.')

B7 Indefinite adjectives *Les adjectifs indéfinis*

Indefinite adjectives add an unspecified value to a noun.

Chaque means 'each', and never changes form:

chaque garçon	each boy
chaque fille	each girl

Quelques means 'some' or 'a few':

Tu as quelques DVD.
You have some DVDs.

Tel means 'such' and can be used to say 'like that'. It has four forms: *tel* (m sing), *telle* (f sing), *tels* (m pl) and *telles* (f pl):

Un tel livre est cher.
Such a book is expensive.

Avec une telle famille, il ne s'ennuie jamais.
With a family like that, he never gets bored.

Même means 'same':

Ils ont la même voiture que nous.
They have the same car as us.

Pareil means 'similar':

J'aime ton sac. J'en ai un pareil.
I like your bag. I have a similar one.

Certain means 'some' or 'certain':

après un certain temps after some time, after a certain time

Plusieurs means 'several':

Plusieurs personnes sont arrivées.
Several people arrived.

Autre means 'other':

un autre livre	another book

Nous avons acheté les autres chaussures.
We (have) bought the other shoes.

Tout is the word for 'all' and has four forms: *tout* (m sing), *toute* (f sing), *tous* (m pl) and *toutes* (f pl):

tout le temps	all the time
tous les jours	every day

B8 Indefinite pronouns *Les pronoms indéfinis*

Some common indefinite pronouns are:

chacun(e)	each
tout	all
autre (sing)	other
plusieurs	several
certain(e) (sing)	certain
quelqu'un	someone
quelques-uns (m pl)	some, a few
quelques-unes (f pl)	some, a few
quelque chose	something
n'importe qui/quoi	anybody/thing

These can be used either as the subject or the object of a verb:

Certains sont riches, plusieurs sont pauvres; d'autres ne sont ni riches ni pauvres.
Some are rich, several are poor; others are neither rich nor poor.

Vous avez des livres ? J'en ai quelques-uns dans mon sac.
Do you have any books? I have some in my bag.

Chacun a reçu 100 euros.
Each (one) received 100 euros.

Il n'y en a pas d'autres.
There are no others left.

J'ai trouvé quelque chose d'intéressant.
I found something interesting.

Elle parle à n'importe qui.
She talks to anybody.

B9 Possessive adjectives *Les adjectifs possessifs*

In French the possessive adjectives have the forms shown below:

	m sing	f sing	m/f pl
my	*mon*	*ma*	*mes*
your (s)	*ton*	*ta*	*tes*
his/her/its	*son*	*sa*	*ses*
our	*notre*	*notre*	*nos*
your (pl)	*votre*	*votre*	*vos*
their	*leur*	*leur*	*leurs*

In French the possessive adjective agrees with the object it is describing and not with the gender of the person who is the possessor. For example, *mon père* could be used by both a male and a female speaker.

Note: if a feminine singular word starts with a vowel or silent 'h', use the masculine form *mon*, *ton* and *son* (not *ma*, *ta* and *sa*):

mon amie Louise   my friend Louise

Note: some people prefer to use neutral forms that combine the feminine and masculine words:

sa + son → san / saon

ta + ton → tan / taon

Taon *enfant est intelligent.*

B10 Possessive pronouns *Les pronoms possessifs*

The possessive pronoun agrees with the object it is replacing and not the person to whom the object belongs:

	m sing	f sing	m pl	f pl
mine	*le mien*	*la mienne*	*les miens*	*les miennes*
yours (s)	*le tien*	*la tienne*	*les tiens*	*les tiennes*
his/hers/its	*le sien*	*la sienne*	*les siens*	*les siennes*
ours	*le nôtre*	*la nôtre*	*les nôtres*	*les nôtres*
yours (pl)	*le vôtre*	*la vôtre*	*les vôtres*	*les vôtres*
theirs	*le leur*	*la leur*	*les leurs*	*les leurs*

For example:

J'ai mon crayon. Tu as le tien ?
I have my pencil. Do you have yours?

Je n'ai pas de chaise. Donne-moi la sienne.
I don't have a chair. Give me his/hers.

Possession can also be expressed by using *à moi, à toi, à lui, à elle, à soi, à nous, à vous, à eux* or *à elles*:

Ce livre est à moi, mais ce cahier est à lui.
This book is mine, but this exercise book is his.

Note: there is no apostrophe 's' in French: 'Luc's house' is 'the house of Luc': *la maison de Luc*.

C Adverbs *Les adverbes*

Adverbs are words or phrases such as 'slowly', 'really' or 'very' that modify the meaning of other words or phrases. They tell you how, when, where and how often something is done. In English, they usually end in *-ly*.

C1 Formation *La formation des adverbes*

In French to form an adverb you generally use the feminine form of the adjective and add *-ment*:

lent (m) → *lente* (f) → *lentement (lente + ment)* slowly

Some adjectives change their final *e* to *é* before adding *-ment*:

énorme → *énormément* enormously

If an adjective ends in a vowel, the adverb is formed by adding *-ment* to the masculine form:

poli → *poliment* politely

If the masculine form of the adjective ends in *-ant*, the adverb ends in *-amment*.

constant → *constamment* constantly

If the masculine form of the adjective ends in *-ent*, the adverb ends in *-emment*:

évident → *évidemment* evidently

Some of the most commonly used adverbs do not follow this pattern:

beaucoup	a lot	*petit à petit*	gradually
bien	well	*très*	very
d'habitude	usually	*vite*	quickly
mal	badly		

Adverbs are invariable, so they do not agree in gender or number.

C2 Position of adverbs *La position des adverbes*

If the verb in a sentence is in the present, future or conditional, the adverb is usually placed after the verb:

Nous regardons tranquillement le film.
We watch the film quietly.

In a sentence where the verb is in the perfect tense, long adverbs, adverbs of place and some common adverbs of time all follow the past participle, whereas short common adverbs come before the past participle:

Elle a souvent pris l'autobus.
She took the bus often.

Je suis arrivée hier.
I arrived yesterday.

See sections D3 and D4 for help with the use of the adverb *y*.

C3 Comparisons *Les comparaisons*

The comparative of adverbs is formed in the same way as the comparative of adjectives:

Je regarde des films plus régulièrement que ma mère.
I watch films more regularly than my mother.

Il mange moins vite que moi.
He eats less quickly than me.

Elle chante aussi doucement que sa sœur.
She sings as sweetly as her sister.

The superlative of adverbs is also formed in the same way as the superlative of adjectives, by using *le plus* and *le moins*:

C'est Pierre qui court le plus vite.
It is Pierre who runs the fastest.

However, there are some exceptions:

- *Beaucoup* becomes *plus* in the comparative and *le plus* in the superlative.

Il mange plus que moi.
He eats more than me.

C'est nous qui jouons le plus.
It is us who play the most.

- *Bien* becomes *mieux* ('better') in the comparative and *le mieux* ('the best') in the superlative.

Il parle espagnol mieux que moi.
He speaks Spanish better than me.

C'est elle qui joue le mieux.
She is the one who plays the best.

C4 Adverbial expressions *Les expressions adverbiales*

There are several adverbial expressions of time, sequence and frequency:

après	afterwards
après-demain	the day after tomorrow
aujourd'hui	today
avant-hier	the day before yesterday
d'abord	firstly
d'habitude	usually
de temps en temps	from time to time
demain	tomorrow
depuis	since
dès	from
encore	again
enfin	finally
ensuite	next

hier	yesterday
il y a	ago
pendant	during
pour	for
puis	then
quelquefois	sometimes
rarement	rarely
régulièrement	regularly
souvent	often
toujours	always
tous les jours	every day
une fois par semaine	once a week

C4.1 Adverbs of place *Les adverbes de lieu*

Adverbs of place include:

dedans	inside
dehors	outside
ici	here
là-bas	(over) there
loin	far
partout	everywhere

C4.2 Quantifiers *Les quantificateurs*

Quantifiers (qualifying words) include:

assez	enough, quite
beaucoup	a lot
comme	as, just
de moins en moins	less and less
de plus en plus	more and more
énormément	enormously
excessivement	excessively
extrèmement	extremely
fort	very, most
un peu	a little
la plupart	the most
suffisamment	sufficiently
tellement	so much
tout à fait	completely
très	very
trop	too (much)

La ville est assez intéressante mais trop bruyante.
The town is quite interesting, but too noisy.

Il devient de plus en plus courageux.
He's becoming braver and braver.

D Personal pronouns *Les pronoms personnels*

Personal pronouns are used in place of a noun.

D1 Subject pronouns *Les pronoms sujets*

Subject pronouns come before the verb and show who is doing the action:

je	I
tu	you (sing, informal)
il	he
elle	she
nous	we
vous	you (pl, formal)
ils	they (m)
elles	they (f)

On has several meanings: 'we', 'one', 'they', 'you' or 'people':

On a fini.
We/You etc. (have) finished.

Note that *tu* is used when talking to one person you know well. *Vous* is used when talking to an adult you do not know well or to more than one person.

Salut Jeanne, tu vas bien ?
Hi Jeanne, are you well?

Bonsoir monsieur, comment allez-vous ?
Good evening sir, how are you?

Remember also that *il* and *elle* can be used to mean 'it' when referring to masculine and feminine nouns:

Où est le livre ? Il est sur la table.
Where is the book? It is on the table.

Où est la fenêtre ? Elle est près de la porte.
Where is the window? It is near the door.

D2 Direct object pronouns *Les pronoms directs*

The direct object of a verb is the person or thing that is receiving the action. In the sentence 'The girl reads the book', 'the book' is the direct object. When you do not want to repeat the direct object, you can replace it with a direct object pronoun (i.e. 'The girl read the book and she enjoyed it').

The direct object pronouns are:

me	me
te	you
le/la	him/her/it
nous	us
vous	you
les	them

D3 Indirect object pronouns *Les pronoms indirects*

An indirect object pronoun expresses 'to' or 'for' a person, for example 'the girl gave the book to me', or 'he bought a present for us'. The indirect object pronouns are:

me	to/for me
te	to/for you
lui	to/for him/her/it
nous	to/for us
vous	to/for you
leur	to/for them

There are two other pronouns: *en* and *y*.

● *en* — of it, some, any

J'en prends.
I take some.

Il en veut ?
Does he want any?

● *y* — there

The pronoun *y* (there) usually replaces a place:

Vous allez en ville ? Oui, j'y vais.
Are you going to town? Yes, I am going there.

Y can also replace *à* or *dans* + a noun:

Est-ce que tu penses à tes devoirs ? Oui, j'y pense.
Are you thinking about your homework? Yes, I am thinking about it.

D4 Position of direct/indirect object pronouns *La position des pronoms directs/indirects*

Direct/indirect object pronouns usually go in front of the verb:

Il le voit.
He sees it.

If the verb is in the perfect tense, direct and indirect object pronouns usually go in front of the auxiliary verb:

Il m'a regardé.
He looked at me.

Note also the position in sentences using the future with *aller*:

Je vais y aller demain.
I'm going there tomorrow.

Il va leur en parler demain.
He's going to talk to them about it tomorrow.

D5 Order of object pronouns *L'ordre des pronoms*

If two object pronouns are used with the same verb, the order is:

Position				
First	Second	Third	Fourth	Fifth
me				
te	*le*	*lui*	*y*	*en*
se	*la*	*leur*		
nous	*les*			
vous				

Il me les donne.
He gives them to me.

Il les leur donne.
He gives them to them.

If you are giving a command, the pronoun follows the verb and is joined by a hyphen:

Mangez-la.
Eat it.

Donne-les-lui.
Give them to him/her.

In affirmative commands *me* becomes *moi* and *te* becomes *toi*:

Montrez-moi.
Show me.

However, if the command is negative, the direct and indirect object pronouns come in front of the verb:

Ne me le donne pas.
Don't give it to me.

Note: if a direct object pronoun is placed in front of the auxiliary verb *avoir* in the perfect tense, the past participle agrees in gender (m/f) and number (sing/pl) with the direct object pronoun:

Elle a acheté la pomme et elle l'a mangée.
She bought the apple and she ate it.

In the above sentence, the direct object pronoun *la* (which has contracted to *l'*) is referring to *la pomme*, which is a feminine singular noun.

D6 Disjunctive pronouns *La forme disjointe du pronom*

The disjunctive (or emphatic) pronouns are: *moi, toi, lui, elle, nous, vous, eux, elles*. They are used:

● when combined with *-même*

toi-même   yourself

- in comparisons

Il est plus petit que toi.
He is smaller than you.

- as a one-word answer

Qui a le stylo ? Moi.
Who has the pen? Me.

- after prepositions

Il est devant elle.
He is in front of her.

- for emphasis

Lui, il est docteur.
He is a doctor.

- after *c'est* and *ce sont*

C'est toujours elle qui gagne.
It's always her who wins.

D7 Relative pronouns *Les pronoms relatifs*

Relative pronouns are used to link two clauses (main clause and subordinate clause). The most commonly used relative pronouns are *qui, que, dont* and *où*.

Qui is used when the relative pronoun is the subject of the verb in the subordinate clause:

Le chanteur qui parle est très intelligent.
The singer who is talking is very intelligent.

Que (or *qu'* in front of a vowel or a silent 'h') is used when the relative pronoun is the object of the verb in the subordinate clause:

La pomme que je mange est verte.
The apple (that) I'm eating is green.

Note: *qui* and *que* can also be used as conjunctions (see section H).

Dont usually translates as 'whose', 'of whom' or 'of which':

C'est une personne dont nous ne connaissons pas l'adresse.
It's a person whose address we don't know.

Dont is also used instead of *qui* and *que* when the verb in the subordinate clause is usually followed by *de*:

Il a le stylo dont j'ai besoin.
He has the pen that I need. (lit. 'the pen of which I have need')

(to need = *avoir besoin de*)

Où is used when the relative pronoun means 'where':

J'ai vu la maison où il est né.
I saw the house where he was born.

Use *ce qui* and *ce que* to mean 'what', when 'what' is not a question:

Il va faire ce qui est plus facile.
He is going to do what is easier.

J'ai fait ce que tu m'as demandé.
I did what you asked me.

Lequel (m sing), *laquelle* (f sing), *lesquels* (m pl) and *lesquelles* (f pl) are used after a preposition to mean 'which' when referring to inanimate objects:

Il a vu le cahier dans lequel tu dessines.
He saw the exercise book that you draw in. (lit. 'in which you draw')

Il a perdu la boîte dans laquelle elle met les crayons.
He has lost the box that she puts the pencils in. (lit. 'in which she puts the pencils')

Note: when used with *à*, these pronouns change to *auquel* (m sing), *à laquelle* (f sing), *auxquels* (m pl) and *auxquelles* (f pl):

L'homme auquel il parle est le directeur.
The man he is talking to is the manager.

When used with *de*, these pronouns change to *duquel* (m sing), *de laquelle* (f sing), *desquels* (m pl) and *desquelles* (f pl):

On est allés au cinéma près duquel se trouve la piscine.
We went to the cinema near to which the swimming pool is situated.

E Asking questions *Poser des questions*

The following are question words:

Combien (de) ?	How many/much?
Comment ?	How?
Où ?	Where?
Pourquoi ?	Why?
Quand ?	When?
Que/Qu'est-ce que/Qu'est-ce qui ?	What?
Qui/Qui est-ce qui ?	Who?
Quoi ?	What?

Quel (m sing)/*Quelle* (f sing)/*Quels* (m pl)/*Quelles* (f pl) ? Which?

Lequel (m sing)/*Laquelle* (f sing)/*Lesquels* (m pl) *Lesquelles* (f pl) ? Which (one(s))?

Examples of questions are:

Comment vas-tu ?
How are you?

Où sont les toilettes ?
Where are the toilets?

Qu'est-ce qu'il a dit ?
What did he say?

À quelle heure ?
At what time?

Depuis quand habites-tu Paris ?
How long have you been living in Paris?

Lequel des deux films préférez-vous ?
Which of the two films do you prefer?

There are several ways of asking a question:

● by raising your voice at the end of the sentence

Tu vas sortir ?
Are you going to go out?

● by putting *est-ce que* in front of the sentence, preceded by a question word, if appropriate

Est-ce que tu vas sortir ?
Are you going to go out?

Pourquoi est-ce que tu vas sortir ?
Why are you going to go out?

● by inverting the subject and the verb with a hyphen in between

Allez-vous en France ?
Are you going to France?

Avez-vous fini ?
Have you finished?

When the subject and verb are inverted, you need to add an extra 't' after a verb ending with a vowel:

Alors, Dominique va-t-elle jouer au football ?
Well then, is Dominique going to play football?

E1 Referring to people *Concernant des personnes*

In French there are alternative ways of asking 'who?' and 'what?'. For example, you can either use the simple *qui ?* or the more complex construction *qui est-ce qui ?*, which literally means 'who is it that?'

Qui (or *qui est-ce qui*) is used to ask 'who?', when 'who' is the subject of the verb:

Qui est dans le jardin ?
Qui est-ce qui est dans le jardin ?
Who/Who is it that (lit.) is in the garden?

Qui (or *qui est-ce que*) is used if 'who' is the object of the sentence:

Qui tu regardes ?
Qui est-ce que tu regardes ?
Who are you/who is it that (lit.) you are looking at?

E2 Referring to things *Concernant des objets*

Use *qu'est-ce qui* if what you are talking about is the subject of the sentence:

Qu'est-ce qui a disparu ?
What (lit. what is it that) has disappeared?

Use *que* and invert the verb if what you are talking about is the object of the verb, or use *qu'est-ce que* with no inversion:

Que manges-tu ?
Qu'est-ce que tu manges ?
What are you eating?

Use *quoi* with a preposition:

De quoi parles-tu ?
What are you talking about?

E3 *Quel* and *lequel*

Quel ? means 'which?' As it is an adjective, it needs to agree with the noun. There are four forms: *quel* (m sing), *quelle* (f sing), *quels* (m pl) and *quelles* (f pl):

Quel sac ?
Which bag?

Quelle voiture ?
Which car?

Quels crayons ?
Which pencils?

Quelles filles ?
Which girls?

Lequel, laquelle, lesquels and *lesquelles* mean which one(s)?

J'aime ces robes. Laquelle préférez-vous ?
I like these dresses. Which one do you prefer?

F Negatives *La négation*

Generally, negatives are expressed by using *ne* with one of the words shown below:

ne...pas	not
ne...jamais	never
ne...rien	nothing
ne...personne	no one
ne...plus	no more, no longer
ne...que	only
ne... guère	hardly
ne...aucun(e)	no, not one
ne...nulle part	nowhere
ne...point	not
ne...ni...ni	neither...nor

F1 Position *La position*

With the present, future, conditional and imperfect, *ne* generally goes in front of the verb and the second part of the negative after it:

*Elle **ne** mange **jamais** de poisson.*
She never eats fish.

*Ils **n'**iront **ni** en France **ni** en Espagne.*
They will go neither to France nor to Spain.

To give a negative command, you also place *ne* in front of the verb and the second part of the negative after it:

***Ne** mange **pas** le chocolat !*
Don't eat the chocolate!

In the perfect tense, *ne* generally goes in front of the auxiliary and *pas*, *jamais* etc. after it:

*Il **n'a pas** joué au tennis.*
He didn't play tennis.

*Elle **n'a jamais** fini.*
She has never finished.

However, with *ne...personne, ne...que, ne...aucun(e), ne...nulle part, ne...ni...ni*, the *ne* is placed in front of the auxiliary and the *personne, que* etc. after the past participle:

*Je **n'ai** vu **personne**.*
I saw no one.

*Il **n'a** vu **que** trois maisons.*
He saw only three houses.

With the immediate future, *ne* is placed in front of the part of *aller* and the *pas* after it:

*Il **ne** va **pas** partir demain.*
He is not going to leave tomorrow.

If there are pronouns in front of the verb, *ne* goes in front of the pronouns:

*Je **ne** t'en donne **pas**.*
I do not give you any.

*Ma sœur **ne** me les a **pas** prêtés.*
My sister did not lend them to me.

The negatives *ne...personne, ne...rien, ne...ni...ni* and *ne...jamais* can be used as the subject of the sentence. In this case, the second part of the negative comes first and is then followed by *ne*:

***Rien ne** me tente.*
Nothing tempts me.

***Personne ne** me cherche.*
Nobody is looking for me.

In the negative *ne...aucun*, *aucun* is an adjective and therefore agrees with the noun to which it refers:

*Il **n'y** a **aucune** maison dans la rue.*
There is no house in the street.

If two negatives are used, they are usually placed in alphabetical order:

*Je **ne** regarderai **plus** rien.*
I will no longer watch anything.

If the infinitive of a verb is in the negative, both parts of the negative go in front of the infinitive:

*Elle va promettre de **ne plus** mentir.*
She is going to promise not to lie any more.

Negatives are usually followed by *de*:

*Nous **n'avons pas de** crayons.*
We do not have any pencils.

*Il **ne** mange **jamais de** poisson.*
He never eats fish.

Rien, jamais, personne, nulle part, aucun(e) and *ni...ni* can be used on their own:

*Qu'est-ce que tu manges ? **Rien**.*
What are you eating? Nothing.

*As-tu déjà vu la tour Eiffel ? **Jamais**.*
Have you ever seen the Eiffel Tower? Never.

*Qui est parti ? **Personne**.*
Who has left? Nobody.

*Tu l'as vu où ? **Nulle part**.*
Where did you see him? Nowhere.

G Time and dates *L'heure et les dates*

G1 Time *L'heure*

Note the different ways of telling the time, including using the 24 hour clock

Il est une heure. (no 's' on *heure*)
It is one o'clock.

Il est trois heures.
It is three o'clock.

Il est deux heures...

...cinq. It is 2.05.

...dix. It is 2.10.

...et quart. It is quarter past two.

...vingt. It is 2.20.

...vingt-cinq. It is 2.25.

...et demie. It is half past two.

Il est trois heures moins vingt-cinq or
Il est deux heures trente-cinq.
It is 2.35.

Il est trois heures moins vingt or
Il est deux heures quarante.
It is 2.40.

Il est trois heures moins le quart or
Il est deux heures quarante-cinq.
It is 2.45.

Il est trois heures moins dix or
Il est deux heures cinquante.
It is 2.50

Il est trois heures moins cinq or
Il est deux heures cinquante-cinq.
It is 2.55.

Il est midi.
It is midday.

Il est minuit.
It is midnight.

Il est midi/minuit et demi.
It 12:30 p.m./a.m.
(note no 'e' on *demi*)

Examples using the 24 hour clock:

Le bus arrive à quatorze heures trente.
The bus arrives at 14:30.

Le train part à dix-huit heures vingt.
The train leaves at 18:20.

Le film finit à vingt-deux heures quinze.
The film ends at 22:15.

G2 Dates *Les dates*

To say a date in French use: *le* + the number + the month, with the exception of 'the first' when you use *le premier*.

le 1 janvier	*le premier janvier*
le 2 février	*le deux février*
le 4 mars	*le quatre mars*
le 6 avril	*le six avril*
le 8 juin	*le huit juin*
le 11 juillet	*le onze juillet*
le 15 août	*le quinze août*
le 18 septembre	*le dix-huit septembre*
le 20 octobre	*le vingt octobre*
le 25 novembre	*le vingt-cinq novembre*
le 30 décembre	*le trente décembre*

Note: the *le* is missed out when you include the day of the week: *jeudi 7 avril*

Note also how to say 'in' a month or year, and how years are said in French:

Mon anniversaire est au mois de juin.
My birthday is in June.

*Mon grand-père est né en 1950
(mille neuf cent cinquante).*
My grandfather was born in 1950.

H Conjunctions *Les conjonctions*

Conjunctions link two sentences or join two parts of a sentence:

à la fin	in the end
ainsi	thus
alors	in that case, then
bien que	although
car	for/because
cependant	however
c'est-à-dire	that is to say
d'abord	at first
d'ailleurs	moreover
de toute façon	in any case
donc	therefore, so
en effet	indeed
en fait	in fact
enfin	at last, finally
ensuite	next
et	and
mais	but
ou	or
ou bien	or else
parce que	because
par conséquent	as a result
pendant que	while
puis	then, next
quand	when
quand même	all the same
plus tard	later, later on
par contre	on the other hand

Note: the relative pronouns *qui* and *que* (see section D7) can also be used as conjunctions:

Je sais que tu es prêt.
I know that you are ready.

Je sais qui a gagné le prix.
I know who won the prize.

I Numbers *Les nombres*

I1 Cardinal numbers *Les nombres cardinaux*

0 *zero*	18 *dix-huit*
1 *un*	19 *dix-neuf*
2 *deux*	20 *vingt*
3 *trois*	21 *vingt et un*
4 *quatre*	22 *vingt-deux*
5 *cinq*	30 *trente*
6 *six*	31 *trente et un*
7 *sept*	32 *trente-deux*
8 *huit*	40 *quarante*
9 *neuf*	50 *cinquante*
10 *dix*	60 *soixante*
11 *onze*	70 *soixante-dix*
12 *douze*	71 *soixante et onze*
13 *treize*	72 *soixante-douze*
14 *quatorze*	79 *soixante-dix-neuf*
15 *quinze*	80 *quatre-vingts*
16 *seize*	81 *quatre-vingt-un*
17 *dix-sept*	90 *quatre-vingt-dix*

91 *quatre-vingt-onze*	221 *deux cent vingt et un*
99 *quatre-vingt-dix-neuf*	1 000 *mille*
100 *cent*	1 200 *mille deux cents*
101 *cent un*	1 202 *mille deux cent deux*
110 *cent dix*	2 000 *deux mille*
200 *deux cents*	1 000 000 *un million*
201 *deux cent un*	1 000 000 000 *un milliard*

I2 Fractions *Les fractions*

½ *un demi*   ⅓ *un tiers*   ¼ *un quart*   ¾ *trois quarts*

I3 Ordinal numbers *Les nombres ordinaux*

These are usually formed by adding *-ième* to the cardinal number:

trois, troisième	third
six, sixième	sixth

Exceptions:

premier (m), première (f)	first
cinquième	fifth
neuvième	ninth

Numbers ending in an *e* drop the final *e*:

quatre, quatrième	fourth

J Prepositions *Les prépositions*

Prepositions are placed before a noun or pronoun to express position, movement and circumstance relative to it, for example: 'It is *behind* the shop.' Below is a list of frequently used prepositions. See sections A3 and A5 for information on how those prepositions ending in *à* or *de* change, depending on the noun that follows:

à côté de	next to
à droite de	on/to the right of
à gauche de	on/to the left of
après	after
à travers	across
au-dessous de	beneath
au-dessus de	above
au fond de	at the back/end of
au sujet de	about
autour de	around
avant	before
avec	with
chez	at
contre	against
dans	in
de	of/from
depuis	since
derrière	behind
dès	from (a specific moment in time)
devant	in front of
en	in/by/to
en face de	opposite
entre	between
hors de	out of/apart from
jusqu'à	as far as/up to

le long de	along
par-dessus	over
parmi	among
pendant	during
pour	for
près de	near to
quant à	as for
sans	without
sous	under
sur	on
vers	to/towards/about

J1 *En*

En is used with:

- feminine countries

en Italie	in Italy

- most means of transport

en autobus	by bus
en voiture	by car
en avion	by plane
en train	by train
en bateau	by boat

Some exceptions:

à pied	on foot
à vélo	by bike
à moto	by motorbike

- months and years

en mars	in March
en 1700	in 1700

- materials

en soie	made of silk

K Verbs *Les verbes*

Verbs describe actions:

Last week I went to Paris.

When you look for a French verb in the dictionary, it is shown with one of the three endings *-er*, *-ir* or *-re*. This ending indicates the type of verb and how it needs to change when written in the various tenses. The form of the verb found in the dictionary is called the infinitive, and means 'to…'. For example:

jouer	to play
finir	to finish
rendre	to give back

K1 Present tense *Le présent*

The present tense gives information about what is happening at the moment or what happens regularly. In English, we have three forms of the present tense: 'I eat', 'I am eating' and 'I do eat'. In French, there is only one form: *je mange*.

K2 Regular verbs *Les verbes réguliers*

The present tense is formed by removing *-er*, *-ir* and *-re* from the infinitive and adding the appropriate endings, as shown below:

	jouer (to play)	*finir* (to finish)	*rendre* (to give back)
je	*joue*	*finis*	*rends*
tu	*joues*	*finis*	*rends*
il/elle/on	*joue*	*finit*	*rend*
nous	*jouons*	*finissons*	*rendons*
vous	*jouez*	*finissez*	*rendez*
ils/elles	*jouent*	*finissent*	*rendent*

-er verb exceptions

Some *-er* verbs differ from the pattern described above. Verbs ending in *-cer* change the *c* to *ç* where the *c* is followed by *a* or *o*, to make the pronunciation soft:

lancer (to throw)	
je lance	*nous lançons*
tu lances	*vous lancez*
il/elle/on lance	*ils/elles lancent*

Other verbs that follow the same pattern include *commencer* (to start), *avancer* (to advance), *menacer* (to threaten) and *remplacer* (to replace).

Verbs ending in *-ger* add an *e* before *-ons* in the *nous* form, to make the pronunciation soft:

nager (to swim)	
je nage	*nous nageons*
tu nages	*vous nagez*
il/elle/on nage	*ils/elles nagent*

Other such verbs include *voyager* (to travel), *loger* (to stay), *manger* (to eat), *partager* (to share) and *ranger* (to tidy).

Most verbs ending in *-eler* double the *l* in the *je*, *tu*, *il/elle/on* and *ils/elles* forms:

s'appeler (to be called)	
je m'appelle	*nous nous appelons*
tu t'appelles	*vous vous appelez*
il/elle/on s'appelle	*ils/elles s'appellent*

Some verbs change the acute accent on the infinitive to a grave accent in the *je, tu, il/elle/on* and *ils/elles* forms:

espérer (to hope)	
j'espère	*nous nous espérons*
tu espères	*vous vous espérez*
il/elle/on espère	*ils/elles espèrent*

Other such verbs include *répéter* (to repeat) and *préférer* (to prefer).

Verbs ending in *-yer* change *y* to *i* in the *je, tu, il/elle/on* and *ils/elles* forms:

payer (to pay)	
je paie	*nous payons*
tu paies	*vous payez*
il/elle/on paie	*ils/elles paient*

Other such verbs include *appuyer* (to lean), *envoyer* (to send), *employer* (to use), *essayer* (to try) and *nettoyer* (to clean).

Some verbs add an accent in the *je, tu, il, elle, on* and *ils/elles* forms:

acheter (to buy)	
j'achète	*nous achetons*
tu achètes	*vous achetez*
il/elle/on achète	*ils/elles achètent*

Other such verbs include *geler* (to freeze), *lever* (to lift), *peser* (to weigh) and *se promener* (to go for a walk).

-ir verb exceptions

Some *-ir* verbs use the *-er* verb endings in the present tense:

offrir (to offer)	
j'offre	*nous offrons*
tu offres	*vous offrez*
il/elle/on offre	*ils/elles offrent*

Others such verbs include *ouvrir* (to open), *couvrir* (to cover) and *souffrir* (to suffer).

K3 Irregular verbs *Les verbes irréguliers*

There are many verbs that do not form the present tense in the way described above. The three most commonly used are:

	aller (to go)	*être* (to be)	*avoir* (to have)
je/j'	*vais*	*suis*	*ai*
tu	*vas*	*es*	*as*
il/elle/on	*va*	*est*	*a*
nous	*allons*	*sommes*	*avons*
vous	*allez*	*êtes*	*avez*
ils/elles	*vont*	*sont*	*ont*

Below is a list of frequently used irregular verbs, some of which are conjugated in the verb tables at the end of this section.

s'asseoir	to sit down	*naître*	to be born
boire	to drink	*paraître*	to appear
conduire	to drive	*partir*	to leave
croire	to believe	*pouvoir*	to be able
connaître	to know	*prendre*	to take
construire	to build	*pleuvoir*	to rain
coudre	to sew	*recevoir*	to receive
craindre	to fear	*rire*	to laugh
devoir	to have to	*savoir*	to know
dire	to say/tell	*sortir*	to go out
se distraire	to enjoy oneself	*sourire*	to smile
écrire	to write	*suivre*	to follow
faire	to make/to do	*venir*	to come
joindre	to join	*vivre*	to live
lire	to read	*voir*	to see
mettre	to put	*vouloir*	to wish/to want

K4 Expressing the future *Exprimer le futur*

There are two ways of expressing the future, just as in English:

- the future tense, which is used to talk about events that will happen or will be happening
- the 'to be going to' construction, as in 'I am going to see my grandma' (the immediate future)

K5 Future tense *Le futur*

To form the future tense of regular *-er* and *-ir* verbs, the following endings are added to the infinitive: *-ai, -as, -a, -ons, -ez, -ont*.

For *-re* verbs, the *e* is removed from the infinitive before the endings are added.

	-er verbs	*-ir* verbs	*-re* verbs
je	*jouerai*	*punirai*	*rendrai*
tu	*joueras*	*puniras*	*rendras*
il/elle/on	*jouera*	*punira*	*rendra*
nous	*jouerons*	*punirons*	*rendrons*
vous	*jouerez*	*punirez*	*rendrez*
ils/elles	*joueront*	*puniront*	*rendront*

Some verbs do not use the infinitive to form the future tense and have an irregular stem:

acheter	*j'achèterai*	I will buy
aller	*j'irai*	I will go

avoir	*j'aurai*	I will have
courir	*je courrai*	I will run
devoir	*je devrai*	I will have to
envoyer	*j'enverrai*	I will send
être	*je serai*	I will be
faire	*je ferai*	I will do/make
mourir	*je mourrai*	I will die
pouvoir	*je pourrai*	I will be able
recevoir	*je recevrai*	I will receive
savoir	*je saurai*	I will know
venir	*je viendrai*	I will come
voir	*je verrai*	I will see
vouloir	*je voudrai*	I will wish/want

K5.1 *Quand/si* and the future Quand/si *et le futur*
In a future context, we use the present tense after 'when' in English, whereas in French the future tense is used. For example, in 'You will see the children when you arrive', 'when you arrive' is in the present tense in English but in French the future tense is used, i.e. 'when you will arrive':

Tu verras les enfants quand tu arriveras.

This is also the case with *dès que* and *aussitôt que*, which both mean 'as soon as':

Il partira dès que qu'il sera prêt.
He will leave as soon as he is ready.

However, you will find a present and a future tense used in a sentence containing the word 'if':

Demain, s'il fait beau, j'irai à la plage.
Tomorrow, if it is fine, I will go to the beach

K6 Immediate future Le futur proche
The immediate future is so called because it describes actions that are more imminent. It uses *aller* (to go) and an infinitive:

Je vais partir à 7 heures.
I am going to leave at 7 o'clock.

Je vais manger d'abord et après, je ferai la vaisselle.
I am going to eat first and afterwards I will do the washing up.

The immediate future is also used to imply that something is more certain to happen. *Il va pleuvoir* ('It is going to rain') suggests the likelihood is that it most definitely *is* going to rain, whereas *il pleuvra* ('it will rain') does not convey the same amount of certainty.

K7 Imperfect tense L'imparfait
The imperfect tense is used for actions that used to happen or which were happening, and to describe events and people in the past:

When I was younger, I used to go to a club.

As I was watching television, the phone rang.

The sun was shining and they were happy.

To form the imperfect tense, remove the *-ons* ending from the *nous* form of the verb in the present tense, except in the case of *être*, and add the following endings: *-ais*, *-ais*, *-ait*, *-ions*, *-iez*, *-aient*.

For example *nous jouons*, remove *-ons* = *jou* + ending:

*je jou**ais***	I used to play/was playing
*tu jou**ais***	you used to play/were playing
*il/elle/on jou**ait***	he/she/one used to play/was playing
*nous jou**ions***	we used to play/were playing
*vous jou**iez***	you used to play/were playing
*ils/elles jou**aient***	they used to play/were playing

Note: *manger* (and verbs conjugated like *manger*) have an additional *e* in the *je, tu, il/elle/on, ils/elles* forms in the imperfect:

*je mang**e**ais, tu mang**e**ais, il/elle/on mang**e**ait, ils/elles mang**e**aient*

Verbs ending in *-cer*, such as *lancer*, need *ç* before the *a*:

*je lan**ç**ais, tu lan**ç**ais, il/elle/on lan**ç**ait, ils/elles lan**ç**aient*

The *e* or *ç* is added to keep the pronunciation soft.

Être is the only verb that is irregular in the imperfect tense. It uses the same endings, but has the stem *ét-*:

j'étais	I was	*nous étions*	we were
tu étais	you were	*vous étiez*	you were
il/elle/on était	he/she/one was	*ils/elles étaient*	they were

K8 Perfect tense Le passé composé

K8.1 Regular verbs Les verbes réguliers
The perfect tense is used to talk about actions or events that took place in the past, usually on one occasion only. In English, we have different ways of expressing the perfect tense, for example 'I watched', 'I have watched' and 'I have been watching'. In French, there is only one form for all these ways: *j'ai regardé*.

The perfect tense of all verbs is formed with two parts: most verbs use a part of *avoir* in the present tense (this is often referred to as the auxiliary verb) and a past participle. To form the past participle of regular verbs, the final *-er*, *-ir*, or *-re* is removed from the infinitive and the following endings are added: *-é* for an *-er* verb, *-i* for an *-ir* verb and *-u* for an *-re* verb.

	-er verbs	*-ir* verbs	*-re* verbs
j'ai	*joué*	*choisi*	*rendu*
tu as	*joué*	*choisi*	*rendu*
il/elle/on a	*joué*	*choisi*	*rendu*
nous avons	*joué*	*choisi*	*rendu*
vous avez	*joué*	*choisi*	*rendu*
ils/elles ont	*joué*	*choisi*	*rendu*

K8.2 Verbs with irregular past participles *Les participes passés irréguliers*

A number of verbs have irregular past participles, although they still use *avoir* as their auxiliary:

avoir (to have)	*eu*	*mettre* (to put)	*mis*
boire (to drink)	*bu*	*ouvrir* (to open)	*ouvert*
comprendre (to understand)	*compris*	*pleuvoir* (to rain)	*plu*
		pouvoir (to be able to)	*pu*
conduire (to drive)	*conduit*	*prendre* (to take)	*pris*
courir (to run)	*couru*	*recevoir* (to receive)	*reçu*
croire (to believe)	*cru*	*rire* (to laugh)	*ri*
devoir (to have to)	*dû*	*savoir* (to know)	*su*
dire (to say/tell)	*dit*	*tenir* (to hold)	*tenu*
écrire (to write)	*écrit*	*vivre* (to live)	*vécu*
être (to be)	*été*	*voir* (to see)	*vu*
faire (to do/make)	*fait*	*vouloir* (to wish/want)	*voulu*
lire (to read)	*lu*		

K8.3 Agreement of past participles *L'accord des participes passés*

In the sentence below, que (which replaces the feminine noun *la boîte*) is the direct object of *...a achetée*. Since the *que* comes before the past participle, an extra *-e* is added to the past participle.

Elle a ouvert la boîte qu'elle a achetée.   She opened the box that she bought.

In the following sentence, *maisons*, which is feminine plural, is the direct object and comes in front of the past participle, so an extra *-es* is added.

Quelles maisons ont-ils vues ?   Which houses did they see?

K8.4 Verbs that use *être* as an auxiliary verb *L'utilisation d'*être *comme verbe auxiliaire*

Some verbs use the present tense of *être* to form the perfect tense:

aller	to go
arriver	to arrive
descendre	to go down/to come down
entrer	to go in
monter	to go up
mourir	to die
naître	to be born
partir	to leave
rester	to stay
retourner	to return
sortir	to come out/go out
tomber	to fall
venir	to come

They all have a regular past participle, except for:

venir	*venu*	*naître*	*né*
mourir	*mort*		

K8.5 Past participle of verbs that use *être* *Les participes passés des verbes avec* être

The past participle of a verb that uses *être* as its auxiliary has to agree in gender and in number with the subject.

For masculine singular, add nothing to the past participle.

For feminine singular, add *-e*.

For masculine plural, add *-s*.

For feminine plural, add *-es*.

je suis parti (m sing)	*je suis partie* (f sing)
tu es parti (m sing)	*tu es partie* (f sing)
il est parti (m sing)	*elle est partie* (f sing)
nous sommes partis (m pl)	*nous sommes parties* (f pl)
vous êtes partis (m pl)	*vous êtes parties* (f pl)
ils sont partis (m pl)	*elles sont parties* (f pl)

If using *vous* when speaking to a single male, there is no agreement; if using *vous* when speaking to a single female, add *-e*. The same rules of agreement also apply to reflexive verbs in the perfect tense, as they also use *être* (see section K12).

Note: *descendre*, *monter* and *sortir* can be used with *avoir*, but this changes their meanings to: *descendre* (to take/bring down), *monter* (to take/bring up) and *sortir* (to take/bring out):

Il a descendu la chaise.
He brought the chair down.

Il a monté la table.
He brought the table up.

Il a sorti son livre.
He took out his book.

K8.6 *Après avoir/être*

The past participle can be used with *après avoir* and *après être* to say 'after doing' something:

Après avoir pris le livre, elle a dessiné.
After taking the book, she drew.

Après être sorti, il a fait du shopping.
After going out, he went shopping.

For this construction to be possible, the subject of both verbs in the sentence must be the same.

Note: a reflexive verb needs to have the appropriate reflexive pronoun:

Après m'être assis, j'ai lu le magazine.
After sitting down, I read the magazine

K9 Imperatives *L'impératif*

The imperative is used for telling somebody to do something. To form the imperative, the *tu*, *vous* and *nous* forms of the present tense are used without the subject pronoun.

-er verbs

With -*er* verbs, the *tu* form of the present tense loses its final -*s*:

Mange ton dîner !
Eat your dinner!

Mangeons les pommes !
Let's eat the apples!

Mangez les glaces !
Eat the ice creams!

-ir verbs

Choisis un gâteau !
Choose a cake!

Choisissons du pain !
Let's choose some bread!

Choisissez un livre !
Choose a book!

-re verbs

Apprends ta grammaire !
Learn your grammar!

Apprenons le vocabulaire !
Let's learn the vocabulary!

Apprenez les verbes irréguliers !
Learn the irregular verbs!

Exceptions

There are four verbs that have irregular forms in the imperative:

avoir	*aie !*	*ayons !*	*ayez !*
être	*sois !*	*soyons !*	*soyez !*
savoir	*sache !*	*sachons !*	*sachez !*
vouloir	*veuille !*	*veuillons !*	*veuillez !*

K10 Conditional *Le conditionnel*

The conditional is used to talk about things that would happen or that someone would do. To form the conditional, add the following endings to the infinitive (or the stem of those verbs that have an irregular stem in the future tense): -*ais*, -*ais*, -*ait*, -*ions*, -*iez*, -*aient*.

Note: these endings are also used for the imperfect tense.

	-*er* verbs	-*ir* verbs	-*re* verbs
je	*regarderais*	*finirais*	*rendrais*
tu	*regarderais*	*finirais*	*rendrais*
il/elle/on	*regarderait*	*finirait*	*rendrait*
nous	*regarderions*	*finirions*	*rendrions*
vous	*regarderiez*	*finiriez*	*rendriez*
ils/elles	*regarderaient*	*finiraient*	*rendraient*

J'aimerais aller à l'université.
I would like to go to university.

Il serait content s'il pouvait sortir samedi.
He would be happy if he was able to go out on Saturday.

K10.1 Conditional perfect *Le conditionnel passé*
Another form of the conditional, called the conditional perfect, is used to say what someone would have done. It is formed using the conditional form of the auxiliary (*avoir* or *être*) plus the past participle, which follows the same rules of agreement as in the perfect tense.

J'aurais acheté la chemise, mais je n'avais pas assez d'argent.
I would have bought the shirt, but I didn't have enough money.

Elle serait arrivée plus tôt, mais le bus était en retard.
She would have arrived earlier, but the bus was late.

K11 Present participle *Le participe présent*

In English, this ends in -*ing*, for example 'while working...'. To form the present participle, take the *nous* form of the present tense, remove -*ons* and add -*ant*:

-er verbs

| *nous jouons* | *jou-* | *jou**ant*** |

-ir verbs

| *nous choisissons* | *choisiss-* | *choisiss**ant*** |

-re verbs

| *nous rendons* | *rend-* | *rend**ant*** |

Exceptions:

avoir (to have)	*ayant*
être (to be)	*étant*
savoir (to know)	*sachant*

The present participle is used with *en* to talk about two actions being done at the same time, translating as 'on', 'while', 'as', 'by ...ing'. For example:

Elle a préparé le dîner en écoutant la radio.
She prepared dinner as she listened to the radio.

Il s'est coupé le doigt en coupant le pain.
He cut his finger while cutting the bread.

Note: *en* can be used with a present participle to denote movement:

Elle est partie en courant.
She ran off.

K12 Reflexive verbs *Les verbes pronominaux*

Reflexive verbs are listed in the dictionary with *se* (a reflexive pronoun placed before the infinitive), for example:

| *se laver* | to get washed |
| *s'arrêter* | to stop |

These verbs require the reflexive pronoun to change according to the subject:

je **me** lave	nous **nous** lavons
tu **te** laves	vous **vous** lavez
il/elle **se** lave	ils/elles **se** lavent

Me, *te* and *se* contract to *m'*, *t'* and *s'* in front of a vowel or a silent 'h':

je m'amuse	*tu t'habilles*	*il s'appelle*

Note: when using a reflexive verb in the infinitive, the reflexive pronoun needs to agree with the subject:

Elle va se laver.
She is going to get washed.

Nous n'aimons pas nous lever tôt.
We don't like to get up early.

K12.1 Reflexive verbs in the imperative *L'impératif des verbes pronominaux*

In commands with a reflexive verb with *vous* or *nous*, the reflexive pronoun comes after the verb and is joined by a hyphen:

Couchez-vous !
Go to bed!

Levons-nous.
Let's get up.

In negative commands, the pronoun goes in front of the verb:

Ne vous couchez pas.
Don't go to bed.

Ne nous levons pas.
Let's not get up.

In affirmative commands that use *tu*, the reflexive pronoun *te* changes to *toi*:

Repose-toi.	Rest.

However, in negative commands, use *te*:

Ne te repose pas.	Don't rest.

Other frequently used reflexive verbs include:

s'amuser	to have fun/to enjoy oneself
s'appeler	to be called
s'approcher (de)	to approach
se baigner	to bathe
se brosser (les dents)	to brush (one's teeth)
se déshabiller	to undress
se débrouiller	to manage, to get by
se demander	to ask oneself, to wonder
se dépêcher	to hurry
se disputer	to argue, to have an argument
s'entendre (avec)	to get on (with)

se fâcher	to get angry
se faire mal	to hurt oneself
s'habiller	to get dressed
s'intéresser à	to be interested in
se lever	to get up
se marier	to get married
s'occuper (de)	to be concerned (with), to look after
se promener	to go for a walk
se réveiller	to wake up
se trouver	to be situated

Note: the most common forms of *se trouver*: ... *se trouve/se trouvent*

Le marché se trouve au centre-ville.
The market is situated in the town centre.

Les meilleurs restaurants se trouvent dans la vieille ville.
The best restaurants are situated in the old town.

Reflexive verbs form the tenses in the same way as other regular verbs, but you have to include the reflexive pronoun:

Je me coucherai.
I will go to bed.

Il se lavait.
He was washing.

Il écoute la radio en se brossant les dents.
He listens to the radio while brushing his teeth.

The perfect tense of all reflexive verbs is formed with *être*. You need to remember to put the reflexive pronoun in front of the auxiliary verb and to make an agreement with the subject:

Je me suis couché(e).
I went to bed.

Elle s'est couchée.
She has gone to bed.

K12.2 Reflexive verbs in the negative *La négation des verbes pronominaux*

When using negatives with a reflexive verb, *ne* goes in front of the reflexive pronoun and *pas* after the verb or auxiliary:

Je ne me lève pas à 6 heures.
I do not get up at six o'clock.

Il ne s'est pas levé de bonne heure.
He did not get up early.

K12.3 *S'appeler*
Note that in some forms of *s'appeler*, there is a double *l*:

je m'appelle	*nous nous appelons*
tu t'appelles	*vous vous appelez*
il/elle/on s'appelle	*ils/elles s'appellent*

K13 Modal verbs *Les verbes modaux*

Pouvoir (to be able), *savoir* (to know, to know how to), *devoir* (to have to) and *vouloir* (to wish, to want) are known as modal verbs and are followed by an infinitive. For example:

On doit finir à 6 heures.
We have to finish at six o'clock.

Elles ne peuvent pas venir.
They cannot come.

Vous savez jouer du violon ?
Do you know how to play the violin?

Tu veux sortir ?
Do you want to go out?

Note: *devoir*, when used in the perfect tense, means 'had to' or 'must have':

Elles ont dû finir très tôt.
They had to finish early.

Elles ont dû oublier.
They must have forgotten.

When used in the conditional, *devoir* means 'should' or 'ought to':

Elle devrait revenir.
She should/ought to come back.

When used in the conditional, *pouvoir* means 'might' or 'could' (i.e. 'would be able to'):

On pourrait acheter du chocolat.
We could buy some chocolate.

Savoir is used to convey the idea of knowing how to do something, or having knowledge of facts:

Elle sait nager.   She can/knows how to swim.

Savoir should not be confused with *connaître*, which also means 'to know' in the sense of knowing or being acquainted with a person, place or work of art (such as a film) etc.:

Je connais la famille Robinson.   I know the Robinson family.

K14 Direct and indirect speech *Le discours direct et indirect*

In English, if you want to report what someone else says or said, you can do it in one of two ways:

- direct speech

Daniel says: 'I don't like cheese.'

- indirect speech

Daniel says that he doesn't like cheese.

In French, the same applies:

- direct speech

Daniel dit : « Je n'aime pas le fromage. »

- Indirect speech:

Daniel dit qu'il n'aime pas le fromage.

Note that in indirect speech:

- the original words are reported without inverted commas
- the words reported are introduced by *que* in a subordinate clause
- the person whose speech is reported changes in the subordinate clause in indirect speech

Change of tense/person in indirect speech
In order to report something that was said in the past, there is usually a change of tense/person in the subordinate clause. For example:

- direct speech

Il a dit : « Je veux sortir. »
He said: 'I want to go out.'

Elles ont dit : « Nous viendrons demain. »
They said: 'We will come tomorrow.'

- indirect speech

Il a dit qu'il voulait sortir.
He said that he wanted to go out.

Elles ont dit qu'elles viendraient demain.
They said that they would come tomorrow.

K15 Verbs requiring *à* or *de* + infinitive *Les verbes suivis de à ou de et d'un infinitif*

Some verbs need to be followed by *à* or by *de* before the infinitive.

Verbs requiring *à*

aider à	to help
s'amuser à	to enjoy oneself
apprendre à	to learn
commencer à	to begin
continuer à	to continue
demander à	to ask
encourager à	to encourage
hésiter à	to hesitate
s'intéresser à	to be interested in
inviter à	to invite
se mettre à	to begin
passer du temps à	to spend time
réussir à	to succeed

Il a aidé à ranger sa chambre.
He helped to tidy his room.

Verbs requiring *de*

s'arrêter de	to stop
cesser de	to stop

décider de	to decide
se dépêcher de	to hurry
essayer de	to try
finir de	to finish
offrir de	to offer
oublier de	to forget
permettre de	to allow
recommander de	to recommend
refuser de	to refuse
regretter de	to regret

J'essaie de finir.
I'm trying to finish.

Verbs requiring *à* + person + *de* + infinitive
Some verbs require *à* in front of the person and *de* in front of the infinitive.

Elle dit à Paul de partir.
She tells Paul to leave.

Other examples include:

commander à Paul de partir
to order Paul to leave

conseiller à Luc de finir
to advise Luke to finish

défendre à Chantal de sortir
to forbid Chantal to go out

dire à Marie de manger
to tell Marie to eat

ordonner à Julie de rentrer
to order Julie to go home

permettre à Sophie de jouer
to allow Sophie to play

promettre à Justin de revenir
to promise Justin to come back

proposer à Martin de chanter
to suggest to Martin to sing

K16 *Depuis* with verbs Depuis *avec des verbes*

Depuis (for/since) is used with the present tense to say how long something has been going on. This implies that the action is still going on in the present. The present tense is used in French where the perfect tense is used in English:

Nous habitons dans la même maison depuis 15 ans.
We have been living in the same house for 15 years.

Depuis is used with the imperfect tense to say how long something *had* been going on. The imperfect tense is used in French where the pluperfect tense is used in English:

Je lisais depuis dix minutes quand le téléphone a sonné.
I had been reading for ten minutes when the phone rang.

Note: *depuis* can also be used with *quand* to ask 'how long..?':

Tu joues de la guitare depuis quand ?
How long have you been playing the guitar?

K17 *Venir de*

The present tense of *venir* is used with *de* and an infinitive to express the idea that someone has just done something or that something has just taken place. For example:

Je viens de finir.
I have just finished.

When used with the imperfect tense, *venir* followed by *de* means that someone *had* just done something:

Il venait de finir.
He had just finished.

K18 *Avoir*
Avoir is used in the following expressions and is followed by an infinitive:

avoir besoin de	to need
avoir du mal à	to have trouble
avoir le droit de	to have the right
avoir envie de	to feel like
avoir hâte de	to look forward to
avoir horreur de	to hate
avoir l'intention de	to intend
avoir le temps de	to have time

Nous n'avons pas besoin de revenir.
We don't need to come back.

It is also used to describe age, ailments and other conditions:

Elle a douze ans.
She is 12 years old.

J'ai la grippe. J'ai mal à la gorge.
I have flu. I have a sore throat.

Il a mal au dos et aux genoux.
He has a bad back and bad knees.

Tu as chaud ? Tu as sommeil ?
Are you hot? Are you sleepy?

K19 *Faire*
The verb *faire* usually means 'to do' or 'to make'. However, it can translate as 'to go' in certain expressions or take on a different meaning altogether.

Expressions in which *faire* means 'to go'

faire des achats	to go shopping
faire de l'alpinisme	to go mountaineering
faire du camping	to go camping
faire du cheval/de l'équitation	to go horse-riding
faire du cyclisme	to go cycling
faire du lèche-vitrines	to go window-shopping
faire de la natation	to go swimming
faire de la planche à voile	to go windsurfing
faire du ski (nautique)	to go (water) skiing
faire une promenade/ une randonnée	to go for a walk

faire du vélo	to go for a bike ride
faire de la voile	to go sailing

Below are more examples of expressions that use *faire*:

faire l'appel	to take the register
faire de l'auto-stop	to hitchhike
faire ses bagages	to pack one's bags
faire la bise	to kiss on both cheeks
faire la connaissance	to get to know
faire la cuisine	to cook
faire des économies	to save
faire la grasse matinée	to have a lie in
faire mal	to hurt
faire un paquet-cadeau	to gift-wrap
faire partie de	to belong to
faire une partie de	to have a game of

Faire is also used in some weather expressions:

Il fait chaud.	It is hot.

K20 Impersonal verbs *Les verbes impersonnels*

Impersonal verbs are only used in the third person singular (the *il* form). The most common are:

il y a	there is/there are
il faut	it is necessary
il manque…	is missing
il paraît que	it appears that
il pleut	it rains/is raining
il reste	there is/are…left
il s'agit de	it is about
il suffit de	it is enough to
il vaut mieux	it is better

Il ne faut pas oublier l'argent.
You must not forget the money.

Il manque un bouton.
A button is missing.

Il faut has different meanings:

Il faut revenir ce soir.
You must come back this evening.

Il faut de l'eau pour vivre.
We need water to live.

Il faut une minute pour y aller.
It takes a minute to get there.

Il faut can be used with an indirect object pronoun:

Il me faut du papier.
I need some paper.

Il leur faut du temps.
They need some time.

Note: *Il y a* can be used with an expression of time to translate 'ago':

il y a un mois
a month ago

K21 Dependent infinitives *Les infinitifs dépendants*

To say that you have something cut, repaired, built or cleaned by someone else, you need to use *faire* followed by the appropriate infinitive:

faire construire	to get something built
faire couper	to get something cut
faire nettoyer	to get something cleaned
faire réparer	to get something repaired

Elle va faire réparer la voiture.
She is going to get the car repaired.

K22 Mixed-tense sentences *La concordance des temps*

You will often find longer sentences that refer to more than one time frame and that therefore use more than one tense of verb:

Aujourd'hui je reste à la maison, mais demain je vais sortir avec mes amis.
Today I am staying at home, but tomorrow I am going out with my friends.

L'année dernière je suis allé en Suisse, mais l'année prochaine j'irai en Allemagne.
Last year I went to Switzerland, but next year I will go to Germany.

Il regardait un film quand sa mère est entrée.
He was watching a film when his mother came in.

Je voudrais acheter cette guitare si j'avais assez d'argent.
I would like to buy this guitar if I had enough money.

Infinitive	Present	Future	Imperfect	Conditional	Perfect
Regular -er verbs					
JOUER **Present participle** *jouant* **Past participle** *joué*	*je joue* *tu joues* *il/elle/on joue* *nous jouons* *vous jouez* *ils/elles jouent*	*je jouerai* *tu joueras* *il/elle/on jouera* *nous jouerons* *vous jouerez* *ils/elles joueront*	*je jouais* *tu jouais* *il/elle/on jouait* *nous jouions* *vous jouiez* *ils/elles jouaient*	*je jouerais* *tu jouerais* *il/elle/on jouerait* *nous jouerions* *vous joueriez* *ils/elles joueraient*	*j'ai joué* *tu as joué* *il/elle/on a joué* *nous avons joué* *vous avez joué* *ils/elles ont joué*
Regular -ir verbs					
FINIR **Present participle** *finissant* **Past participle** *fini*	*je finis* *tu finis* *il/elle/on finit* *nous finissons* *vous finissez* *ils/elles finissent*	*je finirai* *tu finiras* *il/elle/on finira* *nous finirons* *vous finirez* *ils/elles finiront*	*je finissais* *tu finissais* *il/elle/on finissait* *nous finissions* *vous finissiez* *ils/elles finissaient*	*je finirais* *tu finirais* *il/elle/on finirait* *nous finirions* *vous finiriez* *ils/elles finiraient*	*j'ai fini* *tu as fini* *il/elle/on a fini* *nous avons fini* *vous avez fini* *ils/elles ont fini*
Regular -re verbs					
RENDRE **Present participle** *rendant* **Past participle** *rendu*	*je rends* *tu rends* *il/elle/on rend* *nous rendons* *vous rendez* *ils/elles rendent*	*je rendrai* *tu rendras* *il/elle/on rendra* *nous rendrons* *vous rendrez* *ils/elles rendront*	*je rendais* *tu rendais* *il/elle/on rendait* *nous rendions* *vous rendiez* *ils/elles rendaient*	*je rendrais* *tu rendrais* *il/elle/on rendrait* *nous rendrions* *vous rendriez* *ils/elles rendraient*	*j'ai rendu* *tu as rendu* *il/elle/on a rendu* *nous avons rendu* *vous avez rendu* *ils/elles ont rendu*
Reflexive verbs					
SE COUCHER **Present participle** *se couchant* **Past participle** *couché*	*je me couche* *tu te couches* *il/elle/on se couche* *nous nous couchons* *vous vous couchez* *ils/elles se couchent*	*je me coucherai* *tu te coucheras* *il/elle/on se couchera* *nous nous coucherons* *vous vous coucherez* *ils/elles se coucheront*	*je me couchais* *tu te couchais* *il/elle/on se couchait* *nous nous couchions* *vous vous couchiez* *ils/elles se couchaient*	*je me coucherais* *tu te coucherais* *il/elle/on se coucherait* *nous nous coucherions* *vous vous coucheriez* *ils/elles se coucheraient*	*je me suis couché(e)* *tu t'es couché(e)* *il s'est couché* *elle s'est couchée* *on s'est couché(e)(s)* *nous nous sommes couché(e)s* *vous vous êtes couché(e)(s)* *ils se sont couchés* *elles se sont couchées*
Most common irregular verbs					
AVOIR **Present participle** *ayant* **Past participle** *eu*	*j'ai* *tu as* *il/elle/on a* *nous avons* *vous avez* *ils/elles ont*	*j'aurai* *tu auras* *il/elle/on aura* *nous aurons* *vous aurez* *ils/elles auront*	*j'avais* *tu avais* *il/elle/on avait* *nous avions* *vous aviez* *ils/elles avaient*	*j'aurais* *tu aurais* *il/elle/on aurait* *nous aurions* *vous auriez* *ils/elles auraient*	*j'ai eu* *tu as eu* *il/elle/on a eu* *nous avons eu* *vous avez eu* *ils/elles ont eu*
ÊTRE **Present participle** *étant* **Past participle** *été*	*je suis* *tu es* *il/elle/on est* *nous sommes* *vous êtes* *ils/elles sont*	*je serai* *tu seras* *il/elle/on sera* *nous serons* *vous serez* *ils/elles seront*	*j'étais* *tu étais* *il/elle/on était* *nous étions* *vous étiez* *ils/elles étaient*	*je serais* *tu serais* *il/elle/on serait* *nous serions* *vous seriez* *ils/elles seraient*	*j'ai été* *tu as été* *il/elle/on a été* *nous avons été* *vous avez été* *ils/elles ont été*

Infinitive	Present	Future	Imperfect	Conditional	Perfect
ALLER **Present participle** *allant* **Past participle** *allé*	*je vais* *tu vas* *il/elle/on va* *nous allons* *vous allez* *ils/elles vont*	*j'irai* *tu iras* *il/elle/on ira* *nous irons* *vous irez* *ils/elles iront*	*j'allais* *tu allais* *il/elle/on allait* *nous allions* *vous alliez* *ils/elles allaient*	*j'irais* *tu irais* *il/elle/on irait* *nous irions* *vous iriez* *ils/elles iraient*	*je suis allé(e)* *tu es allé(e)* *il est allé* *elle est allée* *on est allé(e)(s)* *nous sommes allé(e)s* *vous êtes allé(e)(s)* *ils sont allés* *elles sont allées*
Modal verbs					
DEVOIR **Present participle** *devant* **Past participle** *dû*	*je dois* *tu dois* *il/elle/on doit* *nous devons* *vous devez* *ils/elles doivent*	*je devrai* *tu devras* *il/elle/on devra* *nous devrons* *vous devrez* *ils/elles devront*	*je devais* *tu devais* *il/elle/on devait* *nous devions* *vous deviez* *ils/elles devaient*	*je devrais* *tu devrais* *il/elle/on devrait* *nous devrions* *vous devriez* *ils/elles devraient*	*j'ai dû* *tu as dû* *il/elle/on a dû* *nous avons dû* *vous avez dû* *ils/elles ont dû*
POUVOIR **Present participle** *pouvant* **Past participle** *pu*	*je peux* *tu peux* *il/elle/on peut* *nous pouvons* *vous pouvez* *ils/elles peuvent*	*je pourrai* *tu pourras* *il/elle/on pourra* *nous pourrons* *vous pourrez* *ils/elles pourront*	*je pouvais* *tu pouvais* *il/elle/on pouvait* *nous pouvions* *vous pouviez* *ils/elles pouvaient*	*je pourrais* *tu pourrais* *il/elle/on pourrait* *nous pourrions* *vous pourriez* *ils/elles pourraient*	*j'ai pu* *tu as pu* *il/elle/on a pu* *nous avons pu* *vous avez pu* *ils/elles ont pu*
SAVOIR **Present participle** *sachant* **Past participle** *su*	*je sais* *tu sais* *il/elle/on sait* *nous savons* *vous savez* *ils/elles savent*	*je saurai* *tu sauras* *il/elle/on saura* *nous saurons* *vous saurez* *ils/elles sauront*	*je savais* *tu savais* *il/elle/on savait* *nous savions* *vous saviez* *ils/elles savaient*	*je saurais* *tu saurais* *il/elle/on saurait* *nous saurions* *vous sauriez* *ils/elles sauraient*	*j'ai su* *tu as su* *il/elle/on a su* *nous avons su* *vous avez su* *ils/elles ont su*
VOULOIR **Present participle** *voulant* **Past participle** *voulu*	*je veux* *tu veux* *il/elle/on veut* *nous voulons* *vous voulez* *ils/elles veulent*	*je voudrai* *tu voudras* *il/elle/on voudra* *nous voudrons* *vous voudrez* *ils/elles voudront*	*je voulais* *tu voulais* *il/elle/on voulait* *nous voulions* *vous vouliez* *ils/elles voulaient*	*je voudrais* *tu voudrais* *il/elle/on voudrait* *nous voudrions* *vous voudriez* *ils/elles voudraient*	*j'ai voulu* *tu as voulu* *il/elle/on a voulu* *nous avons voulu* *vous avez voulu* *ils/elles ont voulu*
Other irregular verbs					
APPELER **Present participle** *appelant* **Past participle** *appelé*	*j'appelle* *tu appelles* *il/elle/on appelle* *nous appelons* *vous appelez* *ils/elles appellent*	*j'appellerai* *tu appelleras* *il/elle/on appellera* *nous appellerons* *vous appellerez* *ils/elles appelleront*	*j'appelais* *tu appelais* *il/elle/on appelait* *nous appelions* *vous appeliez* *ils/elles appelaient*	*j'appellerais* *tu appellerais* *il/elle/on appellerait* *nous appellerions* *vous appelleriez* *ils/elles appelleraient*	*j'ai appelé* *tu as appelé* *il/elle/on a appelé* *nous avons appelé* *vous avez appelé* *ils/elles ont appelé*

Infinitive	Present	Future	Imperfect	Conditional	Perfect
S'ASSEOIR Present participle *s'asseyant* Past participle *assis*	*je m'assieds* *tu t'assieds* *il/elle/on s'assied* *nous nous asseyons* *vous vous asseyez* *ils/elles s'asseyent*	*je m'assiérai* *tu t'assiéras* *il/elle/on s'assiéra* *nous nous assiérons* *vous vous assiérez* *ils/elles s'assiéront*	*je m'asseyais* *tu t'asseyais* *il/elle/on s'asseyait* *nous nous asseyions* *vous vous asseyiez* *ils/elles s'asseyaient*	*je m'assiérais* *tu t'assiérais* *il/elle/on s'assiérait* *nous nous assiérions* *vous vous assiériez* *ils/elles s'assiéraient*	*je me suis assis(e)* *tu t'es assis(e)* *il s'est assis* *elle s'est assise* *on s'est assis(e)(s)* *nous nous sommes assis(es)* *vous vous êtes assis(e)(s)* *ils/elles se sont assis(es)*
BOIRE Present participle *buvant* Past participle *bu*	*je bois* *tu bois* *il/elle/on boit* *nous buvons* *vous buvez* *ils/elles boivent*	*je boirai* *tu boiras* *il/elle/on boira* *nous boirons* *vous boirez* *ils/elles boiront*	*je buvais* *tu buvais* *il/elle/on buvait* *nous buvions* *vous buviez* *ils/elles buvaient*	*je boirais* *tu boirais* *il/elle/on boirait* *nous boirions* *vous boiriez* *ils/elles boiraient*	*j'ai bu* *tu as bu* *il/elle/on a bu* *nous avons bu* *vous avez bu* *ils/elles ont bu*
COMMENCER Present participle *commençant* Past participle *commencé*	*je commence* *tu commences* *il/elle/on commence* *nous commençons* *vous commencez* *ils/elles commencent*	*je commencerai* *tu commenceras* *il/elle/on commencera* *nous commencerons* *vous commencerez* *ils/elles commenceront*	*je commençais* *tu commençais* *il/elle/on commençait* *nous commencions* *vous commenciez* *ils/elles commençaient*	*je commencerais* *tu commencerais* *il/elle/on commencerait* *nous commencerions* *vous commenceriez* *ils/elles commenceraient*	*j'ai commencé* *tu as commencé* *il/elle/on a commencé* *nous avons commencé* *vous avez commencé* *ils/elles ont commencé*
CONNAÎTRE Present participle *connaissant* Past participle *connu*	*je connais* *tu connais* *il/elle/on connaît* *nous connaissons* *vous connaissez* *ils/elles connaissent*	*je connaîtrai* *tu connaîtras* *il/elle/on connaîtra* *nous connaîtrons* *vous connaîtrez* *ils/elles connaîtront*	*je connaissais* *tu connaissais* *il/elle/on connaissait* *nous connaissions* *vous connaissiez* *ils/elles connaissaient*	*je connaîtrais* *tu connaîtrais* *il/elle/on connaîtrait* *nous connaîtrions* *vous connaîtriez* *ils/elles connaîtraient*	*j'ai connu* *tu as connu* *il/elle/on a connu* *nous avons connu* *vous avez connu* *ils/elles ont connu*
CROIRE Present participle *croyant* Past participle *cru*	*je crois* *tu crois* *il/elle/on croit* *nous croyons* *vous croyez* *ils/elles croient*	*je croirai* *tu croiras* *il/elle/on croira* *nous croirons* *vous croirez* *ils/elles croiront*	*je croyais* *tu croyais* *il/elle/on croyait* *nous croyions* *vous croyiez* *ils/elles croyaient*	*je croirais* *tu croirais* *il/elle/on croirait* *nous croirions* *vous croiriez* *ils/elles croiraient*	*j'ai cru* *tu as cru* *il/elle/on a cru* *nous avons cru* *vous avez cru* *ils/elles ont cru*
DIRE Present participle *disant* Past participle *dit*	*je dis* *tu dis* *il/elle/on dit* *nous disons* *vous dites* *ils/elles disent*	*je dirai* *tu diras* *il/elle/on dira* *nous dirons* *vous direz* *ils/elles diront*	*je disais* *tu disais* *il/elle/on disait* *nous disions* *vous disiez* *ils/elles disaient*	*je dirais* *tu dirais* *il/elle/on dirait* *nous dirions* *vous diriez* *ils/elles diraient*	*j'ai dit* *tu as dit* *il/elle/on a dit* *nous avons dit* *vous avez dit* *ils/elles ont dit*
DORMIR Present participle *dormant* Past participle *dormi*	*je dors* *tu dors* *il/elle/on dort* *nous dormons* *vous dormez* *ils/elles dorment*	*je dormirai* *tu dormiras* *il/elle/on dormira* *nous dormirons* *vous dormirez* *ils/elles dormiront*	*je dormais* *tu dormais* *il/elle/on dormait* *nous dormions* *vous dormiez* *ils/elles dormaient*	*je dormirais* *tu dormirais* *il/elle/on dormirait* *nous dormirions* *vous dormiriez* *ils/elles dormiraient*	*j'ai dormi* *tu as dormi* *il/elle/on a dormi* *nous avons dormi* *vous avez dormi* *ils/elles ont dormi*

Infinitive	Present	Future	Imperfect	Conditional	Perfect
ÉCRIRE Present participle *écrivant* Past participle *écrit*	*j'écris* *tu écris* *il/elle/on écrit* *nous écrivons* *vous écrivez* *ils/elles écrivent*	*j'écrirai* *tu écriras* *il/elle/on écrira* *nous écrirons* *vous écrirez* *ils/elles écriront*	*j'écrivais* *tu écrivais* *il/elle/on écrivait* *nous écrivions* *vous écriviez* *ils/elles écrivaient*	*j'écrirais* *tu écrirais* *il/elle/on écrirait* *nous écririons* *vous écririez* *ils/elles écriraient*	*j'ai écrit* *tu as écrit* *il/elle/on a écrit* *nous avons écrit* *vous avez écrit* *ils/elles ont écrit*
ENVOYER Present participle *envoyant* Past participle *envoyé*	*j'envoie* *tu envoies* *il/elle/on envoie* *nous envoyons* *vous envoyez* *ils/elles envoient*	*j'enverrai* *tu enverras* *il/elle/on enverra* *nous enverrons* *vous enverrez* *ils/elles enverront*	*j'envoyais* *tu envoyais* *il/elle/on envoyait* *nous envoyions* *vous envoyiez* *ils/elles envoyaient*	*j'enverrais* *tu enverrais* *il/elle/on enverrait* *nous enverrions* *vous enverriez* *ils/elles enverraient*	*j'ai envoyé* *tu as envoyé* *il/elle/on a envoyé* *nous avons envoyé* *vous avez envoyé* *ils/elles ont envoyé*
ESPÉRER Present participle *espérant* Past participle *espéré*	*j'espère* *tu espères* *il/elle/on espère* *nous espérons* *vous espérez* *ils/elles espèrent*	*j'espérerai* *tu espéreras* *il/elle/on espérera* *nous espérerons* *vous espérerez* *ils/elles espéreront*	*j'espérais* *tu espérais* *il/elle/on espérait* *nous espérions* *vous espériez* *ils/elles espéraient*	*j'espérerais* *tu espérerais* *il/elle/on espérerait* *nous espérerions* *vous espéreriez* *ils/elles espéreraient*	*j'ai espéré* *tu as espéré* *il/elle/on a espéré* *nous avons espéré* *vous avez espéré* *ils/elles ont espéré*
ESSAYER Present participle *essayant* Past participle *essayé*	*j'essaie* *tu essaies* *il/elle/on essaie* *nous essayons* *vous essayez* *ils/elles essaient*	*j'essayerai* *tu essayeras* *il/elle/on essayera* *nous essayerons* *vous essayerez* *ils/elles essayeront*	*j'essayais* *tu essayais* *il/elle/on essayait* *nous essayions* *vous essayiez* *ils/elles essayaient*	*j'essayerais* *tu essayerais* *il/elle/on essayerait* *nous essayerions* *vous essayeriez* *ils/elles essayeraient*	*j'ai essayé* *tu as essayé* *il/elle/on a essayé* *nous avons essayé* *vous avez essayé* *ils/elles ont essayé*
FAIRE Present participle *faisant* Past participle *fait*	*je fais* *tu fais* *il/elle/on fait* *nous faisons* *vous faites* *ils/elles font*	*je ferai* *tu feras* *il/elle/on fera* *nous ferons* *vous ferez* *ils/elles feront*	*je faisais* *tu faisais* *il/elle/on faisait* *nous faisions* *vous faisiez* *ils/elles faisaient*	*je ferais* *tu ferais* *il/elle/on ferait* *nous ferions* *vous feriez* *ils/elles feraient*	*j'ai fait* *tu as fait* *il/elle/on a fait* *nous avons fait* *vous avez fait* *ils/elles ont fait*
LIRE Present participle *lisant* Past participle *lu*	*je lis* *tu lis* *il/elle/on lit* *nous lisons* *vous lisez* *ils/elles lisent*	*je lirai* *tu liras* *il/elle/on lira* *nous lirons* *vous lirez* *ils/elles liront*	*je lisais* *tu lisais* *il/elle/on lisait* *nous lisions* *vous lisiez* *ils/elles lisaient*	*je lirais* *tu lirais* *il/elle/on lirait* *nous lirions* *vous liriez* *ils/elles liraient*	*j'ai lu* *tu as lu* *il/elle/on a lu* *nous avons lu* *vous avez lu* *ils/elles ont lu*
METTRE Present participle *mettant* Past participle *mis*	*je mets* *tu mets* *il/elle/on met* *nous mettons* *vous mettez* *ils/elles mettent*	*je mettrai* *tu mettras* *il/elle/on mettra* *nous mettrons* *vous mettrez* *ils/elles mettront*	*je mettais* *tu mettais* *il/elle/on mettait* *nous mettions* *vous mettiez* *ils/elles mettaient*	*je mettrais* *tu mettrais* *il/elle/on mettrait* *nous mettrions* *vous mettriez* *ils/elles mettraient*	*j'ai mis* *tu as mis* *il/elle/on a mis* *nous avons mis* *vous avez mis* *ils/elles ont mis*

Infinitive	Present	Future	Imperfect	Conditional	Perfect
OUVRIR Present participle *ouvrant* Past participle *ouvert*	*j'ouvre* *tu ouvres* *il/elle/on ouvre* *nous ouvrons* *vous ouvrez* *ils/elles ouvrent*	*j'ouvrirai* *tu ouvriras* *il/elle/on ouvrira* *nous ouvrirons* *vous ouvrirez* *ils/elles ouvriront*	*j'ouvrais* *tu ouvrais* *il/elle/on ouvrait* *nous ouvrions* *vous ouvriez* *ils/elles ouvraient*	*j'ouvrirais* *tu ouvrirais* *il/elle/on ouvrirait* *nous ouvririons* *vous ouvririez* *ils/elles ouvriraient*	*j'ai ouvert* *tu as ouvert* *il/elle/on a ouvert* *nous avons ouvert* *vous avez ouvert* *ils/elles ont ouvert*
PRENDRE Present participle *prenant* Past participle *pris*	*je prends* *tu prends* *il/elle/on prend* *nous prenons* *vous prenez* *ils/elles prennent*	*je prendrai* *tu prendras* *il/elle/on prendra* *nous prendrons* *vous prendrez* *ils/elles prendront*	*je prenais* *tu prenais* *il/elle/on prenait* *nous prenions* *vous preniez* *ils/elles prenaient*	*je prendrais* *tu prendrais* *il/elle/on prendrait* *nous prendrions* *vous prendriez* *ils/elles prendraient*	*j'ai pris* *tu as pris* *il/elle/on a pris* *nous avons pris* *vous avez pris* *ils/elles ont pris*
RECEVOIR Present participle *recevant* Past participle *reçu*	*je reçois* *tu reçois* *il/elle/on reçoit* *nous recevons* *vous recevez* *ils/elles reçoivent*	*je recevrai* *tu recevras* *il/elle/on recevra* *nous recevrons* *vous recevrez* *ils/elles recevront*	*je recevais* *tu recevais* *il/elle/on recevait* *nous recevions* *vous receviez* *ils/elles recevaient*	*je recevrais* *tu recevrais* *il/elle/on recevrait* *nous recevrions* *vous recevriez* *ils/elles recevraient*	*j'ai reçu* *tu as reçu* *il/elle/on a reçu* *nous avons reçu* *vous avez reçu* *ils/elles ont reçu*
RIRE Present participle *riant* Past participle *ri*	*je ris* *tu ris* *il/elle/on rit* *nous rions* *vous riez* *ils/elles rient*	*je rirai* *tu riras* *il/elle/on rira* *nous rirons* *vous rirez* *ils/elles riront*	*je riais* *tu riais* *il/elle/on riait* *nous riions* *vous riiez* *ils/elles riaient*	*je rirais* *tu rirais* *il/elle/on rirait* *nous ririons* *vous ririez* *ils/elles riraient*	*j'ai ri* *tu as ri* *il/elle/on a ri* *nous avons ri* *vous avez ri* *ils/elles ont ri*
SORTIR Present participle *sortant* Past participle *sorti*	*je sors* *tu sors* *il/elle/on sort* *nous sortons* *vous sortez* *ils/elles sortent*	*je sortirai* *tu sortiras* *il/elle/on sortira* *nous sortirons* *vous sortirez* *ils/elles sortiront*	*je sortais* *tu sortais* *il/elle/on sortait* *nous sortions* *vous sortiez* *ils/elles sortaient*	*je sortirais* *tu sortirais* *il/elle/on sortirait* *nous sortirions* *vous sortiriez* *ils/elles sortiraient*	*je suis sorti(e)* *tu es sorti(e)* *il est sorti* *elle est sortie* *on est sorti(e)(s)* *nous sommes sorti(e)s* *vous êtes sorti(e)(s)* *ils sont sortis* *elles sont sorties*
VENIR Present participle *venant* Past participle *venu*	*je viens* *tu viens* *il/elle/on vient* *nous venons* *vous venez* *ils/elles viennent*	*je viendrai* *tu viendras* *il/elle/on viendra* *nous viendrons* *vous viendrez* *ils/elles viendront*	*je venais* *tu venais* *il/elle/on venait* *nous venions* *vous veniez* *ils/elles venaient*	*je viendrais* *tu viendrais* *il/elle/on viendrait* *nous viendrions* *vous viendriez* *ils/elles viendraient*	*je suis venu(e)* *tu es venu(e)* *il est venu* *elle est venue* *on est venu(e)(s)* *nous sommes venu(e)s* *vous êtes venu(e)(s)* *ils sont venus* *elles sont venues*
VOIR Present participle *voyant* Past participle *vu*	*je vois* *tu vois* *il/elle/on voit* *nous voyons* *vous voyez* *ils/elles voient*	*je verrai* *tu verras* *il/elle/on verra* *nous verrons* *vous verrez* *ils/elles verront*	*je voyais* *tu voyais* *il/elle/on voyait* *nous voyions* *vous voyiez* *ils/elles voyaient*	*je verrais* *tu verrais* *il/elle/on verrait* *nous verrions* *vous verriez* *ils/elles verraient*	*j'ai vu* *tu as vu* *il/elle/on a vu* *nous avons vu* *vous avez vu* *ils/elles ont vu*